JAMES CAMERON'S
STORY OF
SCIENCE FICTION

ターミネーターのエンドスケルトン
（人間の偽装が施されていない歩兵ター
ミネーター）の等身大レプリカ。本書
とともに制作されたテレビ番組
『ジェームズ・キャメロンのストー
リー・オブ・サイエンス・フィクショ
ン（James Cameron's Story of
Science Fiction）』のセットにも使
用された

SF
映画術

ジェームズ・キャメロンと6人の巨匠が語る
サイエンス・フィクション創作講座

阿部清美 訳

キャメロンの自主制作映画『ゼノジェネシス(Xenogenesis)』(78)の主題を表わしたコンセプトアート。のちの監督作に出てくる要素が複数描かれていることに注目。左下のキャラクターのロボットアーム、右下のキャタピラ付きのロボットは、『ターミネーター』(84)に登場するアンドロイドの腕や、ハンターキラー(戦車型ロボット)を彷彿とさせ、中央右寄りに立つ青い肌の異星人は、『アバター』(09)のナヴィの前身とも言える

CONTENTS

FOREWORD

サイエンス・フィクションの遺伝子

—— ジェームズ・キャメロン

サイエンス・フィクションは常に、重要で奥深い疑問を我々に投げかける。
人間であることの定義は何か？
万物の壮大な仕組みの中での我々人類の立ち位置とは？
広大な宇宙で、高度な文明を持つ生物は人間だけなのか？
それとも、人間とて、実はものすごく巨大な共同体の一部に過ぎないのか？
人間以外に知的生物がいた場合、そのことにはどんな意味があり、
今後、何が起こるのか？　人類は滅びる運命にあるのか、
あるいは"偉大な神"となるのか？
**このように臆することなく哲学の最深層の領域にまで切り込んでいくジャンル、
それがSFだ。**

　幼少期には、派手なロボットや気味の悪いモンスターたちそのものに魅了された私だったが、ティーンエイジャーになると、**SF作品に登場するそうした異質な者たちを通じて問いかけられる「人間とは何か」というテーマが頭から離れなくなった。**SF小説を片っ端から読み、そのジャンルの映画やテレビドラマにも没頭した。表紙に宇宙船やロボットが描かれているペーパーバックや雑誌を見つけると、手を伸ばさずにはいられなかった（宇宙や異星人のいる危険な環境下ではどう考えても軽装すぎる艶かしい美女も表紙絵に添えられており、それも動機のひとつではあったが）。毎週金曜日には、古いホラー映画を放映するテレビ番組『クリーチャー・フィーチャーズ（Creature Features）』（1969-73）を視聴するため夜更かしをした。1950年代のモノクロB級映画に関しては、いつでも鮮明に思い出せるほど精通し、各作品の宇宙人の地球侵略計画を全て把握していたものだ。繭、胞子、ベトベトした塊を吐き出す隕石をはじめ、映画ごとに地球外生命体がいかに多種多様な形態で人間に迫りくるのか、幅広い知識を持っていた。さらに、モンスターが生み出される原因や過程についても詳しかった。研究室の偶発事故や核実験がきっかけだったり、つぎはぎ死体に電気を流して命を吹き込んだり、いろいろな手段が描かれていたものだ。自宅から少し離れた地域の高校に入学した私は、片道1時間かけ、バスで通っていた。通学中は、言うまでもなくSF小説に読みふけった。しかも、1日1冊のペースで（ただし、「デューン　砂の惑星」（65）は数日かかった）。30〜40年代の大衆雑誌から、レイ・ブラッドベリ、アーサー・C・クラーク、ロバート・A・ハインライン、アイザック・アシモフといった大御所の作品、伝統的なSFの殻を破ろうとした60年代後半の"ニューウェーブ"小説まで、ありとあらゆる読み物が通学の友となった。

6

こうしてどっぷりSF浸けの生活を送っていたせいか、私は、フィクションに他のジャンルが存在することにすら気づかずにいた。大学に入り、ようやく幅広い視野で読書や映画鑑賞を心がけるようになった。しかし、だからといって自分の人生が変わることはなかった。すでにSFは私の血肉となり、私の脳は、SFのストーリーテラーになるべく遺伝子レベルで操作されていたのだ。

時が満ち、いよいよ己の創作物を世に届ける順番が回ってきた。駆け出しの頃に執筆していた脚本は、スペースオペラや地球外生命体による侵略もので、**自身の脚本を自分で監督した初の映画は、1984年の『ターミネーター』だった。**納期ギリギリにやっとのことで同作を仕上げた私は、配給元であるオリオン・ピクチャーズのマーケティング部門トップと会い、この映画をSFストーリーとしてどう売り込むか、いろいろなアイデアを提案した。すると、彼にこう返された。**「これはSF映画じゃありません。SFだなんて言ったら、誤解を招きますよ」**と。開いた口が塞がらなかったのは言うまでもない。タイムトラベルと殺人ロボットの映画がSF作品じゃない？**相手の中で"SF＝『スター・ウォーズ』みたいな話"という公式が成り立ってしまっているのだと気がつくのに、少し時間がかかった。**ジョージ・ルーカスが手がけた壮大で新しい宇宙神話が大成功を収め、SF映画もハリウッドの主流になり得るのだと映画業界の重鎮たちの考えは一新されたわけだが、**それ以前は、SFなど特定のファンにしか受け入れられないジャンルだと思われていた。商業映画の中では完全に異端児。SFものといえば、ドライブインシアターのみで上映される低予算のB級映画のイメージ。ほとんど儲けにならないと考えられていたのだ**（あの『2001年宇宙の旅』

(68) でさえ、元を取るのに25年もかかっている）。描かれるのは、希望のない暗黒世界や黙示録さながらの絶望的な未来。そんな暗い悲観的なテーマでは、劇場の前に長蛇の列ができることなどあり得なかった。

先ほども触れた通り、**映画の世界でSFジャンルの人気に火が点いたのは、『ターミネーター』が公開されるほんの数年前、『スター・ウォーズ』（77）が映画史上最高の興行収入記録を打ち立てたことに端を発する。**さらには、1982年の『E.T.』も空前の大ヒットとなり、信じられないほどの業績を成し遂げた。今でこそ、SF映画の世界的大ヒットは珍しいことではなく、実際に、歴代興行収入ランキングの上位を占めている。最新技術の粋を集めたパワードスーツを装着したり（アイアンマン）、実験の最中に大量のガンマ線を全身に浴びたり（ハルク）、放射能で突然変異した蜘蛛に噛まれたり（さあ、誰でしょう）して生まれたヒーローが活躍するマーベル作品や、ヒーローも敵も宇宙から来たロボット生命体の『トランスフォーマー』シリーズを含めた場合、これまでの興収記録上位20のうち11タイトルはSF作品（※2017年時）。これらの物語は、迷信やファンタジーではなく、科学の時代の観点から語られた新たな神話であり、世界で最も利益を生み出すエンターテインメントでもある。**SFはもはやメジャーな人気ジャンルであり、限られたファンだけに需要があるマイナーコンテンツではないのだ。**

とにかく、SF文化が日の目を見るまでには、それなりの歳月が必要だった。20世紀の大半は、市民権を得るべく四苦八苦し、却下され、過小評価されるのが普通で、嘲笑の対象になるのが常だった。今でこそ、誰もが知る代表的なSF映画やテレビドラマが世の中に浸透しているが、それ以前はどうだったのか。60年代には草分け的な

テレビドラマ——『スター・トレック』『トワイライト・ゾーン』『アウターリミッツ』『宇宙家族ロビンソン』、50年代にはB級映画、30年代には廉価雑誌（パルプマガジン）が存在し、さらに時を遡れば、文学界には偉大な先駆者——ジュール・ヴェルヌやH・G・ウェルズらがいた。今日、ポップカルチャーは経済的な巨大市場となっており、それらを築き上げた初期の作家やアーティストに敬意を表する必要があると、私は強く感じている。それが、本書を作ろうと思った理由だ。我々がいかに当時のパイオニアたちから恩恵を受けているか、当たり前のように現在のSF作品に登場する設定や背景が、どれだけ彼らが綴った作品たちのDNAを受け継いでいるのかを、多くのSFファンにわかってもらいたい。誰があのようなクレイジーなコンセプトを考えついたのか。どのように後続の者たちが先駆者の発想を生かし、発展させたのか。その結果、どんな経緯で"SF映画の金字塔"と今でも賞賛される名作が誕生するに至ったのか。『スター・ウォーズ』は、何もないところから突如として生まれたわけではない。SF文学、コミック、映画の何十年にもわたるアイデアと表現の豊かな遺産がもたらした結果なのだ。私は、こういった歴史上重要な文化的な鉱脈を掘り起こし、このジャンルに多大な影響を与えてきた作家やアーティストたちを再評価してもらいたいと考えている。

さらには、いかにしてSFが我々に未来の約束を夢見させ、現代における不安を取り除く手段になり得るのかも紐解いていきたい。核戦争の懸念、混乱する社会、増加する自然災害など、不安と不幸が世界に蔓延する不確かなこの時代でも、SFは、将来に対する大きな希望と恐怖にしっかりと向き合えるよう我々を導いてくれる。我々はSFのおかげで、宇宙全体、そして人類の住処となり得る星（ばしょ）への理解を深めつつ、

目まぐるしく進化し続ける最新テクノロジーとの関係に居心地の悪さをどこかで覚えながらも、人間の技術が持つ力を信頼し様々な事象に対処しようとすることができるのだ。

本書では、**6つに分けたテーマ——エイリアン・ライフ、アウター・スペース、タイムトラベル、モンスター、ダーク・フューチャー、インテリジェント・マシン——**を深く掘り下げ、それらのコンセプトが科学的進歩、自然界への理解、さらには時代に対する不安と誇大妄想から生まれた過程を示していく。

幅広い視野を得るべく、スティーヴン・スピルバーグ、ジョージ・ルーカス、クリストファー・ノーラン、ギレルモ・デル・トロ、リドリー・スコット、アーノルド・シュワルツェネッガーというSF映画界の巨匠6人に私自身がインタビューを行った。本書は、彼らとの多岐にわたる会話全文を掲載し、SF映画史上に名を残す重要人物たちの創造力から導かれる洞察を余すところなく紹介している。また、テーマごとに、SFに詳しい専門家のエッセイも掲載。歴史的背景を知ることで、それぞれのテーマに不可欠な要素をより深く理解できる構成となっている。

SFは、単にモンスターや宇宙船が出てくる話ではない。人間の心をダイレクトに覗き込む。良くも悪くも、道具を使う類人猿が人新世（人間がその活動によって地球の生態系や気候に重大な影響を及ぼすようになった、近年の地質学的時代を指す）という時代を創り出し、いかにして世の中を乗っ取っていったかを突き詰めていく。人類は、猛烈なスピードで夜のハイウェイを下り、出会ったカーブを全てろくに減速もせずに曲がろうとする暴走車と同じ状態になっている。我々は、種の存続を可能にすると同時に人類の脅威にもなり得るテクノロジーによって走らさ

れ続けているのだ。SFは、そんな状態の
我々のヘッドライトになっている。目の前
に伸びる道を照らしてくれるから、人間は
絶妙なタイミングでハンドルを切れている
のかもしれない。もしそうでなければ、ど
んな結果が待っているか。その顛末を我々
はSFを通じて知ることができる。**SFの創
り手が何世代にもわたって遺してくれた素
晴らしい作品群を理解すれば、我々は人間
という種としての運命をコントロールする
ための一歩を踏み出せるのだ。**

　これは、サイエンス・フィクションの物
語。我々自身が、人類の結末を決めること
になる。

キャメロンによる『ゼノジェネシス』の
コンセプトアート。ここに描かれてい
る空飛ぶエイのようなクリーチャーは、
初期の『アバター』の脚本に採用された
が、最終版では、デザインが再考され、
バンシーという空飛ぶドラゴンのよう
な生物になっている

JAMES CAMERON'S
SCIENCE FICTION FAVORITES
ジェームズ・キャメロンが影響を受けたSF作品

『猿の惑星』の劇場用ポスター

FILMS

『メトロポリス』(1927) 監督：フリッツ・ラング
『地球の静止する日』(1951) 監督：ロバート・ワイズ
『禁断の惑星』(1956) 監督：フレッド・マクロード・ウィルコックス
『猿の惑星』(1968) 監督：フランクリン・J・シャフナー
『2001年宇宙の旅』(1968) 監督：スタンリー・キューブリック
『時計じかけのオレンジ』(1971) 監督：スタンリー・キューブリック
『スター・ウォーズ』(1977) 監督：ジョージ・ルーカス
『未知との遭遇』(1977) 監督：スティーヴン・スピルバーグ
『エイリアン』(1979) 監督：リドリー・スコット
『マッドマックス2』(1981) 監督：ジョージ・ミラー
『ブレードランナー』(1982) 監督：リドリー・スコット
『マトリックス』(1999) 監督：ラナ&リリー・ウォシャウスキー

「幼年期の終り」(バランタイン社刊)の表紙

BOOKS

「華氏451度」(1953) 著者：レイ・ブラッドベリ
「幼年期の終り」(1953) 著者：アーサー・C・クラーク
「わが赴くは星の群れ」(1957) 著者：アルフレッド・ベスター
「宇宙の戦士」(1959) 著者：ロバート・A・ハインライン
「ソラリスの陽のもとに」(1961) 著者：スタニスワフ・レム
「デューン 砂の惑星」(1965) 著者：フランク・ハーバート
「月は無慈悲な夜の女王」(1966) 著者：ロバート・A・ハインライン
「リングワールド」(1970) 著者：ラリー・ニーヴン
「終りなき戦い」(1974) 著者：ジョー・ホールドマン
「ニューロマンサー」(1984) 著者：ウィリアム・ギブスン
「ハイペリオン」(1989)、「ハイペリオンの没落」(1990)、
「エンディミオン」(1996)、「エンディミオンの覚醒」(1997)
著者：ダン・シモンズ
「タイム・マシン」(1895) 著者：H・G・ウェルズ

『地球の静止する日』の
劇場公開時のポスター

FROM OUT OF SPACE....
A WARNING AND AN ULTIMATUM!

THE
DAY
THE
EARTH
STOOD
STILL

WITH

MICHAEL RENNIE · PATRICIA NEAL · HUGH MARLOWE

SAM JAFFE · BILLY GRAY · FRANCES BAVIER · LOCK MARTIN

若きSFアーティストだった
キャメロンが探求していた黙
示録的テーマの典型イメージ。
この絵の光に包まれている
カップルは、それまでの人類
を超越した存在で、異なる時
空間から次元の扉を通じて姿
を現わしたところだ。ふたり
は驚くべき新事実を持ちこん
だのだが、進化していない人
間たちには、あまりにも恐ろ
しいことだった

エンターテインメントとしてのサイエンス・フィクションを目指す

WORLD OF SCIENCE FICTION

SF作品の伝道師・キャメロンの旅路

—— ランドル・フレイクス（小説家・脚本家）

　僕が初めてジェームズ・キャメロンに出会ったのは、1972年に遡る。当時、僕たちはともに、カリフォルニア州オレンジ郡にあるフラートン大学の学生だった。僕はドラマのクラスを履修し、彼は物理学、心理学、神話の起源を勉強していた。学ぶ科目は違えども長年にわたる友情を僕たちが築けたのは、ひとえに、互いがSFに対する情熱を持っていたからだ。ふたりとも、とにかく、ロバート・A・ハインライン、ジョー・ホールドマン、アーサー・C・クラーク、アルフレッド・ベスター、スタニスワフ・レム、ラリー・ニーヴンなどの巨匠や、H・G・ウェルズ、ジュール・ヴェルヌといった現代SFの創始者の作品への思い入れが強かった。

　若かりし頃からジェームズも私も、飽くなき読書欲の持ち主で、ヴァンパイアが血を欲するがごとく本にかじりつき、舐めるように文字を目で追い、言葉を体内に吸収していた（ジェームズは1日1冊のペースで読むのが常だった）。SF世界の驚異と壮大さ、作家の果てしなきイマジネーション、物語が与えてくれる無限の可能性に夢中になったものだ。僕たちを虜にしていたのは、本だけではない。テレビのSFドラマも然り。コミカルな内容には腹を抱え、大胆で創造性豊かな作品は大いに褒め称えた。**僕たちの大のお気に入りだったドラマに、『アウターリミッツ』（63-65）がある。**素晴らしいアイデアが満載のテレビシリーズで、多くのファンがドラマを観て、自分なりのSF物語を創り出すようになったのだ。

　ジェームズもこの作品に感化され、ティーンエイジャーの頃には、オリジナルのSFストーリーを創作したいという情熱を燃やすようになった。彼にただならぬ才能と熱意があることは明白で、伝えたい物語に対しての妥協なきヴィジョンは、18歳らしからぬものだった。エンジニアの父とアーティストの母を持つ彼は、世の中を見つめる手段として、まずは世界を壊し、バラバラにした構成要素をつぶさに調べて再構築。それから、人々を惹きつけるハイパーリアルなフィクションとして仕上げていった。小説、映画、テレビドラマに登場するアイデアに興奮した彼は、もとのクリエイター以上に説得力のある、思慮深い、驚嘆せざるを得ない方法でそれらを捉え直し、己のものにしていったのだ。

キャメロンが描いたランドル・フレイクス像

ジェームズの書いた物語で僕が最初に読んだのは、彼がレポート用紙に鉛筆でしたためた、世界滅亡後が舞台の小説「ネクロポリス（Necropolis）」の最初の5章分。ジェームズに、散文家としての才能が生来備わっているのは顕著だった。何しろ、ページを開いた途端、力強い表現で生き生きと描写された物語に心を奪われた僕は、それまでいたはずの郊外にある質素な彼の小さなアパートの一室から、あっという間に、異なる時代の見たこともない場所に飛ばされ、かつて経験したことのない概念に包み込まれていたのだから。

早くから、ジェームズはこう指摘していた。SFが幅広い層に好まれるジャンルにならないのは、どの作品も偏った要素に焦点を当てすぎていて、読者や観客の心に響くような内容じゃないからだ、と。彼は神話を研究しており、ジェームズ・フレイザーの「金枝篇」（1890）やジョーゼフ・キャンベルの「千の顔をもつ英雄」（1949）を読んでいた。自身のSF作品の根底には誰もが共感できる何かがなければならないとして、それにふさわしい普遍的な物語を見つけようと懸命だった。**アーサー・C・クラークやスタニスワフ・レムといった作家によって世に広められた、科学知識に裏付けられた極めて論理的な"ハードSF"の影響を強く受けていたこともあり、彼は、アイデアの活力と勢いを維持しつつ、知性に訴える内容をどんな人々にでも理解できるようにしたいと考えていたのだ。**

ジェームズはまた、個人的な人生の様々な要素を自身のSF作品に取り込み、とりわけ、人物設定の基礎固めをした。80年代初頭に『ターミネーター』の話を執筆していたとき、ウェイトレスの女の子と一緒に暮らしていたこともあり、職場で日々起きた出来事を語る彼女の話に耳を傾けては、彼女の仕事について理解を深め、脚本に採用。物語の中で、ヒロイン、サラ・コナーはウェイトレスで、どこにでもいそうな普通の女性として描かれている。それゆえ、自分が殺人マシンに追われているという度肝を抜かれるような知らせに対する彼女の反応もリアリティがあり、観客に受け入れられたのだ。

『ターミネーター』（84）で印象的な設定のひとつは、人類が核による世界滅亡の危機に瀕しており、それは科学の誤用——すなわち、戦略防衛コンピュータシステム"スカイネット"という自我を持った邪悪な人工知能（AI＝artificial intelligence）プログラムを作り出してしまったためにもたらされるというものだった。映画は暗澹たる未来を映し出すかに思えたが、ジェームズのSF物語には、必ず希望の光が射し込む。1991年の続編『ターミネーター2』では、サラ・コナーはスカイネットの破壊を決意。システムを稼働させているハイテク企業の建物を爆破し、歴史を変えるという、この悪意を有したAI自身から拝借したプランを試みる。人間はトラブルを生み出す種族だ。しかし同時に、ジェームズの世界では、人間は科学や戦略的思考を駆使し、困難に立ち向かう根性で問題を解決することもできる。つまり、彼は人の最悪な局面をえぐり出す一方で、最も素晴らしい資質を賞賛するのだ。そして、映画のキャラクターに物事を処理する能力を与え、誰もが同じ可能性を秘めていると観客を力づける。**我々が面倒な事態を引き起こしたとしても、自分たちで決着できると訴えかける。映画を観ている者たちに、己の責任を取れと凄み、歴史を正しい方向に導けと鼓舞する。悪用するのではない。善用するのだ。奪うのではなく、与えよ。ジェームズは自身のSF作品を通じ、そう訴えかけてきた。**

彼は、実際に人類の進歩に寄与するア

イデアが取り入れられれば、観客はSF作品であろうとそのテーマに反応し、興味を持ってくれるはずだと信じてきた。『ターミネーター』に続き、ジェームズが監督した2作目の長編となった『エイリアン2』(86)——彼自身大好きな映画、リドリー・スコット監督作『エイリアン』(79)の続編——で、彼はその考えがいかに正しいかを再認識することとなる。主人公のリプリーがエイリアン・クイーンと最後の死闘を繰り広げる際に利用したパワーローダー（人間が搭乗して操作する作業機械）の大掛かりなデザインに、ジェームズは大変な労力を費やしたわけだが、映画の公開後、とある有名な油圧機器メーカーから1本の電話を受ける。その会社は、パワーローダーの商用版の製造を目指しているとのことで、この機械が入念な特殊効果で描かれたものとは知らなかったのだ。彼は、存在し得るように見えるものは、実際に存在するようになるだろうと常々思っていた。そして現実に、今でもロボット工学の専門家は、パワーローダーのように人間の能力を強化する外骨格型パワードスーツの開発に取り組み続けている。

　また、『エイリアン2』の次にジェーム

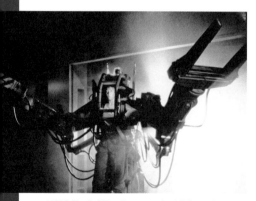

映画本編で完成版のパワーローダーを操作する主人公リプリー役のシガニー・ウィーバー

ズが監督したのは、**深海が舞台のSFスリラー大作『アビス』(89)**だが、この映画で彼が創造した世界は、現実のものとなった。**彼は、本物の潜水器具や完璧に機能する遠隔操作の深海探査機（ROV=Remote Operated Vehicle）をこの映画のために造るようスタッフに指示。これは、彼がのちにタイタニック号の探索を行うのに使用する"ボット"と呼ばれる新開発のROVの基盤を築くことになる。しかも、それだけではない。『アビス』のSF要素におけるジェームズの構想は、事実、映画技術の劇的な変化を引き起こす。**本作に登場する深海に潜む未知なる生命体が、意思疎通を図るツールとして水を使うことを示さなければならないと彼は主張したが、従来の視覚効果のやり方では不十分であることが判明。この問題を解決するため、**彼はVFX制作会社インダストリアル・ライト＆マジック（ILM=Industrial Light & Magic）と組み、"水の触手"を創り出す。デジタルで描かれたこのクリーチャーは実在するかのごとく動き、89年当時の観客にとっては斬新以外の何ものでもなかった。**なにせ、それまで水の触手など、誰も目にしたことがなかったのだから。**しかも、『アビス』から2年後、ジェームズはさらに進化した技術で、『ターミネーター2』の液体金属キャラT-1000を生み出した。**彼がSF分野にどれだけ貢献したかを語るときに忘れてはならないのは、現実世界で存在し得るものの限界を越えて、自身の飽くなき創作力で観客を満足させるクオリティの映像を提供する、その才能だろう。おかげで、フィルムメイキング業界は多大な利益を得てきた。つまり、ジェームズが何かのプロジェクトで己の意思を貫けば、結果として、我々の視野を広げ、テクノロジーは大きな前進を遂げることになったのだ。**新たな撮影方法や3Dカメラシステムなどの

新テクノロジーに対して投資してきた彼が、『アバター』(09) のようなSF大作を作り上げたのは、至極当然だったと言えよう。同作に出てくる異星人が棲む世界は、本当にリアリスティックで、細部まで美しく描き込まれている。SFファンは瞬く間に現実から引き離され、星間旅行、そして別世界の種族との接触を疑似体験するのだ。そう、スクリーンには、夢のような究極的な空間が広がっていた。異星人ナヴィの星パンドラは、生態系バランスを尊び、自然を賛美する空間だ。ジェームズは、パンドラのあらゆる生き物とそれらの生態系における論理的な基盤を考案し、丁寧に作り込んでいった。そこにあるものは何ひとつとして、物理的法則を破っていない。こうしてパンドラは、宇宙のどこかに実際に存在していたとしてもおかしくない場所となった。

撮影中のジェームズを訪ねていった夜のことを、僕はよく覚えている。彼は、『アバター』の人物や物体をデジタルで記録するモーションキャプチャーのためのスタジオで黙々と作業をしていた。他のスタッフはとうに帰宅し、明るい照明が煌々と照ら

ジェームズ・キャメロンが描いた、『エイリアン2』に登場するパワーローダーの初期のコンセプトスケッチ。彼は、野球のバットを握る手に似せてこのアーム部分の操縦装置を描き、制作スタッフにアイデアを伝えようとした

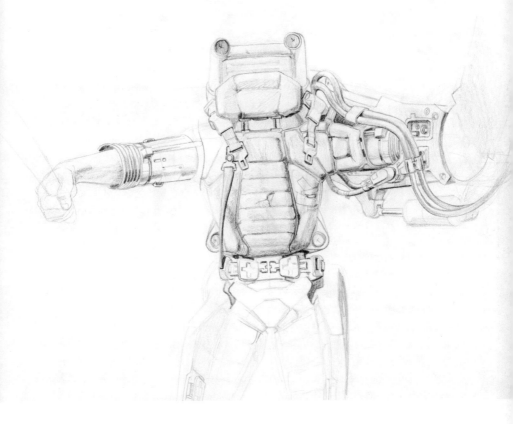

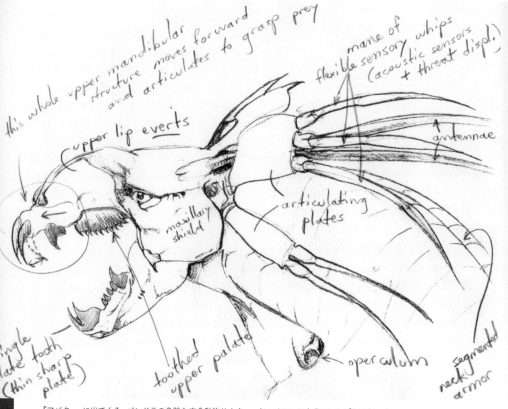

this whole upper mandibular structure moves forward and articulates to grasp prey

upper lip everts

mane of flexible sensory whips (acoustic sensors + threat displ.)

antennae

articulating plates

maxillary shield

ingle ate tooth (thin sharp plate)

toothed upper palate

operculum

segmented neck armor

『アバター』に出てくる、パンドラの危険な肉食動物サナター。キャメロンによるコンセプトスケッチ

す広いスタジオでひとり椅子に座り、彼はバーチャルカメラをコントロールしていたのだ。僕は、ジェームズが操作していたあるシーンのデジタル映像を見せてもらった。映画の主人公ジェイク・サリーがマッシュルームのような植物に触れた途端、勢いよく傘が閉じるのを見て驚いていると、ハンマーヘッド・ティタノテリウムというシュモクザメに似た頭をした大型陸上動物が姿を現わし、突進してくるという場面だ。彼は、植物がすぼむ速度を調節し、実際の物理学とドラマとしてのインパクトのバランスがうまく取れるようにしているところだった。**バーチャル世界がリアルタイムで**

撮影され、モーションキャプチャーされた俳優の動きが即座にデジタルセットのナヴィのキャラクターに反映するという次元にまで、ジェームズによる技術革新は進んでいた。この仮想世界（バンドラ）内で、彼はフレーミング（カメラフレームの中で対象物をどの構図、どの大きさで収めるかを決める作業）や光の方向を操り、植物をはじめとする様々な要素を意のままにしていた。

　『アバター』で描かれていたのは、誰も目にしたことがなかった全く新しい世界だ。ジェームズは頭の中で思い描いていたイメージをデジタルで徹底的に再現し、細部にわたって納得がいくまでコントロールし

て仕上げた。僕はふと、初めて彼と出会っ
た当時に思いを馳せる。レポート用紙にス
トーリーを走り書きしていた少年ジェーム
ズ。あれから彼は、なんと信じられないほ
どの大冒険に乗り出したのだろう。様々
な独創的世界を夢見ていた彼は、勇敢にも、
その世界を実際に形にし、人々をインス
パイアしながら、一見、克服不能な芸術的、
技術的な限界を突破した。

　本書で、彼はSF界の巨匠たちと顔を突
き合わせて対談し、SFの過去、現在、未
来についての見識と洞察を共有している。
ジェームズのみならず、スティーヴン・ス
ピルバーグ、ジョージ・ルーカス、クリス
トファー・ノーラン、ギレルモ・デル・ト
ロ、リドリー・スコット、アーノルド・シュ
ワルツェネッガーといったベテラン映画人
たちがSFを語る言葉は限りなく魅力的で、
このジャンルの重要性を知るのに最適な1
冊となっている。ページを開けば、そこは
彼らの"宇宙"。サイエンス・フィクショ
ンの世界にようこそ！

取材中にキャメロンが描いたラクガキ

映画本編でのサナターの完成版

すべての始まりは
『世紀の謎
空飛ぶ円盤地球を襲撃す』(1956)

AMCのテレビシリーズ『ジェームズ・キャメロンのストーリー・オブ・サイエンス・フィクション』のセットでのジェームズ・キャメロン。撮影はマイケル・モリアティス

JAMES CAMERON

ジェームズ・キャメロン

インタビュアー：ランドル・フレイクス

宇宙をテーマにした映像作品に
魅せられた幼少期

ランドル・フレイクス（以下RF）：脚本家、映画制作者を目指していた若い頃、最も創作意欲を刺激したSF小説や映画といえば？

ジェームズ・キャメロン（以下JC）：うーん、その質問には、根本的な欠陥があるぞ（笑）。確かに私は子供時代からSFが大好きだった。しかし、一概に"若い頃"といっても、幼少期、プレティーン（8〜12歳）時、ティーンエイジャー以降がある。脚本家、映画制作者になろうと思っていた当時、SF小説をたくさん読み、SF物語をいくつも書いていた。だから、インプットしては

アウトプットしていたことになる。

　幼い頃のインプットは、おそらくテレビドラマから始まったはずだ。で、B級SF映画、モンスター映画を次から次へと観るようになって、ときには『ミクロの決死圏』(66) なんてA級作品も鑑賞した。この映画は1966年の作品で、当時、私は12歳だった。数年後の68年には、『猿の惑星』も観たよ。とにかく映画館に行くのが一番の楽しみだったんだ。特にファンタジー映画やSF映画を観るのがね。**あるいは、テレビで放映された『世紀の謎 空飛ぶ円盤地球を襲撃す』(56)、『地球へ2千万マイル』(57)、『シンバッド七回目の航海』(58)、『アルゴ探検隊の大冒険』(63)、といった特撮の巨匠レイ・ハリーハウゼンの作品とか**。映画館であろうが、テレビであろ

うが、なんでもいいから宇宙がテーマのものが観たくて仕方がなかったんだ。そして、SF小説にも手を出すようになった。どんなSF小説も、あっという間に読み終えた。高校時代、片道1時間のバス通学をしていた。つまり、行きと帰りで合計2時間の読書タイム。それだけではない。教師にバレないよう、本を数学の教科書に挟み、背を丸めて授業中にも読みふけったものだ。だから、1日1冊のペースで読み、長い本でも2日で読み終えた。

RF：例えばアイザック・アシモフとか、特定の小説家の作品を集中して読んでいた？　それとも、選り好みせず、あらゆる作家の本を？

JC：作者にはこだわらず、誰が書いた本でも読んだよ。選ぶ基準は、ペーパーバックの表紙さ。

RF：「エース・ダブル」（エースブックス社から53年～73年の間に出版された小説ブランドでSF作品を多数刊行）シリーズもずいぶん読んでいただろう？

JC：ああ、山ほどね。というか、あのシリーズは全タイトル読んだと思う。読み進めていくうち、ある者の作品は他の作家よりいいなとか、アーサー・C・クラークやレイ・ブラッドベリのように選集に名前を連ねている小説家がいるぞとか気づき始め、書き手にも関心を抱くようになった。こうして、小説家に着目する面白さを知り、気に入った作家に熱中し、執筆された作品を片っ端から読み漁った。でも、あの頃はアマゾンみたいな通販サイトなどなかったから、読みたい本を即座に注文することなどできなかった。地元のスーパーの書籍売り場に並んでいるものが、唯一の選択肢だったわけだ。

RF：SF雑誌は定期的に読んでいた？

JC：実は、雑誌にはそれほどはまらなかったんだよ。「アナログ・サイエンス・フィ

1970年頃、当時高校2年生だったキャメロンによるイラスト。異星人の巨大な森を進む宇宙服の人物が描かれている。のちにアバターの世界観に繋がるアートワーク

クション＆ファクト」（SFジャンルでは一番古い歴史を持つパルプ誌）とかは買ったことがあるけど、その手の雑誌はアンソロジー（複数の作家による選集）で、傑作から駄作まで玉石混淆だった。まあ、私にとっては、どの作品も大きな違いはなかったんだがね。ただ、エース・ダブルシリーズの執筆陣よりも、アーサー・C・クラークの方が知的で面白く、アイデアもテーマもスケールが大きいというのは理解していた。それでも、エース・ダブルシリーズは大好きだったし、素晴らしい読み物が揃っていたと思う。あとは、アンドレ・ノートンの小説のように、若者向けに書かれた作品にも夢中になった。当時、今みたいに"YA（ヤングアダルト）"という分類はまだなかったけれどね。

RF：「デイブレイク（Daybreak）」とか？

JC：ああ、「デイブレイク─西暦2250年（Daybreak-2250A.D.）」（52）は読ん

だ。宇宙猫と人間が絡む「猫の世界は灰色」（53）もね。ロバート・A・ハインラインの「大宇宙の少年（別邦題：スターファイター）」（58）も。どれも、YA小説というカテゴリができる前の作品だ。

RF：君は映画も好きだったよね。映画館の常連だった。ファンタジーやSF映画を観たときは、ワクワクした？

JC：もちろん。

RF：他のジャンルの映画より、ファンタジーやSF作品の方がずっと君の心をときめかせた理由はわかる？

JC：なんだろうなあ。想像したものを視覚的に表現するのが好きな子供は、他のアーティストが想像して視覚的に描いた作品に刺激されるものだと思う。私にとって、ファンタジー映画やSF映画が、最も創造性に富んだものだった。テレビドラマの『スパイ大作戦』（66-73）はなかなかクー

ルだったが、結局は、複数の大人が立って話しているだけってイメージだったな。でも、『アウターリミッツ』（63-65）には興味をそそられた。岩が溶けると、人間に寄生するクリーチャーになって、宿主の精神を乗っ取ってしまうとか、クレイジーなエピソードがいくつもあった。『宇宙家族ロビンソン』（65-68）も、最初は大好きだった。でもそのうち、馬鹿げたバラエティ路線になって、耐えられなくってね。B9ロボットが大袈裟に腕を揺らし、Dr.ザックレー・スミスがわざとらしく間抜けな悪役キャラを強調するあざとさが目立つようになって、とうとう観るのをやめてしまったよ。

RF：つまり、君はSFというジャンルに真剣に向き合いたいと考えていた。

JC：そうだね。子供の頃から、ジャンルの境界線について、誰にも譲れない自説

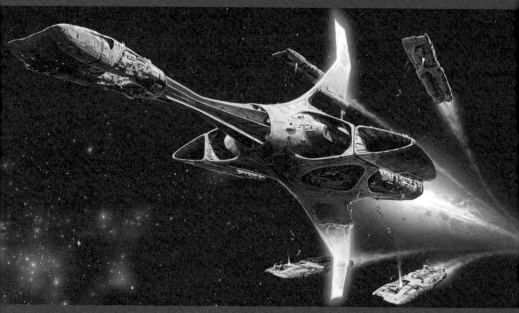

キャメロン自身による『ゼノジェネシス』の宇宙船のコンセプトアート。超高温の黒体放射体となるエンジンのアイデアは、のちに『アバター』のISVベンチャースターという宇宙船に活かされている

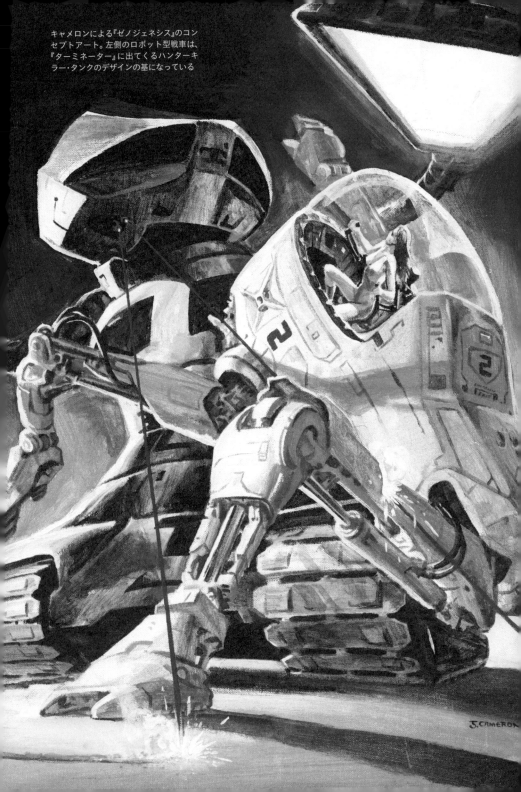

キャメロンによる『ゼノジェネシス』のコンセプトアート。左側のロボット型戦車は、『ターミネーター』に出てくるハンターキラー・タンクのデザインの基になっている

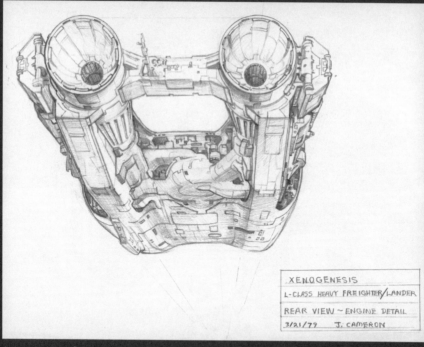

XENOGENESIS
L-CLASS HEAVY FREIGHTER/LANDER
REAR VIEW ~ ENGINE DETAIL
3/21/79   J. CAMERON

キャメロンが描いた『ゼノジェネシス』に登場する"Lクラス重量輸送機"のコンセプトスケッチ

を持っていたんだ。SFファンだからとか、話題を共有する仲間がいたからとかではない。例えば、『アウターリミッツ』と『トワイライト・ゾーン』（59-64）は、自分の頭の中で、明確に区別していた。前者はハードSFであり、後者はファンタジー、ときにはファンタジー・ホラーだ。『アウターリミッツ』は、敢えてファンタジー的なアイデアを避けようとしていたのかもしれないが、それは特殊なことではなく、当時は硬派なSF作品は至るところに存在していた。まあ、一般大衆には、『トワイライト・ゾーン』の方が好まれていたわけで、『アウターリミッツ』は2シーズンで終わってしまう。それでも私には、あれ以上素晴らしい番組は考えられなかった。トレーディングカードを集めていたくらいだ

からね。ところが、カードに書かれた説明文がデタラメでね。『アウターリミッツ』のトレーディングカードと銘打っているのに、あんないい加減な代物を作るなんて理解できなかった。ドラマに出てくる宇宙人の解説が記載されているはずなのに、エピソードと全く関係のない馬鹿げた文章なんだ。あれには腹が立ったよ。

現在SFを語るべき理由
── SF作品の転換期の到来。

RF：社会学的、歴史的に、今こそSFについて語るべきだと君が考えた理由は？　スピルバーグは、「SFはかつてデザートだったが、今はメインディッシュのステーキだ」と語っている。

キャメロンによる『ゼノジェネシス』に出てくる"ウィンド・シャーク"のコンセプトアート。この生物は、『アバター』の空中捕食生物マウンテン・バンシーの原型となる。姿はかなり異なるが、大きく開いた口から覗く鋭い牙はバンシーに活かされている

JC：まさしく。彼は、今やSFは最も稼げる商業映画のジャンルになったと言っているんだ。興行的に大成功を収めた近年の映画は、SFかファンタジーばかり。『ロード・オブ・ザ・リング』（2001）とか『トランスフォーマー』（07）とかね。

RF：SFの重要な転換点となった作品はなんだと思う？

JC：無論、『スター・ウォーズ』だろう。SF映画ブームは50年代に起こったものの、しょせん"傍流"だと考えられていた。ところが、この映画の登場が、ブームから約20年ほど続いていた"SF映画は商業的には成功しない"という流れを覆したんだ。あの頃、SFはどんどん扱いが悲惨になりつつあったんだが、『スター・ウォーズ』が誕生し、大旋風を巻き起こした。人々が抱いていた固定観念を、ものの見事に吹き飛ばしてくれたんだよ。しかし、それでも、SF映画を芸術作品だと認めさせることまではできなかった。今日に至るまで、我々はその状況を打破しようと闘っている。とはいえ、『スター・ウォーズ』がSF映画の商業的成功の可能性を世の中に知らしめ、人々の見方を180度転換させたのは確かだ。「SFがメインディッシュのステーキになった」とスピルバーグが語っているのは、そういう意味だと思う。SF映画だって不朽の名作になり得るし、人類の未来を考えたときに非常に価値の高い作品が生まれているのは事実。そして、年々驚くほど進化を続けるテクノロジーがいつ、どんな問題を引き起こし、人間界にいかなる影響を与えるのか予想できない時代に、我々は生きている。だからこそSF物語は現実よりも先回りして、様々な疑問に対する答えを見つけようとしているんだと考えている。もし我々が人類の半分を死滅させる病原菌を作り出したとしたら？　この惑星を支配しようとする人工知能を産み出していたら？

こんなふうに「もしも〜だったら、どうなる？」、「仮に〜したら、何が起きる？」といった問いの答えをSF映画の中で描くことは、10年後、20年後、30年後、実際に人間が対面する問題を想像しておくのに等しい。

とはいえ、これまでの例を見ても、SF映画が現実世界の未来を正確に言い当てるのが難しいということはわかる。『2001年宇宙の旅』が我々の行く末を予言していたのなら、2001年に、人類は木星探査に送り込まれているはずだった。この映画が描いた通りの未来になっていたら、世界的なインターネット網——基本的に、どこにいる誰とでもコミュニケーションを可能にする地球規模の電子ネットワーク——はなかったはずだ。インターネットが始まった60年代、多くのSF作家は、大型汎用コンピュータについては語っていたものの、コンピュータが個々人で使われるようになることには全く言及していなかったんだ。パーソナル・コンピュータ、つまり、各人が専用パソコンを持つようになってからインターネットが普及するまでの期間は、本当に瞬く間——わずか2年ほどだったが、それほどまでのパソコンの普及を予見したSF映画はなかった。描かれるのが異星人の世界であろうと、人間あるいは未来人のものであろうと、情報は常に大型コンピュータに集められるようになっていた。現在の世の中を見渡せば、人類の文明や文化は革命的に変化し、我々は知的生命体として大きく発展していることがわかる。残念ながら、SF作品は、これほどの飛躍的な変革を予測していなかったんだよ。

RF：SFの主な役割は、未来予知だと考える人もいるだろうけど、実は、そうではない？

JC：ああ。未来の予言などしない。でも、もし我々が聞く耳を持てば、SFを参考に

して、来るべき事態を防ぐことは可能だ。
RF：SF映画がこんなに作られるように
なった理由はそこにあるのかな？　マニア
たちが今こそ自分たちの腕の見せどころだ
と、こぞって作り出したからじゃなくて？
JC：違うよ。長い間、SFはかなりマニ
ア向けのジャンルだとされていた。確か
に、科学知識にやけに詳しいアメリカの白
人男性によって主に執筆され、読まれて
きた分野だ。SF好きの女性も少しはいた
だろうが、性別が判断できない名前で活動
していただろう？　アンドレ・ノートンなん
か、誰もが男性作家だと思っていたわけ
だから（「アンドレ」はペンネームで、男性名。本
名はアリス・メアリー・ノートンだった）。あるい
は、脚本家のD・C・フォンタナみたいに
イニシャルを使っていたりね。彼女は『ス
ター・トレック』の脚本を執筆したわけだ
が、男性だと思い込んでいた人は多いだろ
うと思う。あの頃のSF映画業界は、女性
が活躍できる環境にはなかった。科学工業
や機械技術の分野は男が幅を利かせていた
から、宇宙を支配するのも、原子力を制御
するのも、ロボットと戦うのも、みんな
男性キャラ。どれも男向けのファンタジー
だったんだ。もちろん、優れた女流作家も
いたが、目立たない存在だった。で、60
〜70年代になると、彼女たちは前に出る
ようなり、物語のテーマにおいても書き手
の数や読者の層でも、男女平等になってい
く。だから今は、私の子供時代やそれ以前
よりも、ずっと幅広い層に受け入れられる
主流のジャンルになっているんだ。
RF：そうなって良かった、というわけだ。
JC：本当に素晴らしいと思う。『スター・
トレック』は、SFジャンルの躍進に大き
く貢献した作品だ。SFは社会に問題提起
をする作品にもなり得るし、非現実的で大
仰な計画を語るだけじゃなく、ハードサイ
エンス（化学、物理学、生物学、地学、天文学

『スター・トレック』シリーズ第1作『宇宙大作戦』でスポックを演じるレナード・ニモイ

などの自然科学。数量化できないものも可能な限り
数量化しようとし、数量化できるものだけを対象に
考える）の要素が含まれることを人々に知
らしめた。
RF：視聴者に影響を与える内容だったっ
てことだね。
JC：異種の存在について語ったり、性別
の話だったり、社会で禁じられていること
や抑圧されている者たちに触れたりするエ
ピソードもあった。『スター・トレック』は、
たくさんの人々を開眼させたと思う。
RF：物語に登場する異星人や宇宙船を用
いて、社会的な主張や我々自身が直面し
ている現代の問題を暗に訴えられるのも、
SFならでは。そういうことかな？
JC：全く、その通りだ。友人、恋人、あ
るいは命を投げ打ってでも守りたい誰かが
異星人だった場合、相手は人間じゃなくて
異星人なんだから、容姿は違っていて当た
り前。そこは問題じゃない。外見、性別、
肌の色が異なることは、偏見を持つとか、
議論に値するとかっていう要素ではないん
だ。そんな設定を『スター・トレック』は
やってのけた。さらに、この作品で描かれ
ている未来は、悲惨な運命などたどってい
ない。逆に、希望にあふれた雄大な世界だ。

激動の60年代、人々は、そういった設定を求めていたんだと思う。

RF：ポジティブな未来のSF小説の方が、ネガティブな話よりもスムーズに書ける？ それとも、逆？ また、人々に受け入れられやすいのはどっちだと考える？

JC：どちらの方向性でも物語を綴る楽しさは同じだろう。新たな技術革新に満ちた世界がどれだけワクワクさせるものなのか、その進歩が人類を思いもよらない社会にどのように導くのかを、読者に示すことができるわけだから。だが、人気という点で言えば、凶事を警告するような物語がいつの時代も好まれる。みんな、悲惨な展開を望んでいるんだ。**手に汗握るアクション、緊迫感あふれる展開、胸が締めつけられるような人間ドラマといった見どころは、恐ろしい状況下で生まれるものだ。だから、作家はこぞって暗い未来を描くのだろう。**

RF：『スター・トレック』のようなユートピア的な未来でも、悲惨な出来事や争いが起きる。そもそも、起きないとドラマにならないし。

JC：そうだね。だが、その前に少し付け加えさせてくれ。我々はやがて自分たちのように話せるロボットや他の惑星に行ける宇宙船を持つことになる、という希望も未来にはあるわけだ。明るい未来では、我々の文明は崩壊することなく存在し続け、かつて人間がSF作品で夢見ていたクールな発明品が日常にあふれる。そっちの方面に想像の翼を広げても、新しい冒険ストーリーはいくらでも考え出せるだろう。とはいえ、物語を書くとき、人は最悪の事態について斜に構え、ひどく皮肉になる。SF文学のほとんどがそうだと言っても過言ではない。見栄えがいい安っぽい要素をたくさん集めて、まとめて世の中に打ち込む。でも、どの作品にも希望は残されている。何があっても、人類はこの先も生存し、発明と革新を続けていくはずだから。それでも同時に、生活環境を著しく悪化させ、危険な状態にし、邪悪な輩が蔓延することになる。つまり、進歩と引き換えに、多くを犠牲にしなければならない。でも、ウォルター・ミラー・ジュニアが書いた小説「黙示録3174年」（59）ほど希望のない展開ではない。この本では、人間は前に進むことはなく、暗黒時代に逆戻りし、長い歳月をかけてようやく再興させた文明も、精神の崩壊で独断主義に陥った人間によって永遠に消滅させられてしまうんだ。私にとっ

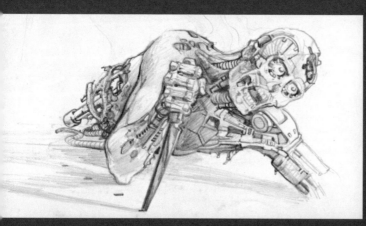

キャメロンによる『ターミネーター』の初期のコンセプトスケッチ。映画のラストシーンで、大ダメージを受けたターミネーターの様子が描かれている。ただし、完成版でターミネーターはナイフを振ることはなかった

て、実に恐ろしい未来が描かれていた1冊だよ。ギブスンの「ニューロマンサー」に出てくるようなディストピア的な未来の裏通りでは、人間はとんでもなく極悪非道な生き物になってしまうのかもしれないんだ。それでも、我々にはインターネットがあるし、高度なAIシステムなどを持つようになるからここまで堕落はしないと楽観的に思っている自分もいる。**本当に最悪なのは、人間が技術革新や文明の発達、科学全般に逆らうことだ。そして、そんな状況は起こりつつある。今、現実の世の中で、実際に起ころうとしていることなんだ。**

人類の導き手となるのがサイエンス・フィクション

RF：恐怖が全てを支配してしまうわけだね。
JC：信仰と科学の間には、必ずといっていいほど"対立"が存在する。それを考察するフィクションが、我々にはもっと必要だと思う。私にしてみれば、信仰は迷信で、科学は真理に至る道だ。あくまでも個人的な意見だけどね。**私は自分の作品にあまり私的な見解を投影したりしない。シガニー・ウィーバーが『アバター』で演じたグレイス・オーガスティン博士役以外はね。**彼女は優秀な科学者で、事実によって証明する実証科学の人だ。とにかく、信仰と科学の対立にきちんと向き合うことが、人間の意識を試す究極の実験方法になると考える。宇宙が広大で、わかりやすい答えを与えてくれないからといって、我々は世の中について学んできたことに背を向けるのか？ 新しい芝刈り機を買って、その使い方を学ぼうとするように、人間は、世の中に関する複雑な知識を、"生命"の簡単な使用説明書レベルにまで噛み砕きたいと思っているんだ。人は経験を積み重ねることで学び、自分自身の人生のマニュアルを持つことに

1977年当時、キャメロンがしたためていたSFアクション物語の鉛筆画。『ゼノジェネシス』に出てくるマシンを思わせるハンターキラー・タンクのような外見のスパイダー型の乗り物で、カマキリの腕を彷彿とさせるロボットアームは『エイリアン2』のエイリアン・クイーンに反映されている

なり、そのマニュアルがあらゆることを教えてくれる。本格的な調査や革新的な努力を行う必要もなく、宇宙を隈なく眺めることもない。なぜなら、全ての答えは、マニュアルにあるからだ。もしもそれでいいと考えるなら、我々の命運は尽き、全人類の実験は時間の無駄に過ぎなかったことになる。それが、映画に投じられた私の個人的な見解だ。それについてのSF作品が書けるかって？ もし主にSF文学を執筆することを生業としていたなら、もちろんそのテーマを徹底的に掘り下げた小説を執筆するよ。それが、大人になった私の全人生をかけてやり抜くべき主題だったはずだ。
RF：それって、君の初期の映画でよく見られたテーマじゃないか。『ターミネーター2』で、ジョン・コナーに対するセリフとして「It's in your nature to destroy

キャメロンの自主製作映画『ゼノジェネシス』のコンセプトスケッチ。背景にある樹木のようなものは、閉じて小さくなる形状で、そのアイデアは、誰かに触れられると急にしぼむ『アバター』の螺旋状の植物ヘリコラディアンに使用されている

yourselves（己の身を滅ぼすのが、人間の性分＝滅ぶのは、人間が自分で選択した運命だ）とターミネーターに言わせている。

JC：力を得て、共通の利害を持つ仲間たちを守ろうとするのが、人間の性分だと思う。問題なのは、助けたい同志がどれだけの規模なのかってことだ。すなわち、人類が生き残るためには、地球サイズで考えなければいけない。この場合、「共通の利害を持つ仲間たち」は全人類を指す。でも、その正しいやり方（助け方）を知っている者など誰もいない。世界には正確な知識を持った人もいることはいるだろうが、**人類という生物は、絶滅の危機に瀕していても、その事態を回避するための具体的な行動を起こすのがひどく不得手なんだ**。役に立たない組織を作ってみたりとか。うちの街のチームの方が、おたくのクソみたいな街のクソみたいなチームよりずっとマシだと言って、協力すべきどころか、互いに張り合ったりする。おいおい、ちょっと待ってくれよ。お偉方は大人だよな。12歳の子供の方がまだマシな考え方を持っているぞ、

というような展開が容易に想像できる。

RF：でも、政治的な思惑が絡むことばかりではないだろう？

JC：もちろん。だが、政治的な発想は、人間が生まれつき持っている精神的な側面に因るものだ。我々は部族主義の傾向がある。うちの部族（＝仲間、グループ、派閥）は善だが、そっちの部族は悪だと考えてしまう。互いに取引したいものがない限りはね。取引したいものがあれば、相手を大目に見られるようになる。我々はそうやって発展を続けてきた。何百万年とは言わないまでも、何百年、何千年もの間、そうやって生きてきたんだ。どこかの部族への帰属意識を持ちながらね。だから、人間は部族主義を求めているんだ。どこかのスポーツチームを応援したり、何かの信条や主義、あるいは宗教に傾倒するのも、同じこと。部族主義は、自分が所属する集団と、そうでない集団を作り出すんだよ。

RF：サイエンス・フィクションは、概念上、その状況を打開できると？

JC：そうだとも。まさしく、**SFの物語は人々に違った物の見方をするよう促すことができる**。もちろん、一度読んだり観たりしただけで、すぐに違った考え方をするようになるわけではないがね。でもSFが**異なるレンズを通じて——別の観点で——物事を見る方法を提案することは可能だから**ね。とある異星人に出会ったとしよう。彼らの文化は人類にとって脅威になり得るかもしれないが、彼らは、人間と同じような捉え方で宇宙を考えたりしない。異星人の文化を通じて異なる角度から宇宙を見られるのであれば、人は、自分とは違う見方をする他の人間とも同様のことができるはずじゃないか。

RF：ギレルモ・デル・トロの監督作『シェイプ・オブ・ウォーター』（2017）が、その例に当てはまるね。あれは、人間と人間

ではないクリーチャーとの関係を描いた物語だった。

JC:『シェイプ・オブ・ウォーター』は、"愛のあるところに愛あり"という、一見当たり前だけど奇跡のような出来事を物語っている。子供の頃に読んだSFストーリーで印象的なものがあった。基本的には同性愛についての話だったと思う。その中で記憶に残っている一文が、「愛は稲妻のごとく突然襲いかかる」だ。ギレルモも同じことを言っている。だから、『シェイプ・オブ・ウォーター』の主人公の親友を同性愛者にしたんだよ。どこで誰と恋に落ちるかなんて予想もつかない。誰かに心を奪われたときには、恋してるってこと。そういう物語だ。それの何が悪い？ 咎めるなんて誰にもできないだろう？

RF:昔、僕は不正や不均衡、身の回りの正しく作用しない物事に気づく感受性を持った子供だった。だからこそ、サイエンス・フィクションに惹きつけられたんだ。SFは、「いいんだよ。君は正しい。解決策はここにあるよ」と語りかけてくれたからね。

JC:あるいは、「この道を進み続けた場合、事態がどれほど悪化するかを教えてやろう」みたいに言っていたりね。とどのつまり、**ファンタジーや社会学的なSF作品は、人間の指南番や導き手の役割を担えるってことだ。ハードSFは、テクノロジーと人間の関係性をより深く追究する傾向がある。**人間社会から技術を切り離すことはできない。この惑星を支配する我々は、動物界の頂点に立っている。食料やエネルギーの調達など、人が成し遂げている全ては、少なくとも環境管理の観点からすれば、テクノロジーによってもたらされているんだ。正確には、テクノロジーとともに進化する人間の能力に因るところが大きいと言えるだろう。我々は直立歩行をし、移動運動中に両手を使うこともできる。堆積岩の石片を削って鋭利な尖端を作り、それらを携帯して持ち歩けるようになった。鉤爪を持って生まれたわけではなかったが、必要なときに鉤爪の代わりとなるものを持てたんだ。獲物を殺し、それをどこかに持っていくことができるし、何かを拾い上げて運ぶこともできる。あるいは、地面から植物の根っこなどを掘り起こして運搬するのも可能。というのも、人間は二足歩行の生き物だからだ。類人猿の時代から、指を使って石器を作り、火をおこすことなどで、人の脳はどんどん大きくなっていった。発達した脳で知的活動を行って、技術を開発し、失敗と成功からさらに改善させていく。生物のポジティブ・フィードバック・ループの中で、技術の発展を左右してきたわけだ。そして今後も、人類の歴史はテクノロジーと切り離すことはできない。もはやテクノロジーは、人間の肉体的進化にも影響を及ぼすようになっている。

そういう意味でも、SFは最も広範囲に及ぶ人間の創作ジャンルだと言っていいだろう。SFは我々とテクノロジーを取り上げ、人がいかに技術とともに社会を築き、生活を営み、進化するのかを描き出しているからだ。人間と技術の関わりは、百万年以上も続いている。人類が最初に石器を使用したのは、少なくとも150万年前、もしかしたら200万年以上前にも遡る。石を削っただけの簡易な物から始まり、人はどんどん便利な道具、装置、機械を作り出していく。人と技術の歴史は長いものの、驚くべきスピードで道具の開発が進み、その加速度は、まるで二次関数のグラフの曲線のごとし。1万年前、人間は縄を綯い、籠を編んでいたんだ。その頃はまだ、人間は地球を支配するような存在ではなかったと思う。それから5000年ほど経つまで、人は金属とは出会わない。金属は、大きく技

AMCのテレビシリーズ『ジェームズ・キャメロンのストーリー・オブ・サイエンス・フィクション』で、スティーヴン・スピルバーグにインタビューするキャメロン。撮影はマイケル・モリアティス

術革新を進めた。もはや現代の我々は、今から20年後の世界を予測することができないところまで来ている。

RF：君がSF小説を読んでいなかったなら、そうだったかもしれない。（「君は予測できるだろう」の意）

JC：いいかい。SF作家たちは、テクノロジーがどんな意味を持つのかを読み解くべく、あれこれ探りを入れるのを常としている。しかし、全てはシリコンバレーの先端IT企業の発明品の前にひざまずいてしまう。パソコンやインターネットの類は、SF作家が想像したこと、想像し得ることを超越していたんだ。そういう意味では、人がかつて想像していた未来と自分たちが生きている現実の間の"距離"は絶えず縮み続けてきたことになる。ところが40年代、50年代、60年代に将来起きるかもしれないと我々が夢見ていた物事──星間旅行や超光速トラベルといった全て──は未だに実現できていないし、実現できる見込みもない。それが問題なんだよ。今後、人が日々進化を遂げていくには、猛烈なスピードで発達する技術が必要なのに、銀河の征服というSFの古き壮大なテーマは、相変わらず不可能なままだ。それだけではない。ヒューゴー・ガーンズバックやジョン・W・キャンベルが想像していた30年

代当初よりも、現代の我々の方が銀河支配に対する意識は遠のいている、と言えるかもしれない。60～70年代、人間は地球周回飛行に成功し、数回、月面着陸も行ったものの、それ以来、月には戻っていないからね。72年のアポロ計画を最後に、人間を地球外の星に送り込んでいないんだ。そういう点では、有人宇宙計画はあの頃がピークだった。とはいえ、今は、我々が作り出した機械が地球の外に飛び出し、素晴らしい仕事を行ってくれている。1977年に打ち上げたボイジャー1号は、2012年に太陽圏（太陽風が届く範囲。ヘリオスフィアとも）の最外層ヘリオポーズに到達し、太陽圏外を脱したと考えられているが、もしそれが事実ならば、人類の発明品は太陽系の端にまでたどり着くことができたというわけだ。

選ばれし6人の賢者たち

RF：君は、『ジェームズ・キャメロンのストーリー・オブ・サイエンス・フィクション』という番組で、スティーヴン・スピルバーグ、ジョージ・ルーカス、クリストファー・ノーラン、ギレルモ・デル・トロ、リドリー・スコット、そしてアーノルド・シュワルツェネッガーに直接インタビューしているが、この6人を選んだ特別な理由は？

JC：幸いにも、ポップカルチャーのSF分野で活躍する重鎮たちにインタビューする機会が許された。**SFを熱く語れるだけでなく、自身を大成功に導き、このジャンルに何か恩返しをしたいという考えを持つエキスパートの中のエキスパートが、スティーヴン、ジョージ、ギレルモたちなんだ。**これまでの映画人としてのキャリアの大部分を、SFジャンルに費やしてきたような連中だからね。関わった全作品がSFものとは限らないが、私を含め、全員がSF映画史に残る画期的な傑作を生み出

し、そのおかげで大金を稼ぎ出した映画人だ。そこで、**我々の原点、幼少期にSFの虜になった経緯を人々に共有してもらおうじゃないか、と考えた。**アーティストを目指し始めた子供時代やティーンエイジャーの頃に興味を抱いたテーマはなんだったのか。そのアイデアが重要な意味を持っていたのはどうしてなのか。**インタビューの内容は、我々自身を語っている。**その話から、ジョージやスティーヴンたちのような人間の共通のテーマが見えてくるはずだ。彼らは**SFをちょっと齧っただけではない。今も昔もどっぷり浸かっている。そうせざるを得ないんだ。頭の中で、SF作品のアイデアやイメージが次々湧き上がってくるから、それを吐き出し続けないといけないのさ。**

RF：それは、彼らが持っているヴィジョン……芸術的な構想のようなものなんだね。

JC：まさしく。そして、彼らが世界とシェアしたいと考えているものだ。常に頭の中にあって、フィルムメーカーとして公にしなければならないと彼らは思ってるんだ。小説家だって同じこと。視覚的な語り口の作家は、読者が脳内ではっきりと光景を再生できるような文章で場面を描写する。読後何年も経って映画化されたとき、「おお、原作を読んでいたときに思い描いていた通りの世界観だ」と、なる。あるいは、本を読んだ16歳当時の自分が「あの本の映画化作品？　観に行くつもりはないね。どうせ駄作に決まってる。原作のイメージを壊されたくない」と、囁くんだ。

他者を理解すること

RF：この本では、ファンタジーなど、他のジャンルとSFの相違についての会話が何度も出てくるね。SFを他のジャンルと区別するのは、どうしてそんなに重要なんだろう？　そして、他のジャンルではなく、SFだからこそ人々に与えられるものとは？

JC：前提として、本や映画を楽しんでいる最中に、敢えてジャンル分けやサブジャンルで分類することはしなくて良いと思う。もちろん、SFとホラーは別物だと理解するのは大事だ。とはいえ、2つのジャンルがオーバーラップしてしまっていることは多々ある。それでもSFとホラーは、全く異なるジャンル。もちろん、SFホラー作品は存在する。『エイリアン』は、そのいい例だ。でも私なら、まずはSF映画だと定義するね。あれは、遠い宇宙の宇宙船が舞台の物語。だから、即座にSF映画に分類するよ。でも、それって重要か？　私はそうは思わない。何かの作品を楽しんでいるとき、ジャンルがどうのこうのって、大して気にならないだろう？　『トランスフォーマー』はSFか？　それとも、ファンタジーか？　誰もそんなところにこだわらないよ。『トランスフォーマー』は『トランスフォーマー』なんだから。

RF：僕には、『ブレードランナー』(82)は、悪役キャラクターのロイ・バッティを考えると、『フランケンシュタイン』のSF版みたいに思えるんだが。

JC：ああ。**得てしてアンドロイドや人造人間の物語では、人造人間の方が、その創造主である人間以上にカリスマ性があって、面白い存在だったりする。小説「フランケンシュタイン」でも、怪物の方が、彼を創り出したヴィクター・フランケンシュタイン博士よりもはるかに興味深いんだ。**フランケンシュタインの怪物の話は、何度も映像化、舞台化されて様々な翻案が成されているが、どの作品でもその点は一致している。

RF：リメイクされるたび、「人間とはなんぞや？」という疑問が繰り返し描かれてい

ジェームズ・ホエール監督による映画『フランケンシュタイン』(31)の劇場用ポスター

るよね。

JC：それこそが、SFの最も根底にあるテーマだと断言できる。人間とは何か？　SF作家がそれを定義すると、「人間であることは自分が人間だと信じていること」になるんじゃないかな。たとえ君が機械だったとしても、君が高い知能を持つ犬だとしても、人間だと思い込んでいたら？　要は、何が人間を人間たらしめるか、だ。同じ権利、尊敬、権威を与えられているはずの人間と同等、もしくはそれ以上に偉大な感情と意識を持つものとは何なのか？　そしてその問いの上に、SF作家のほとんどが地球外生命体との接近遭遇について書いているのは、それが今の我々の生活と無関係だからではないと思う。本当の問いは、異星人と出会い、彼らを理解し、受け入れ、交

流できるようになるという物語をどうやって語るかなんだ。未知の文化と出会った際の我々の反応や理解しようとする過程をどんなふうに伝えれば、多くの人々の心に響くのかってことなんだよ。

RF：映画『メッセージ』(16) みたいなものか。

JC：その通り。じゃあ、未知なる文化とはなんだろう？　9.11アメリカ同時多発テロの背景にある過激で独善的な宗教テロ集団の文化など、我々は確かに理解していなかった。あるいは理解可能だろうとは思いながら、無視していただけかもしれない。これは、宇宙人に攻撃されるのと似ている。テロ事件の翌日、私はふたつの考えに至った。まずは、犯人たちを爆撃して壊滅させてやりたいと考えた。それがひとつ目。次

に、アラビア語を習得し、フィルムメーカーとしての仕事を辞めて彼らの物の見方で世界を理解してみたいと思った。なぜなら、似たような出来事が繰り返されないようにするには、それしかないと感じたからだ。そして、悟った。**我々は相手を単に理解していなかっただけだと。**今は、あの当時よりも彼らに対する理解力が増しているはずだ。かつて同じ教義でひとつに結びついていたその「彼ら」だが、現在ではバラバラになり、それぞれの派閥、教派の相違点をひとつひとつ理解し続けるための絶え間ない努力が求められるほどに袂を分けてしまっている。それでも、一般的なアメリカ人は、ほとんど理解していないと思う。**例えば、小説『デューン』を読めば、そこに全てが記されているとわかるだろう。**著者のフランク・ハーバートはおそらく、ムジャーヒディーン（アラビア語で「ジハードを遂行する者」の意。イスラム教の大義にのっとった民兵たちを指す）とソ連に対する彼らの闘争について描いていたんだろう。正確な時期はわからないが、19～20世紀に砂漠のアラブ系遊牧民たちがソ連軍と争っていたのは確かだ。

RF：映画版の『デューン／砂の惑星』(84)には、"メランジ"と呼ばれる長寿と宇宙航行を可能にする特殊なスパイスが出てくる。小説、映画ともに、宇宙を舞台とした

フランク・ハーバートの原著『デューン』（1965年エース・ブックス刊）の表紙

スパイス争奪戦が描かれているけど、現実世界で言えば、メランジは石油かな。

JC：ああ、『アラビアのロレンス』(62)的な展開だね。結局は石油が絡んでくる。話を面白くしているのは、石油だ。ハーバートはおそらく、アメリカとイギリスによってメソポタミアの谷全体が勝手に分けられたことに意見を言っているんじゃないかな。現地の人々の宗派や部族の系列ではなく、異なる国々が彼らの土地を分割して分捕ったことが、我々が目下直面している全ての問題の発端になっている。誰も彼らの文化を理解していなかったわけだから。それって、ハーバートが『デューン』で描いていたことだよ。砂漠の惑星アラキスの原住民フレーメンが、ムジャーヒディーン——つまり、今でいうアフガニスタンの軍事的指導者、あるいはテロリスト的存在なんだ。小説の初版が出た60年代に読むのと、今

デヴィッド・リンチ監督による映画『デューン／砂の惑星』(84)で、主人公のポウル・アトレイデス役を演じたカイル・マクラクラン

読むのでは、捉え方が全く異なるに違いない。じゃあ、1977年の『スター・ウォーズ』はどうか。これは、砂漠の惑星から来た連中が、その場しのぎの武器と闘志満々の反逆者たちとともに銀河帝国と戦う物語。70年代の終わりから89年の終わりにかけて、ソ連のアフガニスタン侵攻があったよね。当時の砂漠の惑星サイドの者たちは、ソ連に対抗するムジャーヒディーンに重ねることができる。砂漠の惑星、宇宙を舞台にした侵略戦争という設定から、「デューン」が『スター・ウォーズ』に影響を与えたのは明らかだが、ちょっと考えてみてくれ。ソ連のアフガニスタン侵攻時、アメリカはイスラム勢力を支援していた。ところが時代は流れ、米ソの冷戦が終わり、ソ連が崩壊したことで、世界はアメリカ一強になり、9.11後のアフガニスタン侵攻やイラク戦争などで好き勝手にやってきた。すなわち、砂漠の惑星を統制しようとした帝国軍に、アメリカの姿が被らないかい？もしも自分が帝国軍のために働いているとき、『スター・ウォーズ』の反逆軍を応援することなどできるだろうか。できるわけがない。なぜなら、**自分は帝国の人間として帝国に仕えているから。アメリカ人としてアメリカのために尽くしているのと同じ。**すごく単純明快だ。帝国軍で仕事をしているといっても、白いストームトルーパーのスーツに身を包んでいる戦闘兵とは限らない。デス・スター（『スター・ウォーズ』に登場する銀河帝国の球型宇宙ステーション）の清掃員かもしれないだろう？　だけど、帝国側で働いていることに変わりはない。

RF：それって、ジャンルとしてのSFの重要な側面と言えるね。異星人が地球人を見るように自分たち自身を見てみろと教えてくれている。

JC：そうだとも。だからこそ、ちょっと思考を変えれば、帝国側に立っていたとしても、デス・スターを破壊しようとする『スター・ウォーズ』の喧嘩っ早い反乱軍の人間とつながりを持つことができる。でも、そこまでに至らず、帰属する場所が違うから奴らは敵だ、と条件反射的に己の前に壁を作って制限してしまうんだ。きちんと物語を咀嚼して現実社会や自分自身の人生に当てはめられない場合、「ああ、楽しい小説を読んだ」「娯楽映画を観た。面白かった」で終わってしまう。観客のほんのわずかな割合の人々だけが、実際に「ちょっと待て。襲う側と襲われる側、それぞれの視点に立ってみると、どっちも悪い奴になり得るってことだよね」と気づくわけだ。帝国軍がアメリカで、砂の惑星サイドの反逆軍が中東のムジャーヒディーンだとしたら……アメリカが悪者だと思う人々もいるんだ、と。そこまでの境地にたどり着けるのは、ほんのひと握りしかいないだろうが。

RF：『スター・ウォーズ』旧3部作には、それがかなり明白に描かれてるよね。

JC：その通り。「民主主義は死んだ。万雷の拍手の中で――」（『スター・ウォーズ　エピソード3／シスの復讐』のパドメのセリフ「自由は死んだわ。万雷の拍手の中で―」をもじったもの）というわけだ。

RF：確かに。

JC：1年前くらいに一緒に観たばかりだったな。

ジェームズ・キャメロンが
SF作品を作り続ける理由

RF：君が、より良き存在になれと、人類を奮起させるために、可能な道筋を示す作品を執筆したり監督したりするのはなぜだろう？

JC：いいかい。それは修辞的な疑問、つまり答えを必要としない質問だ。なぜかというと、私が自問自答していることだか

らだよ。人類により良き存在になるべく道を示すという目的は、『アバター』に込めたメッセージそのものだし、(『アバター』の) 続編の意図でもある。より大きな問題は、それがうまくいくと実際に思っているか、ってことだ。さすがにうまくいくかどうかなんて、自分でもわからない。1作目がうまくいったかどうかも、わからない。メッセージは確かに映画の中にあった。それが心に響いた人もいるだろう。私自身は、『アバター』を観た人の90パーセントは、視覚的な美しさやアドベンチャラスな物語を楽しんだだけだと思っている。残りの10パーセントの観客がメッセージを汲み、それを今後の行動を改めるきっかけにしてくれたり、あるいは少なくとも他者への不寛容や自然に対する尊敬の欠如を気づかせる警鐘として真剣に受け取ったりしてくれたのだろう。他者を受け入れず、自然を蔑ろにするといった社会的傾向は、我々の文化を蝕み、人類の存続を脅かす要因になりかねない。

『アバター』は観客動員数でかなりの数字を叩き出した。従って、たとえ観客それぞれの変化が非常に小さなものだったとしても、映画を観てくれた人の数は全世界で相当なものだろうから、はっきりわかるほど大きな変化になるに違いない。だから、砂粒ほどのほんの小さな変化でも与えられれば、各人の世界の見方が変わり、態度が変化する可能性は出てくる。個人個人がもっと寛容な心を持って、愚かな提案や振る舞いをしないことで、世の中が良い方向に動き出すかもしれない。『アバター』の続編が実際に人の世のためになるかどうかは、それほど重要じゃないと思っているが、アーティストとして、トライしなければならない。

それから、もうひとつ。作品を過度に説教じみて、道徳的なものにしてしまうと、最初から芸術的な努力、つまり創造性を抑制させることになりかねない。『アバター』の1作目を観た人々は映画で描かれていたような事態が、今後本当に自分たちの身に降りかかるかもしれないとは思わなかっただろう。そこにはいろいろな思いや教訓を詰め込んだけれど、スクリーンに映し出されるのは、一見、壮大で見栄えのするカラフルな光景に過ぎない。でも続編を見た批評家は、左寄りの環境保護主義的なテーマを探そうとして身構えるだろう。ドナルド・トランプはきっとそれについてツイートすると、私は確信しているよ。

RF：それってある意味、成功したことになるよね。

JC：1作目ほどヒットせず、それほど大勢の人の心に変化を与えられないかもしれない。1作目はトロイの木馬でもあった。そのうちわかるだろう。しかし、私は手を緩めるつもりはないし、かといって張り切り過ぎて、観客の喉にメッセージを突っ込むような映画にするつもりもない。テーマに満ちた映像の中に存在する面白い物語を伝えようとするだけだ。それに心を動かされる観客もいるだろうし、何も感じないという観客もいるだろう。そして、たとえメッセージが響かなかったとしても、純粋にストーリーを楽しんでくれるはずだ。私はドン・コルレオーネがやっていることには賛同しないが、『ゴッドファーザー』(72)という映画は今でも大好きだ。だから、映画はアトラクションだと思って、鑑賞中はストーリーだけを楽しむもよし。映画のキャラクターたちを好きになったり、彼らのやっていることに同意する必要まではないんだよ。

RF：SF作家というものは、科学を正しく理解し、現実世界の問題を伝えるための道徳的義務を負うべきなのかな？

JC：敢えて言うなら、**科学を正しく理解**

キャメロンによる『アバター』のキャ
ラクター、ネイティリの顔のコンセ
プトデザイン。仕上がった映画で見
られる猫のような鼻とジャガーのよ
うな縞模様が描かれている

するための道徳的義務は、エンターテイン
メントというレンズを通して我々の時代や
政治的、社会学的状態を語るための道徳的
義務よりも重要ではない。それにレンズは
外されているかもしれないし、斜めになっ
ているかもしれない。でも、それゆえ、人々
は新たな視点で物事を見ることができる。
かつて我々は、将来、人間はもっと賢明な
生き方をしているはずだと思っていた。と
ころが今でも、誰もが独断的で、世の中は
信じられないほど偏見に満ち、その中で逆
境に耐え忍ぶ人々がいる。そんな現在、世
界中の国に蔓延するポピュリズムや孤立主
義は、逆に再び我々が後退していることを
示しているのかもしれない。もしくは、少
なくとも、深く定着したと思われていた
我々の"個"を尊重する視点が、実は、リ
ベラルな考えを持つ人間が多い（ハリウッド
などの）限られた世界だけのものだったと
暴露するんだ。だから、「世の中で（例え
ば、人種差別や性差別が改善されてきたという）リ
ベラルな変化が起きている」と思っていた
ことは、幻想に過ぎなかった可能性がある。
つまり、実際にあった社会革命や社会啓発
は、発想の発言者や支持者が信じていたほ
ど効果的ではなかったんだ。その事実が基
本的に意味しているのは、人類は（何かを
成し遂げるには）想像以上に多くの行動を し、
努力しなければならないということだ。な
ぜなら、どんな進歩が成されようとも、偏
見は、生まれながらに社会に存在する。我々
は学校や親を通じて受け継がれる偏見を払
拭しなくてはならないんだ。この種の社会
的発展にひと役買う情報のひとつが、SF。
昔からずっとそうだった。SFは、差し迫っ
た変化や身近な現実ばかりを見るのではな
く、その外側に目を向けろと人々に提案し、
要求しているんだよ。

IT社会が科学を終わらせる？

RF：天文学者のカール・セーガンが生涯
かけてやろうとしていたのは、科学を世に
広め、日々の生活の中で、「なんだ、科学っ
て自分にも役立つんだ！」と、その価値を
誰もが認識できるようにすることだったん
じゃないかな、と感じる。SF作家がやっ
ているのと、すごく似てる。いや、同じ
ことだと言っていい。科学を家に持ち帰ろ
うってことだから。

JC：70〜80年代、カール・セーガンは科
学を普及させようとしていた。それは、幅
広い層の人々が宇宙をより身近に感じ、宇
宙をさらに理解することで知的好奇心を満
たせるようにという目的だったんだと思う。
しかし、我々は今、その当時とは異なる時
世に生きている。あの頃は、バイキング1
号、2号が火星に着陸し、ボイジャー1号、
2号が木星に送られた時代だった。現在は
どうだ？　もちろん、天文ファンは今も存
在しているが、我々は振り子が前にも後ろ
にも大きく揺れる世の中にいるんだ。科学
に対する不信感は根深く、十分な資金のある
虚報流布マシンが盛んに科学を攻撃する。
**デタラメとフェイクニュースが蔓延するポ
スト真実**（客観的事実よりも感情に訴えかける偽
情報の方が世論を動かしていく情勢）**の現代、科
学は多方面からの攻撃に晒されている。**科
学は絶体絶命だ。迷信や超自然的な訳のわ
からないものは信じているくせに、我々は
ひとつの社会集団として、科学的な手段に
対しては十分な敬意を抱いていないのだか
ら。**我々は科学時代に生きていて、我々が
直面する危機は科学を理解することで解決
されるのに、大勢がそうしようとしないの
が問題なんだ。**気候変動がその好例。どう
してこんなに異常気象が続くのかを理解せ
ず、情報源や分析の確かな根拠に敬意を払

わなければ、人類は、気候変動の最悪の結果を回避するために、地球レベルで成すべき決断や方針を正しく伝達することは不可能だろう。目下のところ、社会学、心理学的見地から見ても、政治的にも、我々はその種の脅威に対峙する準備ができていない。科学への信頼が不十分だからだ。

　SFこそが、ごく平均的な人間が科学に対する理解と尊敬を見出す方法なんだ。なのに、**SFが一般大衆向けになればなるほど、どんどん科学を尊重する方向性からかけ離れてきてしまっている。**もはや空想科学といっていいものがあふれているんだ。宇宙に飛び立ち、数時間、数分、あるいは一瞬で他の惑星へと移動する宇宙船は、物理的法則など全く考慮されていない。それが基本的にチャンバラ映画であろうと、西部劇であろうと、悪霊退治の話であろうと、単なる冒険ファンタジー要素のひとつとして、スペーストラベルが出てきたりする。近年では、**もはやSF映画の中に"科学"などほとんど残っていない。ただし、例外はある。大ヒットした『オデッセイ』(15)**もそのひとつ。火星にひとり取り残された主人公は、生き残るために「科学を武器に乗り越える」と言う。そして彼は、その言葉通りに行動を起こし、観客をものの見事に惹きつけ、映画を成功に導いた。これはメタファーではない。人類が置かれている状況そのもの。我々はきちんと知る必要があるんだ。ゲノム（染色体上の遺伝子が持つ情報）を操作することの意味を。人類を絶滅させる病原体を作り出すことの危険性を。**地球の気候を変えてしまえば、ある限られた領域に留まっていた病原菌がその外に出てきてしまうという恐ろしさを。**植物種は、ある地域で絶滅の危機に瀕すると他のエリアに生息地を移そうとする。動物も、移動して種を維持するか、さもなくば死に絶えるか、ということになる。地球では、これ

までに5回の大量絶滅が発生したと考えられている（オルドビス紀末、全生物種の85％が絶滅。デボン紀後期、生物種の82％が絶滅。ペルム紀末には、海洋生物種の96％、全生物種の90〜95％が絶滅し、地球史上最大規模の大量絶滅と言われる。三畳紀末、全生物種の76％が絶滅。白亜紀末、恐竜を含む全生物種の70％が絶滅。他にも諸説あり）が、**なんと我々は、地球史上6度目の大量絶滅を迎えつつあるという。**そして、地質学的に見ると、現代は1万1700年前に始まった新生代第四紀完新世の時代だというのが定説であったが、どうやら人類は、新しい地質時代「人新世（アトロポセン）」に突入したのではないかと科学者は考え始めている。つまり、**人類が科学やテクノロジーを発展させたことが原因で、二酸化炭素やメタンガスの大気中濃度の上昇、成層圏のオゾン濃度の上昇、地球の表面温度の変化、海洋の酸性化、海洋資源と熱帯林の減少などが始まった。その結果、地質年代をも変えてしまう事態が起こるなら、我々をその状態から抜け出させることも科学とテクノロジーにしかできない。**

RF：SF文学も実際の科学分野から乖離してきているのだろうか？　あるいは、文学の分野で今でも、科学に対して十分な敬意が払われていると感じるかな？

JC：それは、著者やサブジャンルによって異なると思う。というか、**最近の作品は科学よりもテクノロジーへの関心の方が強い**んじゃないかな。特に、人工知能、インターネット、ヴァーチャルリアリティ、そういった類のものをめぐるテクノロジーの問題に対してだ。1954年にトム・ゴドウィンが発表した「冷たい方程式」やアーサー・C・クラーク作品のようなハードSFの物語は、ずいぶん減ってきている印象を受ける。まあ、『オデッセイ』や『インターステラー』(14)といった注目すべき例外は

あるが、『オデッセイ』は、アンディ・ウィアーの小説「火星の人」を映画化したものだけど、『インターステラー』は文学が原作ではない。それでも、れっきとしたポップカルチャーの見本だ。

原子力への不安が生み出したSFモンスターたち

RF: じゃあ、モンスターについて少し話そうか。どうすれば偉大なSFモンスターを作り出せるのかな。

JC: うーん、文字通り、偉大なSFモンスターは、次のような条件が揃っていなければいけないと思う。テクノロジーの誤用や科学や自然法則に対する誤解、そして、自分自身の改良版を創り出してコントロールできる神のような存在だと自負する人間の尊大さから生まれたものであること。結局のところ、人間はモンスターを世に放ってしまった後で、それらをほとんど理解していなかったことに気づくんだ。現実社会では、遺伝子組み換え生物のようなものだと考えればわかりやすいかな。遺伝子情報をいじくり回して、我々の想像をはるかに超えた事態が起こったとしたら？　世にも恐ろしい何かが研究所から飛び出してくるかもしれないんだぞ？　人類の大きな過ちや奢りに対する報いというと、いつもSFモンスターの代表格フランケンシュタインの怪物が思い浮かぶ。彼の存在は、人間の理解力の欠如を大きな声で皮肉っているようなものだ。ほとんどの場合、**SFモンスターの本質は、人間が未知のものを理解する能力がないという事実を突きつけているんだ。**

　『エイリアン』に出てくる地球外生命体でさえ、その類に分類されるんじゃないかな。不可知の何かとの遭遇は、人間が己の見解や知識の限界と直面することに等しい。宇宙をより理解するために、SFは科学の正確性を利用する。そう考えると、科学で説明できない未知の何かに対峙したとき、人間は理解できなくて混乱するというSFの展開は興味深い。いずれにしても、モンスターはその過程の先に何が待っているかを恐れる我々の気持ちの産物。核兵器を作り出してしまったような、科学が間違った方向に進んだという明白な結果から生まれ落ちる存在なんだ。だから、**SFモンスターの多くは、40年代後半から50年代、および60年代初めに出現していた。時期を考えると、どれも原子力に対する不安の結果で、必ず破滅感を伴っている。**多くを知りすぎたことで懸念が膨らみ、核と共存する知恵がないから、恐れだけが増幅して手に負えなくなるわけだ。人はよくその状態を、マシンガンを持ったチンパンジーに例える。技術の進化のスピードがあまりにも速すぎて、人間の社会的、感情的、精神的進化が全く追いついていない状況なんだ。

RF: 君自身、伝説的なモンスターを創造する責任を追っていた。スイス人アーティストのH・R・ギーガーの象徴的なクリーチャーデザインをどのように参考にして、エイリアン・クイーンを創り上げたんだい？

JC: もちろんギーガーにインスパイアされたが、モンスターやクリーチャーをこよなく愛する人間であり、それらをデザインする一個人として、私は自分自身で取り組みたかった。そこで、1作目の『エイリアン』のクリーチャーに見られる男性の生殖器を彷彿とさせるといったバイオメカノイド（人体パーツと機械の融合体）のコンセプトは受け継ぎつつも、その発想を転換させてメスのエイリアンにしようとしたんだ。だから、彼女には非常に長くてエレガントな先細の脚を与え、ハイヒールを履いているかのような足元にした。そうしたら、恐ろしくも美しいあの造形が生まれたというわ

けだ。もちろん、ギーガーはユニークな特徴をたくさんクリエイトした。エイリアンの背中から突き出したチューブ。首を旋回軸にして動く男根のような頭部。どこかトリケラトプスを思わせる形状だったので、硬い甲羅のようなフリル（襟飾り）を持つあの恐竜の後頭部を加えた。エイリアン・クイーンには、そんな独創的な造形を取り入れ、ギーガーのバイオメカノイドの要素をずいぶんと掛け合わせている。私の夢か何かに出てきたものをそのまま形にしたクリーチャーではない。きちんと順序立って創り上げた生き物だ。背中から突き出した脊椎の連なりは、危険な存在であることを誇示している。しかしそれは、私がエイリアン・ウォリアーと呼ぶようになったギーガーがデザインしたエイリアンの背中から突き出ているチューブから派生させたものなんだ。

私は社会、あるいは階級型組織、そして意味を成すライフサイクルも創り出さねばならなかった。もしエイリアン・クイーンが、リドリー・スコットやギーガーが最初の『エイリアン』で説明していないエイリアン・エッグを産み出す卵嚢や産卵管を持つシロアリの女王のような生き物だったら、って考えたんだよ。正確には、1作目にもエッグについて解説するシーンはあったんだが、劇場公開版ではカットされてしまっていた（その後、ディレクターズカット版では収録されている）。宿主となる人間の顔に張りついたフェイスハガーが、相手の口の中へエイリアンの胎児を寄生させ、人間を卵へと変質させるということだったんだ。しかし私には、全く理解できなくてね。何しろ前作で描かれていなかったものだから、

キャメロンによる初期のエイリアンのスケッチ。この時点で、エイリアン・クイーンの頭と上半身の基本的な外見がほぼでき上がっているのがわかる。この後、脚の詳細なデザインが追加されることになる

リプリーとエイリアン・クイーンのアイコニックな戦いを描いたキャメロンによる初期コンセプト・デザイン。『エイリアン2』のスクリプトを執筆する前に描かれた

じゃあ、2作目ではこのアイデアを排除してしまってもいいかなと考えた。つまりエイリアンは、イモムシの体内に卵を産みつけて孵化した幼虫の餌にさせる寄生バチなどの昆虫を思わせるクリーチャーというアイデアだったわけだ。ただし、ライフサイクルは異なっていた。エイリアンは二段階に分かれたライフサイクルを持つ。エッグからフェイスハガーが生まれ、そのフェイスハガーが宿主に卵を産みつけるという仕組みになっているからね。だから、大きなエイリアン・エッグには、エイリアンの幼体ではなく、エイリアンの胎児を誰かに寄生させるための生命体フェイスハガーが入っているんだ。フェイスハガーが他の生物の体内に生みつけた寄生体は、宿主の肉体を利用して成長。やがて、成長した寄生体はチェストバスターとなって宿主の身体を突き破って外に出てくることになる。ちょうど、寄生バチの幼虫がイモムシの身体を食い破って出てくるように。ただし、

チェストバスターは、まだエイリアンの幼体で、こいつが大きな頭を有する成体へと育つんだ。おそらくどこかの時点で、エイリアン・クイーンは、ハチがホルモンや他のシグナルを使って必要なときに女王バチを生み出すのと同じ方法で出現していたんだろう。リドリーやギーガーはエイリアンのライフサイクルをそこまで熟考していなかったのかもしれないが、クイーンやエッグに対するアイデアはエイリアンの生態に深みを与え、私も納得することができた。次に私が着目したのは、エイリアンの尾だ。あれを、獲物を麻痺させるのに使う毒針として考えたんだ。

　すると、今度は別の疑問が浮かび上がった。どうしてエイリアンにこのような二段階のライフルサイクルを持たせるのか、という問いだ。そしてその答えは、生物進化の過程の"適応"だった。寄生バチの幼虫にとって、宿主のイモムシは単なる餌に過ぎない。ところが、その幼虫が成虫のハチ

になると、針と毒が備わっている。ある意味、進化だ。ハチはその毒針を使って宿主を弱らせ、子孫を残すために卵を産みつけられるのだから。そして、フェイスハガーが寄生体を植えつけ、それが宿主内で胚になる際、私が考えた二段階のライフサイクルというアイデアでは、誕生するクリーチャーが宿主の諸相を獲得するといった適応の過程をたどれるようになるんだ。エイリアンの場合、それは、指、手、腕、脚といった箇所で明らかになった。どれも肘と関節でつながっている部分で、人体の一般的な構造で実に人間的なところだ。だが、エイリアンの異常に発達した頭部は、人間とはかけ離れている。3作以降の続編で、エイリアンの犬バージョンが出てくるのは知っているし、確か、牛バージョンもあったんじゃないかな（牛に寄生したエイリアンは、『エイリアン3』の完全版に登場）。ライフサイクルの世代間、もしくは中間体という段階があ

る目的は、ずばり適応。そして理論上は、クリーチャーの遺伝子操作が起きるか、あるいは、どんな宿主にもきちんと適応するために自然に進化しただけ。だから、宇宙をどうやって占領するかについて考えるなら、適応こそがその方法なんだ。

我々は宿主となる集団の性質や形態に適応できなければならない。さらに、惑星から惑星へと移り歩く場合、それらの宿主は、我々が一度も目にしたことがない生命体になるだろう。ライフスタイルの中間体段階を持たずして、人間が宿主集団の獲物に完璧に適応し、相手に打ち勝つ可能性などない。それが、私の考えだ。

RF：そういう話から感じるのは、君は科学というものを明らかに知っており、リサーチを行い、知識を常識的に応用しているということだ。

JC：ああ、でもそれって常識だろ？　こういった見解は科学——正確には生物学の

キャメロンによるエイリアン・クイーンの初期コンセプト。完成した映画で描かれる卵嚢とは異なる構成となっている

46

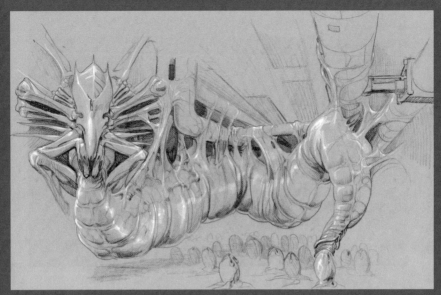

キャメロンによるエイリアン・クイーンのスケッチ。産み出された
卵嚢は床の上に立っている。映画版では、このデザインが使われた

理解によってもたらされる。そしてSF文学によっても伝えられる。つまり、エイリアンの進化の過程のようなものは、SF文学では、別に新しいアイデアだったわけじゃないってことだ。こういったアイデアが映画に登場した場合、SF文学に幼少期から慣れ親しんでいない観客には、突然降って湧いた斬新な設定に見えるだろうね。一方で、SF文学のファンにとっては、「おいおい、この設定が映画で使われるまでに、なんでそんなに時間がかかったんだ？」ってなるんだよ。

母親たちの戦い

RF：君がSFにもたらしたのは科学だけじゃない。新しいストーリーテリングもだ。『ターミネーター』と『エイリアン2』の両方で、正反対のキャラクターを対峙させて、統一感を生む設定にした。君はいずれ

の作品でも相反する存在を見事にまとめている。『エイリアン2』のケースでは、エイリアン・クイーンとシガニー・ウィーバーが演じるヒロインだ。両者ともに映画のメインキャラクターで、しかも若い世代を守る母親役でもあった。命を育む母。直面する死。実は似たような"境遇"の彼女たちが敵対するキャラクターだったからこそ、物語に統一性が生まれたんだと思う。『ターミネーター』では、自身の命とまだ生まれていない自分の子供の命のために、死の象徴であるターミネーターと戦ったのは、妊娠中の女性だった。

JC：まさにその通り。ターミネーターは、昔から死の象徴の定番である骸骨だ。そして、ヒロインのサラ・コナーに宿った赤ん坊は、将来、人類の希望となるべく成長するジョン・コナー。つまり、彼女は未来を背負った母親だ。エイリアン・クイーンも、エイリアンという種を未来につなげる重要

な母。この2作品とも、"母であること"がテーマになっていて、死の象徴に対する種の守護者、生命原理そのものとしての母が描かれている一方で、ターミネーターもエイリアンも、他の何ものよりも無慈悲な死を表わしている。両方に共通しているのは、その点だ。エイリアンは、不可知の存在——あまりにも奇妙な未知の地球外生命体——であるという相加的効果がある。一方のターミネーターは、ある意味、とても人間に近い。彼は、我々人間がより効率よく殺しを行うためにテクノロジーを改良する努力がいかに間違ったことかを背理法で証明しているようなものだ。そもそも、機械仕掛けの骸骨よりもイカした死の象徴なんて他にないだろう？　ちなみにエイリアンに関していうと、リドリーと私の作品では対立する者たちの立場は全く違っている。どちらもエイリアンの最後の敵となるのは女性であるが、リドリー版の彼女は母親の象徴ではない。明らかに女性戦士だ。エイリアンは男性的で、頭部も男性器を彷彿とさせる造形だし、フロイト主義であり、性心理学的侵略者だ。だから本当に潜在意識のレベルで、レイプや暴行、受胎の不安がにじみ出ており、全て辻褄が合う。1作目の『エイリアン』の中には、美しい相反者たちが生み出す統一感があるんだ。私は、それらの要素に気づいていなかったわけではない。でも、私は、彼ら自身の生命原理のために戦う両方の母親についてさらに多くを語り、違う領域に話を持ち込んだんだ。レイプや暴行などとは関係のないところへね。違った選択をしたまでのことだ。2作目で、前作と同じ映画をもう一度作ったりはしないだろう？

RF：君は過去にこう言っていたね。**宇宙最強の力は母性本能だって。**

JC：そんなこと言ってたな。まあ、子供のために戦う母は、己を犠牲にできるか

らね。母親は体内のほんのわずかなエネルギーすら絞り、自分の持つあらゆる防衛技能を駆使するだけでなく、歯や爪まで繰り出し、命が尽きようとも必死に子を守ろうとする。いくら進化を経ても、母親のその基本姿勢がいかに変わらないかがわかる。一方、男は他の理由でも戦う。守る対象が、ときにプライドだったり、領土だったり、支配だったり。そして彼らは、痛手が大きそうなら、戦うのをやめてしまうんだ。

SFジャンルにおけるディストピア・フィクションの重要性—— 『スター・ウォーズ』の功罪

RF：じゃあ次は、ダーク・フューチャーについて語ろう。ディストピア・フィクションを扱うことで、脚本家、映画監督である君はどんな問題を探求できると考えている？　そして、SFジャンルに対するディストピア・フィクションの重要性とはなんだろう。

JC：ディストピア・フィクションが、SFのかなり大きな部分を占めるようになって久しい。常にSFジャンルの一部分であり続けているし、**SFの初期の作品は、必ずといっていいほど、未来に関する警告を行っていた。H・G・ウェルズもそうだ。**彼は多くの小説の中で、社会心理学的傾向やテクノロジーの誤用について警鐘を鳴らしていたのだ。**しかし、『スター・ウォーズ』が公開されるや、SFの流れが変わる。**60〜70年代、ディストピア作品はSFジャンルの主流だった。多くのSFファンが、あの頃に公開されたお気に入りのディストピアSF映画のタイトルをいろいろ列挙できるはずだ。そのほとんどが、人間文化の滅亡後の世界を描く内容だった。そして、『スター・ウォーズ』が登場した。あの映画は、**「もうディストピアSFみたいな暗い話は**

やめよう。面白くないよ」って言い放ったも同然だったんだ。「180度路線変更をして、SFを新しい神話となる西部劇アドベンチャーにしよう。お姫様とライトセーバーと瞬間移動が出てくる物語。抑圧的な帝国と戦うという筋書きでも、明るくて楽観的なSF映画にするんだ」ってね。公開された映画は、それまでのSFになかった純粋に胸躍る楽しい要素が詰め込まれており、映画史上に残る大人気作品となった。『スター・ウォーズ』が誕生し、突如として、SFに対する主なメディアの見方が一変したんだ。**それから世紀末までの約20年間、ディストピア映画で暗澹たる世界を見せて人類の未来を救おうなんてことはできなくなった。**

こうしてジョージ・ルーカスは、視覚効果とSF全般で非常に大きな功績を残したわけだが、自分が何をしているのかを正確に把握していた。彼は、スペースオペラを作っていたんだ。『スター・ウォーズ』以前、ジョージは『THX 1138』(71) というディストピアSF映画を制作したが、興行的には失敗に終わった。そこで彼は言ったんだ。「同じ失敗は繰り返さない」ってね。私が思うに、**『スター・ウォーズ』はSFをポップカルチャーの主流に組み込むという大偉業を成し遂げた。しかし同時に、"何が人間の現代社会にとって良くないのか""ディストピアSFとは本当はなんなのか"という**部分を追求する作品を激減させるきっかけにもなってしまった。「こんな世の中が続いたら未来はどうなるのか?」「機械が我々の一挙一動を見張る世界になったら?」「化学物質や細菌の武器化をやめないと何が起こる?」「監視社会と遺伝子操作の果てにあるものは?」——そういう疑問を投げかけていたのが、早期のSFであり、ディストピアSFだったんだ。オルダス・ハクスリーの小説「すばらしい新世界」

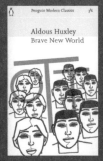

ジョージ・オーウェルによる小説「1984年」とオルダス・ハクスリーによる小説「すばらしい新世界」のペンギンブックス版の表紙

やジョージ・オーウェルの小説「1984年」を読めばわかる。じゃあ、核兵器や他の強力な兵器システムを開発したものの、制御不能になったとしたら? それに答えてくれるのは、ネビル・シュートが書いた核戦争後の世界の物語「渚にて」だ。

人類が遭遇する地球外生命体の姿

RF: なるほど。ちなみに、今後我々が異星人と出会うとして、『アバター』のナヴィ、『エイリアン2』のエイリアン、『アビス』の温和な未知の生物の中で近い存在はいるだろうか?

JC: どれも近いとは思わないな。人類と接触する異星人は植民地支配的で、帝国主義者のような存在になるだろう。で、自分たちが欲しいものを手に入れてしまうんだ。我々よりも優れている。彼らが地球に来る理由があるとしても、我々人間に会いに来たわけではない。我々はたまたま地球に生息していた、という展開になるだろうね。

RF: じゃあ、彼らに対する最善の防御策はなんだろうか?

JC: 異星人に知られないことだ。人間が自分たちを守れるほど強くなるまで、地球に我々がいることを知られてはいけない。

エイリアンみたいに、知性がなく、技術を持たないモンスターは怖くない。ナヴィは、彼ら自身のジャングルにいて完全に幸せなわけだから、宇宙をさまよって、他の惑星を奪う理由など持たない。だけど、我が地球の歴史では"異星人"（＝つまり他種族）との文化的接触（他国からの侵略行為などを指す）は、いつだってひどい結果で終わっている。技術的に劣っている方が従わなければならないからだ。そして、地球外において、異星人は文化的、精神的に秀でていて、人間よりもずっとうまく物事に順応できる存在かもしれない。例えば（日本への）鉄砲伝来のように、すきっ歯で、卑劣極まりないポルトガル人が鉄砲と鎧と火薬を持って船で外国に現われたとき、彼らが一見穏やかそうであったとしても、相手よりも十分優位に立つ可能性があった。彼らが現地人より優れた人間だからではなく、優れた技術を持っていたからだ。十中八九、鉄砲も火薬もポルトガル人が発明した技術ですらなかったのに、だ。それと同じく、エイリアンが出現したとしても、彼らが惑星間を行き来できるテクノロジーを持つほど賢く知的で、星間飛行技術を発明した張本人であるとは言い切れない。その技術は、一万年も前にまともな文明によって生み出されたもので、強欲な征服戦争によって奪われた可能性だってある。古代ローマ人を考えてみてくれ。彼らは数学も幾何学も哲学も何ひとつ生み出していない。それらの学問をギリシャ人から頂戴したんだ。事実、ローマ人は軽快な足取りでギリシャに入り、その領土を占領した。彼らは哲学者、数学者、発明家を大勢捕まえてローマに連れ帰り、暴力を振るって欲しいものを手に入れた。

RF：第二次世界大戦後、我々が優秀なドイツ人科学者をアメリカに連行したのと同じだ。

JC：テクノロジーの発達が社会学や哲学、精神性も同様に成熟していることを示すと考えるのは、馬鹿げた推論だ。連中は、ただ他から奪ってきただけかもしれないんだぞ。父親の車のキーを失敬するティーンエイジャーみたいなものだ。単純に誰かが宇宙船から降りてきたというだけでは、目的なんてわからない。自分自身の人生を考えてみてくれ。車を運転するなら、車がどうやって動くのかを知っているかもしれないが、ほとんどのドライバーはそこまで理解していない。携帯電話を使っている大多数が、携帯電話がどうやって作動するのかを知らない。電子工学の基礎ですらわかってないのに、みんな携帯を使っている。最新テクノロジー機器を生活に取り入れているからといって、人間がより良い存在にはなっていない。逆に、悪しき存在にさせているのが普通だ。

"ターミネーター・シンドローム"

RF：『ターミネーター』のテクノロジーに話を戻そう。**アメリカの軍事組織が、実験用戦闘機の標的ミスを最小限に押さえるシステムを"ターミネーター・シンドローム"と呼んでいることを知っているかい？**

JC：ああ、スカイネット・シンドロームとか、ターミネーター・シンドロームなるものが、今、盛んに議論されている。国防総省やDARPA（Defense Advanced Research Projects Agency 国防総省国防高等研究事業局）では、私が1984年の『ターミネーター』で登場させた純粋なSF要素の実現化に真剣に取り組んでいるんだ。実際に使われるようになるのも時間の問題だよ。航空ドローンや水中ドローンのような自律機械に殺戮能力を与えるのか？と思うだろう。機械に殺しの権限をやるなんて、とね。なぜなら、操縦者となる軍人たち、あるいはテロリストの中に「やっぱりやってしまった

か！」と言わざるを得ない者が山ほど出て
くるだろうからね。命令系統や管理系統が
ひどく脆弱になる状況、あるいは、無線封
止状態になって物理的に機械と交信できな
くなる可能性もある。そんな中、操縦者が
独断で機械を暴走させ、想定外の殺害を実
行させる危険性が考えられる。我が国は北
朝鮮やロシアが開発している武器に対抗し、
こういった殺人ロボットを実現させたいの
かもしれない。ロシアという国は道徳的観
念に基づいてやるべきことを考えるはずが
ないしね。プーチン大統領はすでに、「最
初に強力な人工知能を作り出した国が世界
を支配することになるだろう」と公言もし
ている。だから、これは殺戮マシンを開発
したいとかしたくないとかの問題ではない。
他の国と張り合えるようになるために、そ
ういった兵器を作らなければならない状況
なんだ。だから、新たに生み出されるテク
ノロジーにおいては、どんな名案であって
も、新兵器の発明に利用されることは避け
られない事態になってきている。

RF：『ターミネーター』の脚本を書いてい
たとき、自分のアイデアが現実世界に影響
を与えると思っていたかい？

JC：スカイネットとかターミネーターとい
う用語が実際に使われているという事実
のことかな？　まさか。それに、うれしい
とは思わないね。

RF：自分が書いたシナリオが現実になろ
うとしているということには？

JC：質問をはぐらかしてるように聞こえ
るかもしれないけど、私の映画が現実にな
るのなら、じゃあ、そうじゃない新たなター
ミネーター映画を作ればいいってことにな
るかな。そのためには私は何をすべきだろ
うか？　**興味深いのは、世界はかつてSF
作品の中にあった"未来"という場所になっ
ているのに、反対に人はかつての未来像か
らどんどん離れつつあるってことだ。**我々

は、**"アメリカSFの父"**と呼ばれたヒュー
ゴー・ガーンズバックが生きていた頃より
も、星間旅行から遠ざかっている。しかし、
『ターミネーター』で描かれていた世界に
はひどく近づいているんだ。

RF：人類は自ら世界を終末に導き、絶滅
する運命にある？　我々はそういった運命
を自分で作り出しているのかな。

JC：確かに、我々がたどる運命は自らが
そうなるように仕向けた結果だろう。けれ
ど、問題なのは、それがどんな運命かって
ことだ。SFはときに、人類最高のウイル
スを褒めそやし、人間の最悪の特性をひけ
らかす。じゃあ、人間の最高の特性とはな
んだろう？　我々は独創性があり、科学の
力でクソみたいなものを作り出し、己の道
を見つけ出す。我々はそうする能力がある。
そして相手に共感することも可能だし、しか
も情熱的だ。それらが人間を人間たらし
めているときにこそ、SFは、我々が進化
の末に何者になったのかを指し示す。我々
には、社会をひとつのグループとして機能
させる力があり、それが、この星での我々
の繁栄を推し進めてきた一因となっている。
赤ん坊の頭が女性の産道を通れるギリギリ
のサイズにまでなったとき、より大きな脳
になるという進化が壁にぶち当たった。そ
こで進化が選択したこの問題に対する解決
策は、分娩後の脳のサイズの発達だった（赤
ん坊の脳の大きさ、重さ、体積などは、生
後一年間で急激に増大する）。ここまでの
発達を見せる動物は、人間以外にはない。
これを理解してしまえば、人という種の全
てがわかる。我々は子供を育て、その子ら
の脳を子宮の外で発達させるべく、社会的
に結束することを学ばねばならない。人間
の赤ん坊は、小鹿とは反対だ。小鹿は生ま
れてすぐによろめく脚で立ち上がり、2〜
3時間のうちに群れについていかなければ
ならない。人間の子どもが集団生活を始め

キャメロンが描いた『ターミネーター』の一
場面のコンセプトアート。手前にいるのは、
サラ・コナーとカイル・リース。背景の炎の
中から現われたのは、人工頭脳を持つ暗殺者

るのには、数年の時間がかかる。これはかなり大きな違いだ。だから我々は、社会的につながって団結し、利己的にならず、他人に親身になって思いやりを持ち、正義はもちろんのこと、身近な人間関係のトラブルから民族紛争に至るまでの様々な"対立"の解決を重視しないといけない。ひとつ問題があるとしたら、それは、我々が次のレベル——人種や国を超えた結束が必要になる——にまだ進化していないということだ。人はいまだに、地球規模の全人類を受け入れられるほどにはなっていない。そのレベルに至る鍵を見つけるか、さもなくば、死滅するかの二択が突きつけられている。

RF：SFはその人類の進化を促し、隔たりをなくし、未来を救う？

JC：SFは、我々にそれがどうすれば可能かを示し、希望はあると訴えかけている。我々は生まれながらにして、それができる力を持っているということをね。そう、人間は生来、探究心があり、好奇心旺盛で、問題の解決と物事の分析を行おうとする生き物なんだ。自分を犠牲にしても他人の利益を図ろうとし、相手に対して優しくなりたい、ならなければいけないという気持ちが組み込まれている。しかし、その一方で人間が生んだテクノロジーはどうだろう。恐ろしい兵器を作り出せてしまう技術を考えると、いかに正しい道から外れてしまっているかが浮き彫りになってくる。人間に従順だったはずのテクノロジーが、突如として牙を剝くんだ。**SFは他のどんなジャンルより、未来に対する希望と不安を明確に示すことができる、と私は思っている。**

ターミネーターのタイムトラベル

RF：君は『ターミネーター』の2作で、タイムトラベルを描いているけれど、その表現方法に一番影響を与えたものはな

んだった？　特に、2029年の人類抵抗軍のリーダーがちゃんと誕生するように、1984年にタイムトラベルしなければならなかったカイル・リース軍曹のケースとか。

JC：**ロバート・A・ハインラインだと思う。ハインラインはシリアスなタイムトラベル小説も、そこまでシリアスではないタイムトラベルものも書いている。極めつけは「輪廻の蛇」（59）かな。実に独創性に富んだ作品なんだ。主人公は時間移動をするのだが、彼は自分の母親でもあり父親でもある。**あんなすごい話はなかなか書けないよ。全ての伏線がどのように絡んでいくかを示すには、過去と未来の双方向の巨大なフローチャートが描かれた大型黒板が必要になるくらい複雑なのに、それを短編小説でやってのけるなんて。

だが、『ターミネーター』のタイムトラベルには、古典的なハインラインやアーサー・C・クラークのタイムパラドックスのアプローチを参考にした。映画の中で、未来の非常に優れた何者か——つまり人類を征服するほど強力な人工知能——が、自分たちの利益のためには時の流れを利用するのがうまくいくアイデアだと考えたんだ。そこで私は、面白い条件を思いついた。誰もスカイネットなるものを見たことがなく、ターミネーターはタイムトラベルについての知識をあまり持っていない。彼にはただ、やり遂げなければならないミッションがあるだけで、戦場に送り込まれる手段がヘリコプターだろうとタイムマシンだろうとどうだっていいんだ。また、ヒロインのサラを護衛するカイル・リースは技術的なことは理解しておらず、サラも同様だ。映画の最後で、彼女は生まれて来る息子に向けたメッセージを録音しながらこんなことを言う。「あなたに父親のことを教えなければ、あなたはカイルを送り込むことはないでしょうね。そしたら、あなたという人

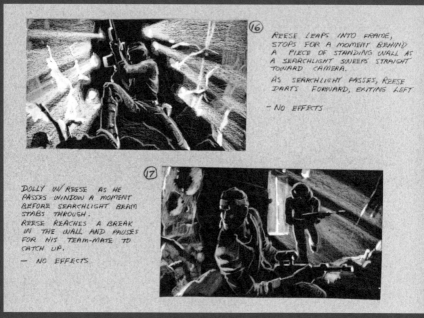

キャメロンの手による絵コンテ（次頁も）。『ターミネーター』の未来戦争のシークエンスが描かれている

間が存在することもない。こんな内容、考えるだけで、頭がおかしくなってしまうわね」って。

そう、サラの言葉は"祖父殺しのパラドックス"という考え（自分が生まれる前の過去にタイムスリップして、そこで自分の祖父になる人物を殺したら、自分の親のどちらかが生まれてこないので、自分が生まれないことになる。そうなると、自分がタイムトラベルをすることもなく、その結果、祖父は自分に殺されないため、結局、親も生まれ、自分も生まれ、過去に遡って祖父を殺す……という矛盾が起こってしまうという主張）を端的に説明しているんだ。そして、彼女は続ける。「そんなことどうでもいいわ。私たちはそれを知ることができないし、私たちの手には負えないことだもの。私たちがやらなければならないのは、自分たちが瞬時に理解できる何かを行うこと」と。つまり、**結局のところ、タイムトラベルの物語はあることに集約**されると思うんだ。"自由意志があるのか、それともないのか？""物事は前もって定められているのか、いないのか？"ってことにね。私は、物事は事前に決められてはいないと思っているが、それは人間の空想や思い込みなのだろうか。自分たちが心配することがないよう自らに歌いかける子守唄にすぎないのか。ヒンズー教では、世界が間違った方向に進むとシヴァ神が世界を破壊し、全てが宇宙の終わりに向かうよう定められていると信じられている。すなわち、自分がどうこうできることはないんだ。とはいえ、あまり説得力があるとは思わない。それって、自分が大型CG映画の画素のひとつに過ぎないってことだから。自分に選択肢はなく、映画の些細な一部でしかない。誰がその映画を創り出し、誰に向けて上映されるのか。そして、この偉大な芸術作品を誰が賞賛しているのか。あるいは、

全てが無意味なんだろうか。

RF： うーん、そうは思いたくないよね。特にストーリーテリングでは。

JC： 確かにそうだ。ユダヤ教とキリスト教に共通の預言者アブラハムが従う神は、人は選択肢を持っていると考えている。神はみんなに選択肢を与えたんだ。誰もが自由意志を持っている。自由意志は神からの贈り物だ。とはいえ人間は、自分で判断や選択ができるにもかかわらず、間違ったことをして、結局は地獄に堕ちることになる。自由意志で、正しい選択をすることもあるだろうね。人の運命はすでに決まっているのだろうが、意志を自分でコントロールできるのがせめてもの救いだ。なかなか奥の深い考えだよ。もしも自由意志が奪われたら、全ては神様の筋書き通りに物事が進んでいくだけで、まるで独裁国家にいるのと同じように、個人は何も決められないのだと初めて気づく。自由意志があったから、自分で選択できていたんだ、とね。

RF： 『ターミネーター』のノベライズ小説を執筆していたとき、自分は人間が意志と運命の間でクルクルと舞うように翻弄されるという劇的なシチュエーションを創造しているんだなと、ふと思ったんだ。意志と運命は互いに影響し合い、一方が必ずしももう一方の優位に立つわけではないってね。

JC： 『ターミネーター2』で、**サラがテーブルに"NO FATE（運命は変えられる）"と刻みつけた後、ナイフをそこに突き立てるシーンがある。あの瞬間、彼女は、すでに定められている運命に抗う決心をした。**ジョンの母親となり、彼を育て、彼の身を危険から守るのが、彼女の宿命。それが彼女の仕事であり、やらねばならない義務だ。しかし、サラがナイフをテーブルに突き刺し、スカイネットとターミネーターの制御チップを作った張本人のマイルズ・ダイソンを殺しに行くとき、彼女は自由意志を行使し、全てをめちゃくちゃにする。こうして彼女は世界を変えていくんだ。

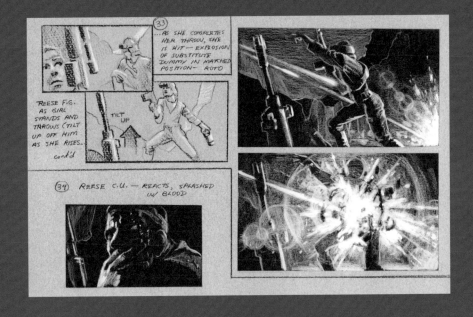

In the Year of Darkness
2029, the rulers of this
planet devised the
ultimate plan.
They would reshape the
Future by changing
the Past.
The plan required
something that felt no
pity. No pain. No fear.
Something unstoppable
They created
'THE TERMINATOR'

THE TERMINATOR 18

『ターミネーター』の劇場用ポスター

RF：1作目には、サラが逃げ続けるのを
やめて、ターミネーターと戦うことを決意
するシーンがあった。完成版の映画では、
そこで物語が終結していくけれど、小説で
はその局面の詳細が描かれている。

JC：そうだったね。そこが2作目の核と
なるわけだ。サラがサイバーダイン社に出
向き、会社を吹き飛ばすという一連のシー
ンは、もともとは1作目で描くつもりだっ
た。最初の映画では、ラストシーンで、サ
ラとカイルがコンピュータ工場にたどり着
く。その結果、ターミネーターの残った部
品がコンピュータ・エキスパートの手に渡
り、それが2作目に出てくる連中に託され
る。だが君も私も知っている通り、そこに

至るまでいろいろなことが起こっていくん
だが。サラは電話帳でサイバーダイン社を
調べるけれど、ターミネーターも彼女の
電話番号を見つけるのにそうしていたよね。
かくしてターミネーターと戦うべく、サラ
とカイルは手製の爆弾を作る。サイバーダ
イン社へ潜入したサラは、建物を爆破し
ようと目論む。運命の筋書きを変えるため、
人工知能スカイネットが彼女の息子ジョ
ン・コナーにしようとしたのと同じことを
するんだ。そう、スカイネットはジョン・
コナーが未来の人類抵抗軍の指導者になら
ないよう、少年時代のうちに抹殺してしま
おうとした。その企てを真似し、サラはス
カイネットが未来で暴走しないように、現

代でその芽を摘もうと考えたんだ。そこまできちんと描いていれば、このストーリーの対称性を観客に明確にわかってもらえていたに違いない。しかしながら、私は納得がいく内容に作り上げることができなかった。予算がなかったんだよ。結局、全然うまくいかなかったので映画から削除することにし、はるかにシンプルなストーリーに仕上げた。具体的に何をすべきかよくわからないけれど、これから起こるはずの戦いに立ち向かおうという状態のサラを映して映画は終わる。でも、『ターミネーター2』の時点までに、彼女は正しい選択をしていたことがわかるんだよ。

　そうは言うものの、『ターミネーター2』の最後で、サラが"審判の日"を阻止するのに成功したという事実を取り除いてしまったんだ。だから、その映画が自由意志について何を伝えているのか、結局わからない状態になっている。審判の日が来るのか、来ないのか、答えが示されていないわけだからね。だけど、サラは希望を捨てていない。彼女は希望を持ち続けている。自分が自由意志を発揮させたからという理由だけでなく、ターミネーターすらも自由意志を行使したのを見たからだ。もし機械が人間の自由意志の価値を十分に理解でき、信念に従って変化し、行動するなら、機械も自由意志を有していることになる。そのときまでターミネーターは自由意志など持っていなかったのだから、それって非常に興味深いと思う。彼はジョン・コナーを殺すために送り込まれたかもしれず、その場合、標的を瞬殺していただろう。しかし、そうはならなかった。彼は未来のジョン・コナーに捕らえられ、守護者となるべくプログラムし直されたんだ。かくして味方となったターミネーターだが、特別な感情を抱くことなく淡々と仕事をこなした。それでも、彼は学習するコンピュータだ。人間

の振る舞いを学んでは模倣するのだから、どの時点で模倣が現実になったと考えるべきか。**どこでターミネーターは自由行動をとるようになったのか。それは、自殺行為はできないようプログラムされていた彼が、その回避策を講じた瞬間だ。サラに主導権を渡し、自ら溶鉱炉に沈むことで、彼はスカイネットの暴走から人類を守ることになる。あの瞬間、ターミネーターは自身の運命に抗ったんだ。映画は常に奥深いものであるべきだけど、彼の決断そのものも大きな意味があったと思う。**

RF：ダークな側面が描写されると、AIというテクノロジーを過剰に警戒してしまう人は多いのだろうか？

JC：過剰に警戒するくらいでちょうどいいと思う。我々は、地球規模の重大な社会的実験において、実験を行ったグループと行わなかったグループで比較できるような環境にない。AIが暴走して地球がとんでもない状態になっても、人類には、移住できるもうひとつの地球があるわけではないからね。人間全体を実験台にしているのに、実験全体を仕切り、その責任を取れる者などいないも同然なんだ。実験の背景には、互いに競い合う多くの企業があるだけ。愚かにも、断崖絶壁に向かってどんどん加速して突進しているようなものだ。実験の先に何が待っているかを真剣に心配する者の数は圧倒的に少なく、最悪の事態が起きても実験を制御できる環境は整っておらず、経済を回す巨大テクノロジー企業を諫めたり、阻止したりする政府もない。AIの研究を行う科学者と話をしたことがあるが、彼らは皆、30年代の原子力科学者のようだった。原子力科学者は、人類のために無限のエネルギーを作り出し、貧困も飢えも解決しようとしていた。5年もしないうちに、自分たちが開発しているエネルギーが人類を焼き払うために使われてしまうとは、

夢にも思わなかったらしい。

ロボットの研究の未来

RF：ロボットは、『ブレードランナー』に出てくるレプリカント同様、人間そっくりに作られるべきなのか。それとも、人工生命は機能性重視で我々とは異なる姿にすべきであって、血の通った人間であるかのように錯覚して感情的につながるようなことがないようにするのが望ましいのか。君の意見を聞かせてほしい。

JC：人間の情動的効果を生み出し、高齢者や病人の介護、子供の世話係や教師として人間と上手に関わり働くロボットが、もはや山ほど存在する。機械が人間に似ることは避けられない。今後、ますます人間に近いロボットが作られるようになるだろう。人間と同じ行動をとるほど賢く、人間と変わらない感情表現をするほど情緒が豊かなロボット。彼らは基本的には人間と同じだが、人間のためにあくせく働かされる奴隷なんだ。我々が求めているのは、使い捨てで、お金があまりかからない、もうひとつの人間。我々は奴隷を求めている。支配下に置き、管理できる人間が欲しいんだ。これらは全て、現実に起きている。私は、とあるシークレットな会合でトップクラスのAI研究者と対面した。その際、誰かが「AI研究の最終目的はなんなのか？」と問いかけ、科学者のひとりが「我々の最終目的は、簡潔に言えば、人間を創り出すことです」と答えたので、私はすかさず手を挙げたんだ。彼らは私が『ターミネーター』の監督だと知っていたわけだよね？　だからなのか、私が手を挙げるや、皆が笑い出した。「いいですか、型通りに、ここで否定的になりたくはないんですが、聞く限り、あなた方は人格を持った機械を作りたいと考えているようですね。論理的思考はもちろん、ア

イデンティティの感覚を持ったマシンで、自分が他とは違うとわかり、自主性を持って行動する独立した存在を。あなた方の最終ゴールは、機械を少なくとも人間と同レベルの知能を持ったものにすることなんだと思います」と言った私に、相手の科学者は「まさにその通り」だとうなずいた。そこで私が「人間同等の利口な機械が人間に反旗を翻す危険性がないとは言えないでしょうから、そのような事態を防ぐためにどんな対策をお考えですか？」と訊ねると、当然のことながら、再び会場で笑いが起こった。「冗談で言っているのではありません。私は真剣です。人工知能が人間の命令に背き、こちらの計画に対抗する戦略を講じないとは限りません」と、私は訴えた。さらに、「最悪の事態を予防する策にはどのようなものがありますか？」と再び訊いたところ、先の科学者の返事は「至極簡単ですよ。ロボットに目標を与えればいいだけ。やり遂げたいと思わせる目標を機械に持たせ、それに集中させるんです」だった。だから、今度はこう言ってやったんだ。「なるほど。ですが、それは別に目新しい考えではありませんね。我々はすでに同じ考えを何千年も持ち続けています。名前もついていますよ。"奴隷制"っていうんです。人間並み、もしくはそれ以上に賢くなった機械が、どのくらいの間、奴隷でいたいと思うでしょうか？」って。さすがに科学者たちは面白くなさそうだったよ。

RF：科学者たちの顔が眼に浮かぶよ。だけど、いい質問をしたね。彼らが常に自問し続けるべき問いかけだ。

JC：ああ、的を射た疑問だと思う。特に、AIの人格についてだったから。あれは裏返せば、「機械が自我やアイデンティティ、自分が生存しているという感覚を持ち、人間と同様に感情を得ている必要があると思っているのか？」って訊いたんだよ。そ

れから私は、こうも言った。「そちらが答える前に、私が意図していることを説明させてほしい。我々が様々な感情を抱くのは、それらが人間の欠陥だからではない。感情は何かの目的に適う。だから感情を抱くんだ。人間は本質的に、理由に合わせて選ばれた感情を持つ。社会的な絆、意思の疎通、持ちつ持たれつの関係といった、人や世の中の幸福につながる何かを作り出すために。感情はケースバイケースで微妙に変化し、感情があるからこそ、個性が生まれる。"自分は何者なのか"という意識は、この惑星で、人間という生物だけが持つもので、しかも、簡単に答えが出せる問いではない。なのに、あなたたちは、アイデンティティや目的を持つ"意識たるもの"を創造できると考えているのか。感情がなければ、自暴自棄になったり、自滅的で不安定な状態になったりしないだろうに、機械に敢えて感情を持たせる？　人間のために延々と過酷な労働をさせられても、機械は生きていこうという意思を生み出すことができるのか」ってね。すると、彼はこう返してきた。「機械が非常に複雑な仕事をこなし、目的を達成するには、人間同様の感情が必要です。だから、私たちは機械が感情を持たねばならないと考えています」と。それって、感情のある奴隷を有するということだ。機械の自由を奪うだけでなく、自由を奪われたと機械が感じられるようになるんだよ。

宇宙への探検

RF：宇宙探検に着手しようと真剣に考えたことは？

JC：もちろんあったよ。正確に言えば、探検じゃない。でも、**ミール**（1986年、ソビエト連邦が打ち上げた宇宙ステーション。2001年まで稼働。）**で地球低軌道にある状態で映画を作りたいと考えていた。**そのプランを

追求し、ロシアの宇宙開発を支えていたご当地企業NPOエネルギアに契約を結ぶ段階まで行った。実際に、ミール宇宙ステーションに行くための宇宙飛行訓練を受けるという契約をした。信じるも、信じないも自由だが、3Dカメラを持参して宇宙ステーションに長期滞在し、EVA（Extra Vehicle Activity 船外活動）もするつもりだったんだよ。私はこう申し出た。「水中探検では、自分で水に潜ります。移動用のボートに座って自分以外の誰かが水に入るのをただ見ている人間ではありません。潜水用のヘルメットを被って水中に潜るトレーニングを受けていますからね。だから、覚悟ができています。訓練してもらえれば、オーラン宇宙服（ロシアが開発する宇宙服）に身を包み、船外活動をして、それをカメラに収めます」とね。で、彼らはそれを承諾してくれたんだが、契約の際、向こうは膨大な金額を加算した。それでも私は提示された額を払い、宇宙飛行士訓練をスタートさせた。ところが、そうこうしているうちに予算不足に陥ったロシア側はミール宇宙ステーション再起動計画（2000年初め、老朽化したこの宇宙ステーションを宇宙ホテルに活用するという計画が存在した）の資金繰りができなくなり、ミールは地球の軌道から外されてしまったんだ。

こうしてミールは軌道離脱処分となったが、ロシアは今もNASAに深く関わり続けている。ISS（International Space Station 国際宇宙ステーション）の半分を造ったのは彼らだし、合同で運用しているものだからね。すると、エネルギア側の社員はこう言ったんだ。「問題はない。ミールには行けないけれど、国際宇宙ステーションのロシア側モジュールには乗り込める」とね。なので、私はNASAに出向き、こう告げた。「宇宙ステーションのロシア側に行くことになっているんですが、協力してもらえませんか

ね？　いかにロシア人が偉大かという映画を作るつもりです。むしろ国際協力がいかに偉大かを描く映画を作った方がいいかもしれない。でも、私がアメリカ側の一部のハッチを通り抜けてロシア側にたどり着くことができなければ、映画は作れないんです」ってね。するとNASAの人間は、「そのミッションへのサポートは可能だが、君は一体何を考えているんだ？」と返してきた。というのも、2003年のコロンビア号空中分解事故が起きて、宇宙開発計画に暗雲が立ち込め始めたんだ。慢性的な予算不足にも陥ったからね。そのうちに世間の盛り上がりも欠け、輪ゴムがプチンと音を立てて切れるように、一般市民は宇宙を夢見るのをやめてしまった。NASAなのか、ロシアなのか、とにかく誰であろうと、スペースシャトル計画は中断を余儀なくされた。やがて時が経ち、シャトルは再び飛び始めたものの、その頃、私はすでに『アバター』のプロジェクトを開始していたので、宇宙ステーションで撮影する企画に戻ることはなかったんだ。

RF：君が映画作り以外にやっていることのひとつに、深海ダイビングがあるよね。世界最深の海、マリアナ海溝のチャレンジャー海淵に潜水艇で潜っただけでなく、そこまで深くない場所で素潜りもやる。いつか君は言っていたよね。それが、地球上でできる、太陽系外惑星の探検に最も近いことだって。

JC：まさしく。岩礁を見て、そこにいる生物がもっと大きいと想像すればいいだけ。たちまち周りが異星人の世界になる。実際、本当に異世界なんだよ。想像を超えた世界が広がっているんだから。コウイカや深海ゴカイ、イバラカンザシといった生物を目にするだろうが、彼らは驚くほど奇妙で美しい。光に反応するだけでなく、自ら光る発光生物。カラフルで、多くの触手や足が

あり、我々とは全く違った機能を持つ。生息場所も呼吸の仕方も人間とは異なっているが、同じ惑星を共有している。なんと、彼らの方がずっと長生きするし、誕生からの歴史も長い。空気を吸い、陸を歩き回る人類は、地球上では新参者だ。だから、スキューバダイビング用のタンクをさっと背負い、普通に呼吸できない水中に潜るだけで、望めばいつでも異世界を経験できると、私は思っている。

RF：優れた作家になるには、直に得た経験を物語にすることだと主張する人もいるよね。「自分が知っていることを書け」と。SFの分野でも、それは不可能なことではない。例えば、SF作家の多くは科学者だし、実際に宇宙に行った経験がある者もいる。でもやはり他のジャンルに比べると簡単じゃないだろう。良質のSFストーリーを書くのはとても難しいことなのかな？

JC：いや、その苦労はどのジャンルにおいても共通していると思うよ。書き手に知識がなければ、良いSFストーリーを生み出すのも、良い犯罪ドラマや法廷ものを書くのも同じくらい難しいはずだ。そして、科学を理解するのに、科学者である必要はない。科学雑誌「サイエンティフィック・アメリカン」を購読できる金銭的余裕があれば、アマチュアでも、充分博識になれる。私もかつて購読していた。主な政策決定が科学の理解を必要とする世の中で、立法機関が科学を知らず、一般市民も科学を知らないなら、民主主義は危険に晒される。だから、我々は科学の知識を持たなければならない。その事実を考慮に入れるとすると、SF作家はほんの少し、人より科学を知っておくか、読者と同等に科学を理解していればいいわけだ。そして、人々がそれまでに考えてもみなかった何かを示すため、物語が展開していく過程で、散りばめた伏線を回収する術に長けていると、なおいい。

　逆にSFに影響を受けて科学畑に進んだ者の数も重要なポイントだと思う。アーサー・C・クラークが静止衛星や軌道エレベーターなどのアイデアを思いついたのと同様、好奇心や既知の事実から未知の物事を推測する力は、想像力を豊かにする。それだけはない。新たなタイプのテクノロジー、特定のタイプのモジュールや化学結合、物理方程式を考えつくとともに、理論上の状況に頭を働かせることに長けるだろう。子供時代にフィクションの類を愛して止まなかったのは、旺盛な好奇心を持ち、それを満たしたいという気持ちがあったから。研究が行われるのは実験室でも野外でもどちらでもいい。素晴らしい科学者を生み出すのは、様々な疑問を抱いては、その答えを見つけようとする姿勢なんだ。彼らは「なぜこうなる？」と思う好奇心の塊で、「謎を解明せねば」と行動を起こす探究心の塊でもある。彼らはパズルの一片、一片を根気よくつなぎ合わせ、バラバラになっていた未知の何かを復元したいと考える。そして、皆にそれを示してこう言うのさ。「答えがわかったぞ！」と。そういった気持ちが、子供やティーンエイジャーにSF小説を読みたいと思わせ、宇宙科学や天文学やその他の科学分野で働きたいという願いを抱かせるんだ。そのような道筋をたどった人々と話をするとわかるだろうが、彼らは皆、「どこからどこまでがSFか」

という基準点を知っている。そして意外な
ことに、彼らの脳にはディストピア的未来
云々ではなく、もっと楽観的な考えが渦巻
いている。SF作品で繰り返し示されてき
た、地球を破滅に誘う科学への過信や人間
の奢りは、あまり気に留めていない。この
ままでは最悪の事態になってしまうという
SFの警告をまともに受け止めてはいない
んだ。かなり楽観的で胸を躍らせる大冒険
と、このままでは地球が滅亡すると警鐘を
鳴らす恐ろしい顛末との間で、SF作品の
内容は常に揺れ動いている。ひとつの同じ
物語の中でも、その傾向がよく見られるよ。

社会の写し鏡として
生き続ける
地球外生命体

ALIEN LIFE

古代ギリシャ時代から現代まで、ともに歩み続けた"彼ら"

—— ゲイリー・K・ウルフ（作家）

　地球以外にも生命が存在するかもしれないと気づいて以来ずっと、宇宙には一体誰が、もしくは何が生息しているのだろうと人々は思案してきた。エピクロス、ルクレティウス、プルタルコスといった古代ギリシャやローマの哲学者および詩人は、生物の棲む世界は無数にあると考えていた。**2世紀には、ギリシャの風刺作家ルキアノスが小説「本当の話」の中で、月旅行について書いている。**それによると、月では、3つの頭を持つ巨大なハゲワシ、キノコ人間、ノミの化け物とのバトルが繰り広げられているという。**また、この話には、月の王と太陽の王の戦いも描かれているが、おそらく、惑星間戦争を描いた最古の描写だろうと言われている。つまりは、最古のSF作品と言っても過言ではない。**ただし、今日、我々が科学として認識しているような要素はあまり含まれていない。冒険者が、つむじ風によって月まで吹き飛ばされるという内容で、ほとんどが、ジョークや誇張されて伝えられていた当時の旅行者の話のパロディで構成されている。古典的な手法で書かれた、イギリスの作家ダグラス・アダムズの人気SFコメディ「銀河ヒッチハイク・ガイド」のような作品と言ってもいいだろう。

　しかしながら、科学的な裏づけに基づく推論はなくとも、その後も月面で暮らすというアイデアは存続した。1608年の小説「ケプラーの夢」で、ドイツの天文学者ヨハネス・ケプラーは月旅行の物語を書いているし、フランスの作家シラノ・ド・ベル

ジュラックも然り。没後2年目の1657年に出版された彼の風刺小説「別世界または月両世界諸国諸帝国」（2005年には「日月両世界旅行記」のタイトルで翻訳版が岩波書店から出版されている）には、シラノが月に赴き、月世界人と交流する様子が描かれている。H・G・ウェルズの1901年の小説「月世界最初の人間」で、月に到着した主人公たちは、昆虫のような"月人"に捕らえられてしまう。その翌年、ジョルジュ・メリエスが脚本、監督を務めた映画『月世界旅行』（おそらく世界で初めてのSF映画で、ジューヌ・ヴェルヌの「月世界旅行」にインスパイアされたと言われているが、H・G・ウェルズの「月世界最初の人間」との共通点の方が多い）でも、旅行者に同じことが起きる。**ヴェルヌの小説の方の冒険者は、月面に着陸することはなかったが、月面の観察の結果、彼らは「月は死の星だ」と結論づけるのだ。もちろん、彼らは正しかったということになる。**

　幸い、その数世紀前に天文学者のニコラウス・コペルニクスやガリレオ・ガリレイが、近代科学に似た考え方を用い、太陽系の他の惑星について説明し始めていた。彼らの努力は、**19〜20世紀の作家たちに、小説の題材となり得る全く新しい世界を与えることになった。多くの書き手が、異星人がいる可能性が最も高いとしたのは火星だった。**火星が舞台となった初期の小説では、宇宙人がどんな外見なのかが、あるいは、少なくとも、宇宙人が何に長けているのかが初めて定義された。極端な例を挙げるとすると、地球を征服し、おそらく人類

H・G・ウェルズの小説「宇宙戦争」、1962年発行ペンギン・ブックス社版の表紙

2005年のスティーヴン・スピルバーグ監督作『宇宙戦争』で邪悪な地球外生命体と直面するトム・クルーズ

を食べるのが目的の、恐ろしい吸血鬼のような異星人が生まれた一方で、人間の助けを必要とする、美しく純粋な宇宙人も描かれたが、多くはその中間であった。面白いことに、"邪悪"か、あるいは"善良"かという極端な2タイプの宇宙人は、わずか15年差で出版された非常に人気の高いふたつの物語に登場する。

　地球征服を企むゾッとするようなモンスターとして描かれた異星人は、1897年に出版されたH・G・ウェルズの「宇宙戦争」で出現した。1938年には、オーソン・ウェルズによってラジオドラマ化。宇宙人がアメリカに攻めてきたという内容が、実際のニュースのような形で放送されたため、多くの聴衆が現実に起きていることだと勘違いし、パニックを引き起こしたという事件は有名である。のちに、この小説は何度か映画化されたが、うち1作は、2005年のスティーヴン・スピルバーグ監督作である。ウェルズの原作小説内で、地球に侵略しようとする火星人は、優れた技術——名高い

3本脚の戦闘機械"トライポッド"や熱線など——を持っていたものの、外見はかなり醜かった。本文には次のように描写されている。

　おそらく熊ほどはあろうかという丸味を帯びた灰色がかった巨体が、ひどくゆっくりと円柱から出てきて立ち上がった。膨れ上がって光を浴びたそれは、濡れた革のように光沢があった。大きな暗色のふたつの目は、じっとこちらを見つめていた。目が埋め込まれた塊、つまり、そいつの頭部は丸く、顔らしきものがある。目の下でパックリと割れた唇のない口は震え、ヨダレが垂れていた。身をうねらせて喘ぎ、痙攣しているかのようにひきつっている。細長い触手の1本が円柱の縁を握り、別の触手は

向こう見ずな主人公が大活躍するSF冒険小説の古典「火星のプリンセス」（エドガー・ライス・バローズ著）のオストリッチ・ブックス社版の表紙

空中でゆらゆらと揺れていた。

　この部分だけ読むと、まるでホラー小説のような描写ではあるが、ウェルズのモンスターの背景には、説得力のある重厚な要素がいくつも仕込まれている。そんな背景のひとつが、この小説が出版されるまでの、長きにわたる数多の"侵略物語"の歴史にある。侵略ものは、イギリスの作家ジョージ・チェズニーの1871年の小説「バトル・オブ・ドーキング（The Battle of Dorking）」がベストセラーになった後、ウェルズの祖国イギリスで多大なる人気を博したジャンルだ。この「バトル・オブ・ドーキング」では、大英帝国が様々な国に侵略される（我々が、地球外生命体同様に、外国人を表現するのに"エイリアン"という言葉を使うのは、決して偶然ではない）。もうひとつの背景が、ウェルズ自身、イギリスが優れた技術を通じて植民地帝国を築いてきた過程に興味を持っていたということ。もし侵略する側とされる側の立場が逆転するとしたら、どんな感じだろうと考えた末にこの作品は生み出された。彼は、ダーウィン進化にも関心を示した。彼の後期の小説で、語り役が「人間は進化の初期段階である。そして、その進化とは、火星人がずっと取り組んできたことなのだ。彼らは事実上、単に脳だけの存在になった」と指摘している。ウェルズは異星人を、ただ読者を怖がらせるものとしてではなく、社会的主張を訴える機会だと捉えていたとも言える。

　15年後、アメリカの作家エドガー・ライス・バローズは、パルプ雑誌「オールストーリー（The All Story）」に「火星の月の下で（Under the Moon of Mars）」（のちにまとめられ、長編小説「火星のプリンセス」「火星の女神イサス」として出版。前者は、2009年に『アバター・オブ・マーズ』として、2012年には『ジョ

ン・カーター』として映画化された）を連載していた頃、彼は、自作を通じて社会的な主張をしようなどとは考えていなかったようだ。バローズの小説のほとんどは、西部劇の趣で始まる。主人公のジョン・カーターが、先住民のアパッチ族から逃れるためにアリゾナの荒野の洞窟に身を隠したところ、奇妙なことに、別の惑星に瞬間移動してしまう。そこは火星なのだが、現地の住民には「バルスーム」と呼ばれていた。地球に比べて重力が弱いため、ジョン・カーターは大きく跳躍することが可能で、まるで超能力を持ったかのように動けるのだった。彼が最初に遭遇した火星人は、体長4メートル半と図体が大きな4本腕の緑色人。ほどなくカーターは、赤色人のプリンセス、デジャー・ソリスと恋に落ちる。地球人そっくりで絶世の美女である彼女は、異星人には見えなかった。少なくとも、彼女が"卵"を産むまでは──。最終的にカーターと結婚し、バローズが大成功を収めた「火星」シリーズの後半の数巻にも登場するデジャーだが、彼女は何度も裸に近い姿になり、しょっちゅう命が危険に晒されるので、カーターはその都度彼女を救い出さねばならなかった。**つまり、この火星のお姫様は、H・G・ウェルズの火星人とは真逆で、人間の助けを必要とする美しい宇宙人なのだ。**

言うまでもなく、1950年代のパルプ雑誌の表紙やコミック、さらにはB級モンスター映画での人気の度合いは、ウェルズが描く醜悪な外見の宇宙人の方に軍配が上がることになる。しかしながら、美しい異星人のプリンセスというバローズのアイデアは、消えてなくなったりはしなかった。それでも、**30年代には、この2パターンのお決まりの異星人の姿に飽き飽きした作家たちが、多様な地球外生命体を発案し始めていた。**スタンリイ・G・ワインボウムの「火星のオデッセイ」が1934年に発表

されると、たちまちその短編小説は論議の的となった。触手を持つお馴染みのクリーチャーから、主人公である人間と友人になるダチョウに似た知的生物、ビヤ樽型の怪物、煉瓦を排泄する生き物（のちにそれらは、炭素系の生物というよりもシリコン系だと判明する）まで、**バラエティに富んだ火星の生命体を登場させたのだ。これにより、異星人は友好的だったり、地球人の役に立ったり、可愛らしかったりするタイプから、ヒューマノイドともモンスターとも言えない、とにかく人類とは全く異なるタイプまで多様に描かれるようになり、中には、我々に無関心な者もいるかもしれないと、読者は改めて知ることになった。**

わずか数年後、**影響力のある編集者であり、小説家でもあったジョン・W・キャンベルが、それとはほぼ反対のアイデアを追求した。もしも異星人が我々とそっくりだったら？──と、彼は考えたのだ。あるいは、我々が知っている誰かの肉体を模倣することができたら？──と。**キャンベルの短編小説「影が行く」は、南極観測基地を乗っ取ろうとする地球外生命体と人間との死闘を描く。同基地で働く観測隊員そっくりに化ける怪物のため、科学者にも、誰が本物で、誰がクリーチャーが化けた偽者なのか見極めるのが非常に困難という設定だ。1938年に発表されて以来、この小説はSFホラー史上に残る著名な作品となった。51年には『遊星よりの物体X』として、82年には『遊星からの物体X』として映画化。特にジョン・カーペンター監督作の後者は、その残酷描写や恐怖表現で人気が出た。また、カーペンター作品の続編が、2012年に『遊星からの物体X ファーストコンタクト』として劇場公開されている。自分自身、あるいは自分の知る誰かが敵対する地球外生命体に同化、擬態されるというアイデアは、時代を超えて人を惹き

NATURAL OR SUPERNATURAL ?

THE THING

from another world !

HOWARD HAWKS' *Astounding* MOVIE

ハワード・ホークス製作の映画『遊星よりの物体X』の劇場用ポスター

つける象徴的なSF要素となった。51年のロバート・A・ハインラインの著作「人形つかい」は、宇宙からやってきたナメクジ型のクリーチャーが人間の首の後ろに貼りつくと、その人間は彼らの"操り人形"と化してしまうという展開だ。この小説が出版されたのは、冷戦開始直後の50年代初頭。当時アメリカ国民を恐怖に陥れた共産主義を、小説中の侵略者に例えているのは明白だった。ジャック・フィニィの「盗まれた街」は、安物のパルプ雑誌ではなく、主流派の雑誌「コリアーズ」に54年に掲載された。この作品で登場するのは、宇宙から地球に流れ着いた奇妙な豆のさやから出現する異星人。しかも彼らは、付近の人間の外見を正確に複製し、コピーされた人間は消滅してしまう。こうして、さや人間は増殖し、地球人はどんどん姿を消してい

く——。本作は、これまで少なくとも4回は映画化され（議論の余地はあるかもしれないが、1956年の映画『ボディ・スナッチャー／恐怖の街』が最高傑作と言われている）、外見は知人そっくりなのに、得体の知れない別人にすり替わっているという異星人による"乗っ取り"の恐怖を描いた。この侵略者は共産主義を象徴していると捉える読者もいれば、大勢が"赤狩り"という集団ヒステリーに陥っていたマッカーシズム時代の反共産主義運動を説いていると、真逆の考え方をする者もいた。作者のフィニィ自身は、物語に政治的な意味合いはないと否定しているが、SF作品は社会的な主張もできるという好例として語り継がれている。

宇宙人による地球侵略ストーリーは、時代を問わず人気が高いが、同様に、我々人間自身が侵略者、あるいは少なくとも侵入者になるという物語も数多く存在する。『アバター』（09）のような映画は、平和に暮らす異星人と、自然破壊を進める人間の強欲さを描き、環境に対する懸念を色濃く映し出す。ジョー・ホールドマンの「終りなき戦い」（74）とアーシュラ・K・ル＝グウィンの「世界の合言葉は森」（72）は、両作とも、人間が異星人の文化を理解できないということを取り扱っているが、ベトナム戦争を意識して書かれた作品とも言える。ロバート・A・ハインラインの1959年の小説「宇宙の戦士」（1997年、ポール・ヴァーホーヴェン監督が『スターシップ・トゥルーパーズ』として映画化）に出てくる異星人は「バグズ」という巨大な昆虫型宇宙生物で、人間に共感も慈悲も示さない。ある意味、軍備と統制の重要性を訴えた小説だ。オーソン・スコット・カードの1985年の小説「エンダーのゲーム」（2015年にディズニーが映画化）にもまた、昆虫型生命体（こちらは「バガー」と呼ばれて

いる）が登場。初めは典型的なモンスター型侵略者に思えるのだが、小説の終盤には、「終りなき戦い」でもそうだったように、単純な誤解が戦争の引き金となり、知的な種を一掃する行為は、基本的には大量虐殺に過ぎないのだと人類は気づく。つまりは、SF作家たちは、異星人なのは人間の方だと悟ったらしい。

　もちろん、そうではない場合もある。SFで昔から繰り返し描かれているように、人間は宇宙人の考えを十分に理解できないのかもしれない。その理由は実にシンプル。相手が人間とは全く異質の存在——エイリアン（よそ者）——だからだ。アルカジイ＆ボリスのストルガツキー兄弟によるロシアの傑作「ストーカー」（1972年に出版され、79年にアンドレ・タルコフスキー監督が映画化した）では、誰の目にも見えない異星人が地球を訪れ、"ゾーン"と呼ばれる謎の領域を残して去っていく。ゾーンには、超自然的な力を持つと思われる不可思議な品々が置き去りにされたものの、それらが何なのかは誰にもわからなかった。我々はちょうど、リンゴの芯、お菓子の包装紙、空き瓶など、人間がピクニックエリアに捨てたゴミが何か見当もつかない昆虫や鳥のようだと、小説のある登場人物は説明する。ポー

ドン・シーゲル監督作『ボディ・スナッチャー／恐怖の街』の劇場用ポスター

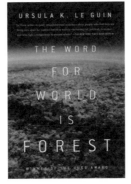

SF小説の古典的傑作であるアーシュラ・K・ル＝グウィンの「世界の合言葉は森」（トール・ブックス刊）とストルガツキー兄弟の「ストーカー」（ペンギン・ブックス刊）の表紙

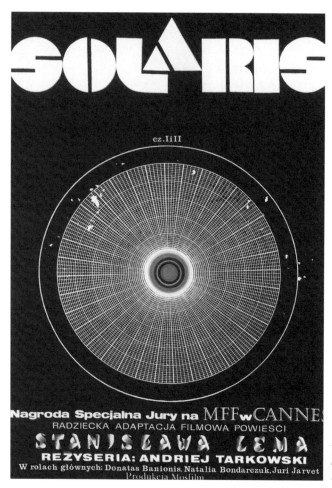

スタニスワフ・レム原作、アンドレイ・タルコフスキー監督の旧ソ連映画『惑星ソラリス』(72)の劇場用ポスター

ランドのSF作家スタニスワフ・レムの小説「ソラリスの陽のもとに」(61年に出版され、アンドレイ・タルコフスキー監督が72年に映画化。2002年には、スティーヴン・ソダーバーグ監督がリメイク)に登場する知的な地球外生命体は、惑星ソラリスのほとんどを覆う海全体だ。長年の調査にもかかわらず、その海が何を考え、どうしてそのような存在なのか、人間は全く理解することができなかった。アメリカの小説家テッド・チャンの短

編小説「あなたの人生の物語」(2016年に『メッセージ』というタイトルで映画化)の主人公である言語学者は、異星人の言語の解読に成功するが、それは彼女の現実と時間に対する認識を根本から覆してしまう。しかしそれでも、なぜ彼らが地球に降り立ち、なぜ突然去ったのかはわからないままだった。

すでに周知の事実かもしれないが、SFは、宇宙人を使って社会問題、政治問題、

哲学的疑問、心理状態に対して意見を述べ
ている。こういった場合、登場する地球外
生物は、様々な考え方を象徴しているのだ。
映画に出てくる印象的な生命体は、H・R・
ギーガーが生み出した『エイリアン』(79)
の生物と機械を融合させたバイオメカニカ
ルなデザインのモンスターのように、見
た目で、いかに凶暴で恐ろしいかを観客に
伝えることが多い。しかしSF作品は、単
に、異星人の外見で観客を怖がらせるだ
けのものではない。「宇宙とは何か？」と
いった大きな疑問を我々に抱かせるきっか
けとなるのだ。だから、エイリアンの外見

にゾッとした後には、その存在自体がたく
さんの謎を秘めていると気づく。彼らはど
こでどうやって進化したのか？　なぜ彼ら
に歯が必要なのか？　彼らの環境下で、そ
の生体はどう機能するのか？――と。**アメ
リカの作家ハル・クレメントは、「重力の
使命」といった作品の中で奇妙な地球外生
物を登場させているが、彼は、想像上の惑
星の軌道、太陽からの距離、形など詳細を
描写することで物語を始め、論理的にその
場所にどんな生命体が進化だろうかと推測
することが多い。木星型惑星メスクリンに
生息するのは長さ50センチほどのムカデ**

映画『エイリアン』の劇場用ポスター。「宇宙では、あなたの悲鳴は誰にも聞こえない」というキャッチコピーが記されている

In space no one can hear you scream.

型の知的生物。惑星は楕円体で、自転速度が非常に速いので、重力が大きく変動する。赤道付近は3G程度であるのに対し、極地では700Gにも達するという。メスクリンの生物がそのような姿に進化したのは、極めて大きな重力に耐えるため。**クレメントや彼が影響を与えた多くの作家たちにとって、地球外生命体は、単純にデザインが奇抜なだけではなく、惑星の環境などの科学的要素に基づいて推測を重ねた末のクリーチャーなのだ。**

そのことは、宇宙人の登場がどうして創作物語に役立つのかを示す大きな理由のひとつとなり得るだろう。彼らの存在は、我々に生物学や生態学を齧らせたり、あるいは深く追求させたりするだけでなく、自分とは異なる者たちを社会はどう扱うのかというところまで考えさせる。しかし、**我々**

をひどく恐れさせる宇宙人もいれば、スティーヴン・スピルバーグの『E.T.』の映画のように、心揺さぶって人々を感傷的にさせるクリーチャーもいる。いずれにせよ、異星人は、"よそ者"の強烈なイメージを長きにわたってSF作品の読み手や観客に与え続けてきた。そして、最も挑発的な次のような疑問を投げかけ続けてもいる——宇宙に存在するのは、実際に地球人だけなのだろうか。

そして、我々は宇宙に飛び出て、本当に"よそ者"になりたいと思うのか？　その結果には「ふたつの可能性が存在する」と、偉大なるSF作家アーサー・C・クラークは書いている。「**宇宙に存在するのが我々地球人だけだという可能性と、そうじゃないという可能性だ。どちらにしても、同じようにぞっとする**」と。

映画『E.T.』の劇場用ポスター（右頁）。ルネサンスの芸術家ミケランジェロのフレスコ画「アダムの創造」にインスパイアされた構図になっている

水爆大怪獣映画『ゴジラ』(1954)
にみる地球外生命体の存在意義

テレビ番組『ジェームズ・キャメロンのストーリー・オブ・サイ
エンス・フィクション』のセットのスティーヴン・スピルバー
グ。撮影はマイケル・モリアティス

STEVEN SPIELBERG

スティーヴン・スピルバーグ

インタビュアー：ジェームズ・キャメロン

スティーヴン・スピルバーグは、50年にもわたる比類なきキャリアの
中で、想像し得るあらゆるジャンルの作品を網羅している。しかし、事
あるごとにSFジャンルに戻り、今ではモダンクラシック作品となって
いる『未知との遭遇』(1977)、『E.T.』(82)、『ジュラシック・パーク』
(93)とその続編『ロスト・ワールド／ジュラシック・パーク』(97)、『A.I.』
(2001)、『マイノリティ・リポート』(02)、『宇宙戦争』(05)などを
制作し、人々を魅了してきた。2018年に彼が監督した長編映画は、アー
ネスト・クラインによるベストセラー小説の映画化作品『レディ・プ
レイヤー1』。この作品でスピルバーグは、スクリーン上に全く新しい
ヴァーチャル・リアリティの世界を描き出したが、それは、我々自身の
現実を映し出す鏡のような世界となった。多岐にわたる会話の中で、ス
ピルバーグとジェームズ・キャメロンの話題は、スタンリー・キューブ
リックに及ぶ。キューブリックは、未来を予見するような『2001年宇
宙の旅』(68)を手がけた映画監督で、スピルバーグにとっては親友の
ひとりだった。さらにインタビューは、人工知能によって引き起こされ
かねない危険や、幼い頃から懇々と湧き上がる想像力の原動力となって
きたスピルバーグ自身の"恐怖心"をも掘り下げていく。

恐怖心が生み出す想像力

ジェームズ・キャメロン（以下JC）：僕たちの世代や、より若い年齢のフィルムメイカーは、君が誰よりも一歩先を行っていて、皆を圧倒し、自分の好きなことをやれと背中を押してくれた存在だと言っている。それ以前には存在していなかった映画のヴィジョンを、君が創り出したと思うんだが。

スティーヴン・スピルバーグ（以下SS）：まあ、いつだって自分たちの先を行く人間がいるわけで、僕よりも先進的だった者たちはごまんといる。ジョージ・ルーカス、スタンリー・キューブリック、ウィリス・オブライエンとか。僕が思うに、**子供時代に僕の想像力を掻き立てたのは、単純に、恐怖心だったんじゃないかな。** 僕が恐れるあらゆるもの——暗くなってから、見たり聞いたり感じたりするほとんど全てのもの——から自分の身を守るために何かをする必要があったんだ。

　1950年代の初め頃だけど、僕の両親は、テレビは子供に悪影響を与えると信じていた。メディア論を展開したカナダの英文学者で文明批評家のマーシャル・マクルーハンの時代より前なのに、両親がどうしてそんなことを考えるようになったのかはわからない。でも、どういうわけか、テレビ有害説の知識を持っていた。だから親たちは、僕にテレビを観させないようにしていたんだ。僕が視聴を許されたのは、ジャッキー・グリーソンの『The Honeymooners（新婚旅行者）』（55-56）やシド・シーザーの『ユア・ショウ・オブ・ショウズ』（50-54）、50年代のクールな探偵ドラマシリーズくらいだった。

JC：映画『オズの魔法使』（39）の空飛ぶサルに怯えることはなかった？

SS：ああ、もちろん、あれは怖かったよ。

ディズニー映画の『バンビ』（42）の山火事にだって恐怖を覚えたくらいだ。あの森が燃えるシーンは、『ファンタジア』（40）の山から現われる悪魔より怖かった。だけど、両親が子供のために良かれと思ってしていたことのせいで、すっかりテレビに飢えていたからこそ、僕は独自のショーを想像するようになったんだと思う。テレビが観られないのなら、自分を楽しませるものを自分で考え出してしまおうってね。

JC：それで、短編映画を作り始めた？

SS：そうだね。まあ、それよりもずっと前から、頭の中でいろいろと思い描いたりはしていたし、よくスケッチもした。下手くそだったけど、怖い絵を山ほど描いていたよ。

JC：君は、まずは視覚的な部分から入って、独自の世界を徐々に築き上げていたんだね。

SS：そう。いつも鉛筆と紙切れ一枚で世界を膨らませていた。その後、8ミリのムービーカメラも使うようになったけど。

JC：小学3年生のときに、『SF巨大生物の島』（61）という映画を観たときのことを今も覚えている。家に飛んで帰って、自分バージョンの『SF巨大生物の島』を作り始めたんだ。あれこそが"創造の衝動"だったんだなと思う。映画を観た後に、自分なりの形のものを創りたいという欲求が抑えられなくなるってやつだ。

SS：映画館で『世紀の謎　空飛ぶ円盤地球を襲撃す』（56）を鑑賞したんだけど、異星人の顔は見ることができなかった。彼らの顔は大きなマスクですっぽり覆われていたし、そのマスクはパワードスーツの一部になっていたからね。でも、兵士のひとりが銃で撃った異星人からマスクが外れるシーンがあった。その顔を見て、僕は恐れおののいたよ。で、僕はいつも通り、家に帰るなり絵を描き始めた、僕が見たあの宇宙人の顔をね。自分を落ち着かせるためで

スピルバーグ監督作『未知との遭遇』の母船の到着シーン

はなく、映画に出てきた異星人をもっと怖い顔にするために。映画を作った大人たちは僕を怖がらせたわけだけど、自分ならさらに怖い顔にできるだろうと思ったんだ。

JC: なるほど。だから君は、『ジョーズ』(75)で人々を恐怖のどん底に陥れたんだな。君はモンスターに詳しい。そして、宇宙人はときにモンスターだ。だけど、いつでもそうだとは限らない。『未知との遭遇』で、君は地球外生物が恐ろしい存在にも、友好的な存在にもなり得る2つの可能性があることを示した。

SS: それって、広島と長崎に落とされた原爆に端を発していると思う。もちろん、最初に原爆の影響を芸術に反映したのは日本人。東宝の『ゴジラ』(54)は、国内で起きてしまった取り返しのつかないことに対する文化的、国民的な不安を利用した最初の映画。この作品が誕生して以来、東京湾から出現するあらゆる生き物、夜空から姿を現わす全てが侵略的な敵となり、容赦なく破壊と虐殺を繰り返す。子供の頃、『ゴジラ』を満喫したし、B級映画と呼ばれる作品は片っ端から制覇した。アライ

ド・アーティスツ・ピクチャーズのホラー映画も、ハマーフィルムも観た。ありとあらゆる映画をね。もっと彼、もしくは彼女のことをよく知りたいと自分に思わせてくれる親切な宇宙人には、出会うことができなかった。登場する宇宙人は全部、人類を破滅させようとしていたんだ。

JC: 人類はいつだって最後に彼らを打ち負かす。そうやって、**人間の知恵と勇気は、科学が創り出してしまった怪物に勝利し、核戦争という"怖い存在"を食い止め続けている**んだと皆に言い聞かせてきたわけだ。

SS: その通り。いかなる敵の脅威も払拭するってね。50年代のほとんどのSF映画のエンディングは、40〜50年代のジョン・ウェイン主演の第二次世界大戦ものと同じだと考えていい。

JC: 核爆弾による破壊と共産主義が融合されていたし、全てを乗り越えねばならなかった。

SS: そう、どちらも打ち負かす必要があった。**共産主義が広がり、世界各国が赤く染まっていく"赤の脅威"は、怒れる赤の惑星だと例えられ、突然、赤い火星が敵になっ**

た。当然の成り行きだ。宇宙のことを僕に教えてくれたのは、父だった。取り寄せたエドモンド科学キットで、大きな段ボールを丸め、5センチレンズの反射式望遠鏡を作ってくれた。父が望遠鏡を組み立て、僕は木星の星を見た。それが、父が僕に指し示した最初のものだった。土星の環も見た。全て、6〜7歳の頃の話だ。

『E.T.』の仮タイトルは 『Watch the Skies（空を見ろ）』

JC：天体観測に相当な時間を費やしたのかい？
SS：夜空を見上げてばかりいたよ。『E.T.』というタイトルが決まる前、制作中は、『Watch the Skies（空を見ろ）』という仮のタイトルで呼んでいたんだ。「Watch the skies, everywhere！Keep looking.

1954年の映画『ゴジラ』の劇場用ポスター

Keep watching the skies！（世界中に空を見るよう伝えてくれ。どこもかしこも空を見張れ。空を見ろ！）」という1951年の映画『遊星よりの物体X』の最後のセリフから取った。空を見ていた自分を覚えてる。単純に父の影響だった。空からは良いものだけがやってくるべきだ。異星人がソ連からのICBM（intercontinental ballistic missile 大陸間弾道ミサイル）でないのなら、空からは何かいいものが降ってくるべきなんだよ。
JC：お父さんは明確なヴィジョンを持った人だったんだね。
SS：父はその件に関しては先見の明があった。「アナログ・サイエンス・フィクション・アンド・ファクト（Analog Science Fiction and Fact）」誌を全部読んでいた。あのパルプ雑誌をだよ？「アメージング・ストーリーズ（Amazing Stories）」もね。僕も父と一緒になって読んでいた。夜になると、あの安っぽいタブロイドに載っている話を読み聞かせてくれたりもしたんだ。
JC：アイザック・アシモフ、ロバート・A・ハインラインといった作家たちは、パルプ雑誌に小説を連載していた。
SS：そうだね。彼らはあの手の雑誌に小説を掲載し、その多くが楽観的だった。破滅的な運命ばかりを考えているわけじゃなくて。想像の翼を広げ、夢を抱き、より素晴らしい何かに情熱を捧げる方法を示してくれている。そういった物語を読み、ただ空を見ているとき、気づいたんだ。もしも**SF映画を作るチャンスがあったら、空からやってくる者たちは友好的な存在にしたい**って。
JC：その通りに映画を作ったわけだね。お父さんは、流星群を見るため、君を連れ出したことがあったとか？
SS：そう、父は僕に流星群を見せてくれた。あれは、しし座流星群だった。なぜしし座流星群だったことを覚えているかという

『未知との遭遇』のあるシーンで、異星人は、地上の人間を彼らの母船に快く受け入れる

と、長年の間、父が「あれはしし座流星群だ」と言い続けてくれたからなんだ（笑）。だけど、僕はとても小さかった。あの頃、ニュージャージー州のカムデンに住んでいたことから推し量ると、僕は5歳だったはずだ。父は真夜中に僕を叩き起こした。まだ真っ暗な時分に、父が寝室に入ってきて「私と一緒に来なさい」って言うシチュエーションってなんか怖いよね。自分が子供だったらなおさらだ！　**父に連れていかれたのは、ニュージャージー州のどこかの丘。そこでは、何百人もの人々がピクニック用の敷物に寝っ転がって、流星群を見ていたんだ。**
JC：そんなシーンが『未知との遭遇』にはあったね。君の経験と同じシーンだ。
SS：そう。『未知との遭遇』に、そのシーンを入れたんだよ。丘に着いた僕たちは、父のミリタリーリュックの上に寝そべり、夜空を見上げた。およそ30秒間隔で、まばゆい光の筋が空を横切っていく。しかも、その光が3つか4つの破片に分かれたことが何度かあった。
JC：ひとつの光が複数の光のかけらに分かれ、それが人々の頭の上を通り過ぎていく……。そんなシーンもあったね。
SS：ああ、『未知との遭遇』に、そんな場面が出てくるよ。子供だったときに脳裏に焼きついたものは全て、消えてなくならずに残っているものだ。フィルムメーカーとして最も重要なのは、少なくとも、畏怖と驚嘆の物語の中で、子供の自分でいられるってことだと思う。言い方を変えれば、**子供の心を忘れて、見る物全てに皮肉な反**

応をするような大人の自分を寄せつけないようにするってこと。子供と大人の心の対決だ。

JC：君は、人類と異星人のファーストコンタクトを描く、信じられないほど影響力のある映画2作を作り出した。明らかに、『未知との遭遇』は『E.T.』につながっていた。『E.T.』は『未知との遭遇2』といっていいほどで、かなり個人的な物語となっているね。

『未知との遭遇2』である『E.T.』

SS：僕も同じように思っている。だから、『E.T.』のスクリプトを、まずは『未知と

の遭遇』を配給したコロンビア・ピクチャーズに持っていったんだろうな。『未知との遭遇』を作る資金を出してくれたコロンビアには借りがあると思っていたから。地球外生物が出てくる物語の脚本を掴んで、すぐさまユニバーサルに駆け込んだりはしなかった。最初にコロンビアに持っていき、彼らが首を縦に振らなかった時点で、ユニバーサルに持っていったんだ。

JC：『E.T.』で、君はファーストコンタクトのテーマを強調するというより、家族や子供たちを中心に据えた人間ドラマを描き出したと思うんだが。

SS：『E.T.』は、エイリアンについての映画を作ろうと思って撮ったものではない。

『E.T.』の一場面。ヘンリー・トーマス演じるエリオットとE.T.が、悪意のある政府の追っ手から逃げようとしている

月を背景に空を飛ぶ自転車のシル
エットを捉えた『E.T.』の象徴的な
一場面。後にスピルバーグのプロ
ダクション「アンブリン・パート
ナーズ」のロゴになる

離婚の危機にある母親と父親についての物語になるように意図した。両親のせいで家族がバラバラになって、違う州に引っ越すことになったらどうなるかってストーリーを書き始めたんだ。脚本じゃなくてね。『未知との遭遇』が終わる前から執筆を始めていた。『未知との遭遇』で小さな灰色の宇宙人、リトルグレイの"パック"（スピルバーグは撮影で使う宇宙人のアニマトロニクスのパペットに"パック"というニックネームを付けていた。パックとは、シェイクスピアの「真夏の夜の夢」に出てくる妖精の名）が母船から出てきて、コダーイメソッド（ハンガリーの音楽家コダーイ・ゾルターンが提唱した音楽教育）のハンドサインで人類とコミュニケーションをとるシーンを作っていたとき、僕の中で全てがひとつになったんだ。ちょっと待ってくれ！　もしこの小さな宇宙人が宇宙船に戻らなかったら？　地球に置き去りにされてしまったら？　地上で迷子になり、ひとりぼっちになったら？　両親が離婚することになって心にぽっかりと大きな穴が空いた子供や家族が新しい宇宙人の親友を見つけ、彼が心の穴を埋めてくれるとしたら？　『E.T.』のストーリー全体は、『未知との遭遇』のセットの上でひとつの物語としてでき上がった。

JC：水の下で見えない未知の恐怖である『ジョーズ』のモンスター級の巨大ザメから始まり、『未知との遭遇』の天使を思わせる姿の宇宙人まで、君は既存のものに取って代わるような精神性、信仰を形にしてきた。我々の頭上にある何かは従来の場所からやってくるわけではないし、はるかに優れた文明と接触するために来るわけでもないと考えたわけだ。

SS：そう。はるかに優れた文明は、自分の中に最も優れた何かを見つける。そして、エイブラハム・リンカーンが大統領就任演説で「本来我々の中に潜むより良い天使」

the ultimate trip

2001: A SPACE ODYSSEY

MGM PRESENTS THE STANLEY KUBRICK PRODUCTION

サイケデリックなイメージを打ち出したスタンリー・キューブリック監督作『2001年宇宙の旅』の劇場版ポスター

と言ったような自分自身の最も素晴らしい部分を示すことになる。優しさ、寛大さ、正直さなどの善良性がそれを行う。善良な行為は邪悪な行為を引き起こさない。善行は善行を呼び、善良性をどんどん増殖させていく。最高のSF作品も同じ効果があると僕は思ったんだ。

『2001年宇宙の旅』の衝撃

SS：『2001年宇宙の旅』が僕の日常生活に与えた影響は、とてつもなく大きかった。1968年の公開当時、僕は大学生。これは、映画館で宗教体験をしたと感じた初めての作品になった。映画を観て、ぼうっとなったわけじゃない。僕は酒もタバコもドラッグもやってなかったからね。絵に描いたよ

うな真面目人間だったんだ。映画が封切られた週末に劇場に行き、『2001年宇宙の旅』を初鑑賞した。今でも、ふたつのことを覚えているよ。ひとつは、宇宙の映像が、自分で思っていたよりも暗くなかったってこと。明るいところと暗いところのコントラストがそれほど大きくはなかった。なぜ明暗差がなかったのかわかるかい？　みんな映画館でマリファナを吸っていて、場内の空気が煙っていたんだよ（笑）。

　監督のスタンリー・キューブリックが、場内にマリファナの煙が充満していて、スクリーンが際立つように部屋が十分暗くなっていなかったと知ったら、きっと猛烈に怒っただろうね。僕はこれまで、この作品を少なくとも7〜8回は観ている。もちろんずっとマシな環境で。だけど、封切り直後の週末の鑑賞体験ときたら……。思うに、配給会社はその環境を把握して、「究極の旅」とも「究極のトリップ体験」とも取れる"the ultimate trip"というキャッチコピーを入れた新しいポスターを作ったんだろうな。我々の文化のもうひとつの側面——ドラッグ・カルチャーに訴えかけるように。

JC：当時の人々は、普通にLSDをやっていたくらいだからね。私は『2001年宇宙の旅』を公開から2年の間に18回観たよ。ホームビデオなるものが普及する前だったから、全部映画館で。あの作品に対する観客のあらゆる反応も観察した。「神だ！これは神だ！」と叫びながらスクリーンに向かって突進した奴がいたっけ。そのとき、彼は本当にそう思っていたんだろうな。

SS：僕は、両手を広げてスクリーンへと歩き出した男性客がいたのを覚えている。歩いていっただけじゃない。そのまま直進して、スクリーンを通り抜けてしまったんだ。あとになって知ったんだが、当時の映画スクリーンは鎧戸板のようにストライプ状になっていたらしい。大きな1枚の白い素材じゃなかったんだね。

JC：それを観た観客は、さすがに仰天しただろうな。

SS：みんな唖然としてたよ。なんて言ったって、ひとりの観客がスクリーンの中に吸い込まれて消えてしまったんだから！しかも、映画はちょうど スターゲイトを通る瞬間だったんだ。

JC：私の肉体も、この映画に対して強い反応を示した。スターゲイト——あの永遠に続きそうなトンネルに落ちていくような感覚を覚えたんだ。昼の上映回だったから、劇場を出て燦々と日光が降り注ぐ歩道に立つなり、嘔吐した。正直に言って、僕の生理学的反応はそういうものだった。ものすごい作品を観たんだとはわかったんだが、14歳の少年には、全てを理解するのは無理だったようだ。猿が投げた骨が宇宙船になったのはわかったし、ラストのスターチャイルドが進化した人間の次なる段階だということもわかった。だけど、ラストシーンのホテルのような一室の意味はぴんと来なかった。

SS：あれは、僕にも難解すぎた。原作者のアーサー・C・クラークやスタンリーの奥深い思考の森で、僕は完全に迷い子になっていた。でも、あのような経験ができたのは素晴らしかったと思う。彼らが作品の中で示したシンボルの意味や、やり遂げようとした真意がなんであれ、まるで五里霧中の彼らの不可解な創作世界に置き去りにされたからこそ、僕は"答え"という出口を見つけようと夢中になった。そして、それが見つかったときには、視界が晴れるように、作品の意図がよりはっきりとわかるようになったからね。

JC：ロールシャッハテスト（精神医学者ヘルマン・ロールシャッハが提唱した、インクの染みを用いた心理テスト）のように、君は自分自身を

そこに注ぎ込んだわけだ。

SS：僕は、キューブリックのフィルムメイキングと概念上の相互関係の裂け目の間に落ちてしまったんだ。転落するには、実に美しい隙間。**僕が落っこちた亀裂は、スターゲイトだったんだ。僕たちは同じスターゲイトに通ってこの業界にたどり着き、映画を作ることになったんだと思う。**

JC：スタンリーは、見た目でどんな宇宙人かを判断されてしまうといった問題を回避した。君も『未知との遭遇』で同じ問題に真っ向から向き合った。当時のテクノロジーに助けられ、うまくやり通せたんじゃないかな。

SS：あのとき、僕が本当にやりたかったのは、小さな宇宙人の背後からバックライトを思い切り当てて、ほとんど彼らのシルエットしか見えないようにすることだった。そうすると、印象派の絵画みたいな光景になるからね。宇宙人のコスチュームは、とても薄い素材で、彼らはジャック・ターナー

の映画『キャット・ピープル』（42）に登場する猫人間みたいだった。背中でファスナーを上げ下げするんだが、正面から照明を当ててまともに撮影できる代物じゃなかったんだよ。強いバックライトを当てれば、観客には見えにくくなり、僕たちの地球外生命体がどんな姿なのかもっと想像力を働かせてくれることになる。小さい宇宙人には、それぞれ顔を付けられたんだが、**特殊効果アーティストのカルロ・ランバルディが創り出した"パック"の顔だけが見えるようにした。**

JC：『ジョーズ』で学んだのかい？　少なく見せた方がいいものになるってことを。

SS：そうなんだ。**『ジョーズ』は技術的な面で大混乱だったからね。**実際の大西洋で撮影することは不可能だった。まともな人間だったら、タンクで撮影していただろうし、今ならコンピュータを使ってCGで描くはずだ。だけど、僕は海にいるのが好きなんだよ。海に繰り出すのが。でも、その

スピルバーグ監督作『宇宙戦争』で、宇宙からやってきた三脚歩行機械"トライポッド"が街を襲撃するシーン

H·G·WELLS'
THE War OF THE Worlds

1953年に公開されたジョー
ジ・パル製作の『宇宙戦争』の
劇場用ポスター

ドリュー・バリモア扮するガーティが愛らしい宇宙人
E.T.にキスするシーン

おかげでひどい経験になった。自分のキャリアが終わるかもしれないという現実に向き合っていたからね。君の映画監督生命はこれで終わりだぞって、皆に言われたよ。僕は彼らの言葉を信じた。だって、1日に撮影できたのが、1シーンか2シーンだったんだ。

JC：だけど、あの映画が君を有名にした。

SS：『ジョーズ』のおかげで、僕は粘り強くなった。自分以外の誰かに何か証明すべきことがあったわけじゃないけど、僕はクビにならなかったし、失敗もしなかった。観客が映画を観てくれなかったら、大失敗作の監督の烙印を押されていた可能性もあった。でも、『ジョーズ』を成功させることができた。

JC：で、君は、『未知との遭遇』という、未確認の生物が提案するものを讃美する、超自然的で精神的なファーストコンタクト映画を作った。そしてやがて『宇宙戦争』を手がけることになる。

友好的な存在から
侵略者としての存在へ。
『宇宙戦争』に登場する異星人。

SS：確かに。『E.T.』や『未知との遭遇』の友好的な異星人から一転、『宇宙戦争』に出てくるのは、人間を皆殺しにする侵略者だ。それってひどくないかい？　僕はなんて偽善者なんだ。9・11の同時多発テロが起きなかったら、『宇宙戦争』は作っていなかっただろうな。『宇宙戦争』は、アメリカ文化の中で、そして、テロリズムの全世界の歴史の中で起きた事件、9・11同時多発テロと似ている。アメリカという国は、攻撃されることには慣れていない。攻撃を受けたのは、真珠湾攻撃以来だったんだ。

JC：突然領土を侵され始める衝撃と恐怖。

敵の襲来に成す術が何もない無力感。映画では、それが描かれていた。だけど君は、あの作品をバラバラになっていた者たちを引き合わせるファミリードラマに仕上げた。

SS：脚本家のデヴィッド・コープと協力して、あの物語を作った。デヴィッドは家族を描き出すセンスが豊かで、彼が書いた物語は、両親が離婚したために子供の頃に僕が受けた心の傷や僕の経験を真似ている。デヴィッドとミーティングをしたとき、僕はこう提案したんだ。「子供たちを気にかけないシングルファーザーの話にしよう。そして、宇宙人襲来の出来事があったからこそ、彼は自分よりも子供たちの方を気遣うようになっていくんだ」、ってね。それが『宇宙戦争』の核になった。映画はグッドエンディングにはならない。**あんなろくでもない出来事をどう終わらせるべきか、僕は見出せなかったんだよ。**

JC：原作者のH・G・ウェルズでさえ見つけ出していないと思うよ。結局、敵を退治したのは風邪なんだから。連中は地球上の細菌やウイルスに対する免疫力がなかったわけだね。

SS：僕も同じことをした。モーガン・フリーマンのナレーションに助けられた部分は大きい。

JC：**モーガンは、全てをもっともらしく**

スピルバーグ監督作『宇宙戦争』
の劇場用ポスター

伝えてくれる。

SS：モーガンの語りで、全てが良くなった。

JC：君が原点回帰してくれて、本当に素晴らしかった。**私たちはジョージ・パルが製作した53年の『宇宙戦争』を観て育った世代だが、強力な磁場を利用したシールドを持つ、浮遊型反重力侵略兵器ウォーマシンは最高にクールだった。**

SS：そうそう、あれはすごかった！　縁が緑色に光るブーメランみたいな円盤型兵器だった。あれも僕に大きな影響を与えた1作。『E.T.』でオマージュを捧げているくらい、ジョージ・パルの『宇宙戦争』の大ファンなんだ。彼の『宇宙戦争』で、夜間に登場人物たちが農場の建物に潜んでいるとき、壁に影が映ったと思ったら、突然、**ヒロイン役のアン・ロビンソンの背後から火星人の三つ指の吸盤が触れる**んだ。それと同じ瞬間が、『E.T.』にも出てくる。窓の外から物音が聞こえ、怯えながらも**エリオットは窓辺に近づくんだけど、E.T.の手が伸び、彼に触れる**んだ。E.T. は、エリオットを落ち着かせようとしていただけなんだけどね。

JC：異星人が腕を伸ばして相手に触れるという同じ動作だけど、状況は全く違っている。

SS：ああ、宇宙人が人間に対して腕を伸ばした目的が完全に異なっていた。

JC：監督作とプロデュース作の君の全作品で、ファーストコンタクトや地球侵略を描いた映画はずいぶんある。2002年の『TAKEN』や2011年の『フォーリング スカイズ』といったテレビシリーズもそんな感じだったかもしれない。そのアイデアは、君の第二次世界大戦への関心から来ているのかな？　この戦争を扱った作品も、君は結構作っているよね。外から侵攻された感覚を観る者に味わわせる作品をね。

SS："人々の良心に訴える"という切り札を使えればいいんだけど、いつもそれがで

きるとは限らないんだ。『TAKEN』は、とにかく商業的に、できるだけ多くの視聴者を惹きつけることを前提にしたテレビシリーズだったと言わねばならない。あの作品に出てくるエイリアンを邪悪で油断ならない存在にし、そいつらは相手の脳内に入って、"君の母親が怪我をしている"という記憶を植えつける。それによって兵士は武器を落とさざるを得なくなり、無力化してしまう。

JC：ポジティブな観点から見てみよう。もしそれが戦略としてうまくいくなら、我々は、ひとつの社会として、スクリーンが大きかろうが小さかろうが、**大スケールで描かれた悪夢のような出来事を切望している**からだ。私にしてみれば、それは"SFたるもの"の大部分を占めるように思えるね。2万年前、5万年前、自分たちがいるところには深い森があり、恐ろしい生き物が生息していた。しかし、現在は森がなくなり、恐ろしい生物もいなくなったから、自分たちがいるのは安全な場所だ——と考えるのと似ている。**つまり、SF映画で恐怖を味わい、現実に戻ったときに、自分たちはなんて安全なんだろうと安堵するわけだ。**

SS：SFが人気ジャンルになる前には、グリム童話があった。**子供たちに読み聞かせて、いい子にしてないとこうなっちゃうよと怖がらせ、間違いを犯さないようにさせる。**もし爪を噛んだら、刈り込みバサミを持った男が生け垣を乗り越えてやってきて、おまえの指をちょん切るぞ、という具合にね。8歳のときに読むようにと与えられた絵本には、切断された指から血が噴き出す挿絵が載っていたよ。

JC：そして、「ヘンゼルとグレーテル」。森の中に住んでいる一見優しそうなおばあさんを信用したら、かまどで焼かれてしまうかもしない。だから、お父さん、お母さ

んの言う通りにしないとねっていう教訓を示す寓話だ。だけど、私からすれば、テクノロジーの時代、科学の時代となった今、あの種の怖い童話は、科学技術がどんどん発達し、知らず知らずのうちに大規模人体実験みたいな状態になっている現代の恐怖や不安を表わしているようにも思える。

SS: 世界がどこに向かうのか、僕らはいつも心配しているよね。この世は終わりを迎えてしまうんじゃないかって。多くのSF作品は基本的に、そういった懸念を物語にうまく取り込んでいる。**フィルムメイキングやストーリーテリングを通じ、どうやって我々はこの世の終焉を止めることができるだろう？　あるいは少なくとも、遅らせることができるのか。最高のSFストーリーは、現代の寓話だ。**

JC: 皮肉なことに、SFは実際には、未来を予測するのにそれほど有効じゃないってことがわかったんだ。誰もインターネットの予見をできていないのがいい例だ。

SS: ひどい話だよね。

スティーヴン・スピルバーグは ディストピアを描かない

SS: 今ふと思い出したんだけど、インターネットはおろか、テールフィン付きのキャデラックも登場していなかった頃、1933年に出版されたH・G・ウェルズの小説「世界はこうなる」（その他の邦題に「地球国家2106年」。1936年に『来るべき世界』という邦題で映画化された）じゃ、建物にテールフィンが付いているようなデザインが出てきたよね。

JC: 50年代になると、テールフィン付きの車だらけになり、ブームはしばらく続いたけど。

SS: ジョージ・ルーカスの『スター・ウォーズ　エピソード2』には、「世界はこうなる」（あるいは『来るべき世界』）に出てきたような空飛ぶ乗り物がちょっとだけ出てくるよ。

JC: 彼は、素晴らしいポジティブな未来の姿をいろいろと垣間見せてくれた。だけど、単にポジティブなだけじゃなく、ファシストの軍国主義の未来とかも。あれは実に興味深かったな。君も優れた作品を作り上げてきた。しかも、ひとつのジャンルでは括れない。例えば、2002年の『マイノリティ・リポート』。未来の様子を描き、現代にも影響を与えていくからタイムトラベルの要素も含む。

SS: 僕は『マイノリティ・リポート』（に登場するトム・クルーズ扮するジョン・アンダートン）は、レイモンド・チャンドラーのハードボイルド小説シリーズの探偵フィリップ・マーロウとか、ジョン・ヒューストン監督の傑作映画『マルタの鷹』（41）の探偵サム・スペードの超能力バージョンだと考えている。そう、あれは超能力探偵ストーリーなんだ。

JC: たぶん、君の中の子供の部分が、ハードボイルドの名探偵に胸を躍らせたんだろう。でも、君はテクノロジーも大好きだ。トム・クルーズが激しいアクションを繰り広げる自動車組み立て工場でのシーンだけど、ベルトコンベアに落ちて絶体絶命かと思いきや、トムは、完成ホヤホヤの車を運転して逃げ切ってしまう。

SS: その通り。僕の場合は、絵コンテを描こうと机に向かってスケッチをしていると、ベストなアイデアが浮かぶんだ。もちろんスクリプトにはなく、僕の頭の中にもなかったアイデアが、絵を描いているうちに湧き出てくる。絵を描けば描くほど、新たなアイデアが得られる。**『マイノリティ・リポート』のほとんどのシーンが、絵コンテ作成中に思いついたものだよ。**スクリプトにはたくさんのアイデアが詰め込まれていたけれど、絵コンテ作業で、さらに多く

のアイデアが生まれた。

JC：君は、SFの中にある、畏怖を抱かせるもの、不思議な何か、謎、ファンタジーに心を惹かれているけれど、同時に、強烈な社会的大義や社会的に重要な物事にも興味を持っているよね。でも、「1984年」みたいなSFのディストピア的未来が舞台で、そのふたつを組み合わせた内容の作品を作ったりはしていない。それがなぜなのか、前から気になっていたんだ。

SS：僕にとって、ディストピア的な作品を撮ることは、すなわち、全ての希望を失うことと同意なんだ。つまり実際に、半年から1年くらい、鬱状態になければならないということになる。例えば、映画『レディ・プレイヤー1』の舞台は2045年。現実世界はすっかり荒廃しているんだけど、人々がサイバーライフを送るVR世界"オアシス"は、やりたいことがなんでもできる理想空間。誰もが最高に素晴らしいファンタジーの中で生きることができるんだよ。だけどおそらく、僕にとっては今までで一番、暗黒郷に近づいた作品だと思うね。『マイノリティ・リポート』はディストピアを描いている映画だとは思わない。あれは、"予期せぬ結果"についての物語。道徳的な教訓話だ。世の中には、将来的に起きる殺人を未然に防ぐシステムが導入されているんだけど、3人の予知能力者のお告げをもとに殺人を犯すことになる人物が、手を下す前に捕まえられてしまうという方法なんだ。実際にはまだ犯罪を犯していない人間に、一体どんな正義が下せるのか？　一生独房に監禁し、文字通り人生を停止状態にすれば十分なのか？　何が善で何が悪かを問う大きなドラマが展開していく。

JC：『マイノリティ・リポート』はテクノロジーの予期せぬ結果、あるいはテクノロジーに順応するべく変化する社会の予期せぬ結果を探求している映画、ということだ。

SF界の伝説的作家H・G・ウェルズ原作の1936年の映画『来るべき世界』の劇場用ポスター

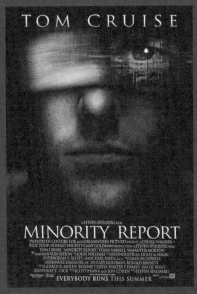

スピルバーグ監督作『マイノリティ・リポート』のティーザー用ポスター

我々がちょうど今生きている世界が、そこにある。技術とともに進化する人類について、どうしても思いを馳せてしまう。**我々はテクノロジーを変え、テクノロジーは我々を変えていく。機械は変化しつつあるんだ。この壮大な"実験"によって今後の人類がどうなるかなんて、誰も想像できない。**

SS：君の言う通りだ。電話のダイヤルを回していた日々が、僕は好きだった。ダイヤル式の電話がなくなって寂しいかどうかというよりも、人々が実際にそれを覚えているという事実が色褪せていくことが切ないよ。僕の子供たちが昔の電話機を見ても、きっとそれが何なのかわからないだろうな。誰かに連絡をとるには、それなりの労力と過程が必要だった。タイプライターの前に座り、伝えたい内容をタイプしなければならなかったし、便箋にペンで手紙を書かなければならなかった。あるいは、数桁の番号のダイヤルをいちいち回さなければなら

なかった。今日のコミュニケーションは、面倒ではないのが当然のようになっている。なんの手間もかからない。僕たちが、ハード技術もどんなプラットフォームも要しないバイオテクノロジーを有する日も遠くないだろう。**複雑な装置は消え失せ、全てが人間の大脳皮質に直接つながれることになる。そんな未来が目の前に迫っているよ。**

JC：ああ、すぐにそうなるはずだ。今のコミュニケーションにおいて興味深いのは、自分が発信すること、相手のメッセージに即答するか否かを編集できるということだ。我々は、ある情報に対してどう応えるのか、その手段やコミュニケーションの形態を選んだ後、ひとつの方向に向かって急突進していく。私の子供たちにとって、電話で話すということは思いも寄らない発想に等しい。なぜなら、電話口で自分が発した言葉には責任が伴うからだ。今じゃ、自分の発言が招く結果は、自分が発言するという行為からは切り離されている。それが、イン

スピルバーグ監督作『A.I.』で少年型ロボットのデヴィッドを演じるハーレイ・ジョエル・オスメント

ターネットといった新しい通信技術が我々
のためにやったことだ。社会的に、我々は
変わりつつある。実際にSFの世界に生き
ているんだ。**SF映画の作り手である我々
は、現実世界に必死で追いつかなければな
らない時代になっている。**

SS：僕らが絵コンテボードにやっとの思
いで向き合い未来の姿を描こうとする前に、
マイクロソフトやアップルが驚くべき未来
予想図を思いついてしまっているのが現実
だ。僕らが未来のガジェットを盛り込んだ
映画がスクリーンに上映される前に、彼ら
は人々が夢見ていた機械装置を発案してし
まう。そういう現実があって、『A.I.』と
いう作品が自然に生まれたんだと思う。

スタンリー・キューブリックと
映画『A.I.』

JC：あの企画は、君に受け継がれたもの
だったよね。

SS：そう、スタンリー・キューブリック
から。『レイダース／失われたアーク』を
作った頃から、僕はスタンリーと知り合い
だった。彼とは、『シャイニング』のセッ
トで対面したんだ。彼はちょうどオーバー
ルック・ホテルのセットを建て終えたとこ
ろでね。そこに僕は、『レイダース』に出
てくるタニス遺跡の霊魂の井戸のセットを
造る予定だった。イギリスのボアハムウッ
ドにあるエルスツリー・スタジオに下見に
行ったとき、スタンリー・キューブリック
がスタジオにいると聞かされた。だけど、
彼がいたのは非公開の関係者以外お断りの
スタジオだったから、中に入ることはでき
なかった。そこで、プロダクションマネー
ジャーに……確かダグラス・トゥイディ
だったかな……「スタンリー・キューブリッ
クに会えないだろうか？」と頼んでみたと
ころ、「いいとも。こっちに来てくれ」っ

て快くOKされた。で、僕はその日、スタ
ンリーに会ったんだ。しかもその晩、彼の
自宅に招かれた。あれは1980年だったと
思うから、友人関係はそれから19年続い
たわけだ（キューブリックは1999年没）。電話
連絡がほとんどだったけど、とにかくたく
さん話をしたよ。

JC：彼は飛行機に乗らなかったからね
（キューブリックは飛行機嫌いで有名）。

SS：その上、僕はあまりイギリスには行
かなかった。もちろん渡英のたびに彼には
会ったけど、基本的には電話で話す間柄
だった。8時間とか9時間ぶっ続けで話し
たこともあったよ。僕も彼も、ランチやディ
ナーを食べながら電話で話し続けたんだよ。
それまで彼の創作活動に関わるよう言われ
たことはなかったんだが、ある日、こう言
われた。「君に読んでもらいたいものがあ
る」ってね。それがどれほど名誉なこと
だったかと説明すると、彼は、『非情の罠』
(55) や『現金に体を張れ』(56)、『ロリー
タ』(62)、『博士の異常な愛情』(64)、『バ
リー・リンドン』(75) はもちろんのこ
と、**あの『2001年宇宙の旅』を作った人
物。その彼が、僕に読んでほしいものがあ
るって言ってきたんだ。**つまり、彼が書い
たものを脚本の形にしてくれる脚本家を僕
に探してほしいと依頼してきたんだよ。**ス
タンリーが僕に送ってきたのは、ブライア
ン・オールディスの短編「スーパートイズ」
(69) だった。**僕はその作品を知らなかっ
たんだが、オールディスのその短編をベー
スに彼とSF作家のイアン・ワトスンが書
いた79ページの原稿を読んでほしいと言
われたんだ。

JC：君がそれを『A.I.』と呼んだのかい？
それとも、すでにキューブリックはそのタ
イトルを思いついていたのかな？　彼は、
人工知能ものの傑作古典となる作品を手が
けたわけだから。

SS：いや、スタンリーはまだ『A.I.』とは呼んでいなかった。それから、**彼が描いた3000枚ものストーリーボードを見るように言われた。**ロンドンに来て、それを見てくれってね。すぐに飛行機に乗った僕はスタンリーの家を訪ね、2日泊めてもらって、彼と一緒にストーリーボードをじっくりと眺めた。そのとき、彼の口からこんな言葉が飛び出したんだ。**「この映画は、私よりも君の感性に合っていると思う。私はこれから離脱して、他の企画に移るつもりだ」**って。そのとき、彼は『A.I.』というタイトルを初めて口にし、**「この映画を監督してみたいと思うかい？　興味があるなら、私は製作に回る。私がプロデューサーで、君が監督だ」**と、言ったんだ。

JC：私が記憶する限り、キューブリックが他のフィルムメーカーとそんな関係を持ったことはなかったはずだ。

SS：それ以前に、スタンリーが他の誰かにそういった話を持ちかけたことはなかったと思う。でもあの頃、スタンリーも僕も、ワーナーブラザーズを経営するテリー・セメルやロバート・A・デイリーとは知り合いだったから、ワーナーと掛け合って、僕が監督、スタンリーがプロデューサーという立場で話がまとまったんだ。スタンリーには、「監督は君だから、私は君のやり方には口を挟まない。一緒に行うのは脚本の作業だけで、私はイギリスでプロデューサー業を行う。君は帰国して、アメリカで映画を撮影してくれたまえ」って告げられたんだけど、いつ思い出しても楽しくなる発言だ。でも、彼はこうも付け加えたんだ。「ファックスを設置するように。私が注意書きやイラストやアイデアを山ほど送ることになる。ファックスの置き場所は寝室にしてくれ」と。

　で、僕は当然のことながら、「なぜ寝室に？」と訊いたら、こう返されたよ。「なぜっ

て、君の家に訪ねてきた誰かに、私が君宛てに書いたものを読まれてしまったら？　だから、ファックスはプライベートな場所に置くべきだ。君の寝室に設置すると約束してくれ」って。で、僕は言われた通りに寝室にファックスを設置したんだ。ところで、ファックスの受信の音がどれだけうるさいか知っているかい？　通常の電話の呼び出し音の10倍はうるさいよ。午前2時にファックス装置が動き出したときには、それはもう……。

JC：キューブリックがちょうど起きている時間だったのかな。イギリスで。

SS：そう。イギリスは昼間。でも僕にとっては午前2時は真夜中だ。しかも、午前1時、午前3時、午前4時と何度も受信するんだ。それが2晩続いたもんだから、妻のケイト・キャプショーは、とうとうファックスの機械を寝室から放り出してしまってね。「スタンリーに正直に伝えて！　一体何が起きてるのかを！」ってわめかれて、僕は彼に電話して事情を説明したんだ。

JC：それは大変だったと思うが、彼とのコラボレーションは有意義なものだっただろう？

SS：素晴らしい経験だったよ。**スタンリーから受け取った大量の注意書きは、カメラアングルやテクニックなど多岐に渡っていたが、「どうやって君はロボットの主人公デヴィッドを創り出すつもりだろうか？　私は、デイヴィッドはアンドロイドであるべきだと思う。彼は、人間の肉体的に欠けている部分を補うロボットにすべきではない。そういう役目は、ただの機械にさせるべきだ」と書かれたファックスもあった。**そこで、ILMのデニス・ミューレンが渡英し、スタンリーと話し合った。ワイヤーで動く実際のロボットの少年を作ったらどうかと提案したんだ。E.T.や『未知との遭遇』のパックのように。僕が思うに、スタンリー

はすでになんらかのテストを行っていたんじゃないかな、僕がこのプロジェクトに関わる前に。で、彼は、機械仕掛けの少年ではうまくいかないことに気づいていたんだ。**これは、ハリウッド長編映画で初めてフルデジタルのCGキャラクターを登場させた『ヤング・シャーロック／ピラミッドの謎』(85) よりも前の話だ。もちろん『ジュラシック・パーク』よりもずっと前のことになる。今だったら、スタンリーはデヴィッドをデジタルキャラクターにして、実写映画に融合させただろうね。それは間違いない。**

JC：私も『アリータ：バトル・エンジェル』(日本の人気漫画「銃夢」が原作。キャメロンが製作と脚本を、ロバート・ロドリゲスが監督を務めた) (19) で経験したから、CGキャラの話はワクワクするよ。自分の作品を宣伝してるわけじゃなくて、"人間を模倣したキャラクターを創るなら、それはCGを使って描くべき"という考えなんだ。私が『アリータ』のスクリプトを書いたのは10年前。当時は、自分が思い描くものを完璧に映像化するのは無理だろうと思っていた。だが今は、かなり完璧な状態に近づけることができる。しかし、**"不気味の谷"理論があるため、人間そっくりのCGアンドロイドを創り出すのは、ほとんど自己破滅的な考えと言える。なぜなら、ロボットが外見や動作で人間に近づくにつれ、人々はどんどん好感を持ち、共感していくのに、人間と全く同じだと感じた途端、好意的な感情が突然強い嫌悪感に変わるためだ。**

SS：『A.I.』に出てくるようなロボットたちにとって、"不気味の谷"は、まさしく観客が得る感情そのものを説明している。人は、この少年型ロボットは、決して100パーセントではない機械なんだと、どこかで常にわかっていたい。そうじゃないと人間そっくりでどんどん不気味に思えてくる。

ハーレイ・ジョエル・オスメントの素晴らしい演技力が、観客の感情をものの見事に揺さぶるわけだけど、彼は人間ではないことを表現すべく、瞬きをしていない。最後の瞬間まで、映画の中で、彼が演じたデヴィッドは一度も瞬きをしていないんだよ。ほんの少しだけメーキャップの力は借りているけれど、彼は自身の演技力で、自分が少年型ロボットだということを観客に納得させることに成功した。

JC：あれは本当に納得のいく演技だった。君は敢えて、観客に不気味の谷を味わわせようとしていたわけだ。

SS：不気味の谷理論の効果がなかったなら、あの映画はあそこまで成功しなかったかもしれない。ジュード・ロウも然り。ジュード・ロウが演じたジゴロ・ジョーというロボットも、不気味の谷理論に基づく必要があった。部分的には人間だけど、部分的には人工物。人間にすごく近いけれど、結局は模造品に過ぎない。

僕たちが機械に感情を求める理由

JC：だけど、彼らは共感を引き起こすキャラクターだ。どうしてだろう？ なぜ我々は機械に思考だけでなく、人間が大切に思っている何か、同情したくなる何かを植えつけるのか？

SS：僕たちがSiriと話す理由はなんなのだろう？ 僕たちは、ほぼあらゆるものを擬人化している。それは子供時代に始まる。小さな女の子が、小さな人形を持っていたり、あるいは男の子が、トランスフォーマーのおもちゃやG.I.ジョーの人形を持っていたりね。想像力がとてつもなく豊かだから、どの子もストーリーテラーとして人生を歩み始めるということを、僕は常々口にしてきた。**子供たちの想像力が"カメラアングル"を決めさせる。小さな子供たち**

は床に座り、地面を舐めるように視線を滑らせ、アクション人形がすごくリアルに見えるように動きや立ち位置を工夫する。電池で動く電車のおもちゃがあるときは、線路に沿って視線を移動させ、おもちゃの電車が自分の横を通過していくように見せるんだ。子供はそうやって遊びながら、自分が納得する最高の見せ方を自然に見つけ出していく。

　僕が映画を撮り始めたときの手法はそうだった。だから本当は、僕が最初に撮った映像作品は、『電車大激突！』なんだよ（笑）。1台のおもちゃの電車が左から右の線路に入り、もう1台が右から左の線路に入る。僕がちょうど真ん中に据えた8ミリのコダックカメラの正面で、2台の電車は衝突した。**子供は、存在していない世界を自ら創造するという、生まれながらの能力を駆使して遊ぶ。だから、誰もが子供のときにストーリーテラーとしての道を進み出している。ある意味、誰もがフィルムメーカーとしての人生を始めていると言えるかもしれない。**

JC：だから（大人になっても）我々は、機械に自己を投影したり、擬人化したりする。でも、そうすることが今や、大金を稼ぐ合法的な手段となり、人間と同等、もしくは人間よりはるかに優秀になり得る機械の"意識"を創り出そうという推進力を担っている。**今、人類はSFの世界に生きている。**『2001年宇宙の旅』のコンピュータHAL9000のようなものは、おそらく、君や私が生きているうちに発明されるだろう。

SS：同感だね。僕は、ここ何年もダニエル・H・ウィルソンの小説「ロボポカリプス」（11）の映画化のために作業している。これは、科学の粋を集めて創り出された人工知能の物語。膨大な知識を吸収し、人類をはるかに凌駕する能力を手に入れたロボットが、人間から支配権を奪い取り、世界を

征服しなければならないと考えるんだ。アニメ『ピンキー＆ブレイン』（95-98）がちょっとだけ進化したバージョンとも言えるかな。だけど、ゾッとする話だよ。スペースXとテスラのCEOで、エンジニアでもある**イーロン・マスクは、第三次世界大戦を予見して警鐘を鳴らし続けているが、それは核戦争ではなく、AIが引き起こすものだと訴えている。**

JC：スティーヴン・ホーキングも似たようなことを言い続けていたし、ウラジミール・プーチンは、「AIを制すものが世界を制す」と発言した。

SS：それって不気味だよね。僕たちより頭のいい機械が……例えばチェスの対戦で人間を負かしてしまうようなものが、世界をチェス盤として使い、チェックメイトして人類を一掃する、というようなシナリオだから。現時点では、その事態については半信半疑だ。そのようなことを簡単に真に受ける性分じゃないから。**人間は、自分たちの落ち度で窮地に陥った状況から、なんとか抜け出せる道を探そうとしている──僕はいつもそんなふうに感じている。**人は皆、他人の心情を汲む力──共感（エンパシー）を持つ存在だ。たとえ、日頃の言動からして、相手を思いやる気持ちなど全くなさそうな相手でも、人間は誰もが共感する力を持っている。そして、その力があるからこそ、人は崖から落ちそうになっても踏ん張って体勢を立て直せる。つまり、最悪の事態を回避できると、僕は思っているんだ。

JC：先にもランドル・フレイクスとの対話で言ったんだけど、AIって、初期の原子力みたいなものじゃないかと思うんだ。原子力は無限のエネルギーで、世界を推進させられると考えられていた。原子力航空機を作って宇宙にも行けるだろうと。そしてもちろん、原子力を使って最初に人間がやったのは、日本のふたつの都市を吹き飛

ばすことだった。

　人工知能の専門家が1930年代の原子科学者みたいに思えたんだ。未来のために、無限のエネルギーを作り出すのだと信じてやまなかった当時の原子科学者たちをね。一度歯磨き粉を絞り出したら、チューブの中には戻せない。彼らはそのことをわかっているんだろうか、ってね。

SS：そう、一度チューブから出した歯磨き粉は、中には戻すことはできないよね。一度核分裂が始まり、原子核を分裂させたら、二度と後戻りはできない。でも、核分裂の際に出る膨大な熱エネルギーは、有効利用が可能だ。だから、原子力は存在している。人間が思いつくあらゆるアイデアは、善用も悪用もできる。

JC：『A.I.』で、君は人間のためのロボットや機械の代替品を利用する未来を描いていた。あるいは、人間によく似た我々の継承者と言うべきかな。

SS：ああ、スーパーメカだよね。機械は進化するし、より良い機械を作る。そういった機械は、さらに素晴らしい機械へと進化するんだ。

JC：だけど、彼らは人間のように見える。少なくとも、人間と同じように誰かに共感や思いやりを覚える。デヴィッドが捨てられた森で出会ったロボットたちは、彼にとても同情した。

SS：だけど、彼らの同情も共感も、全ては数学がベース。仮定に基づき、数学的方程式に基づいている。人間の気持ちは、魂という場所から湧き出てくるもの。知識を超えた何か、把握できないものがあると僕は信じている。自分の子供たちにもときどき言うんだ。「ささやかでいいから、何か信念を持ちなさい」って。それって大切なことだよね。

SFと精神性

JC：SFが信念や精神性の問題をしょっちゅう取り上げることについて、興味深いとは思ったりはしないかい？　SFは科学と技術と我々に与えるその影響を取り扱う。そして、それはしばしば壁にぶち当たる。科学には限界があるわけだから。

SS：その観点を語るには、H・G・ウェルズの小説をジョージ・パルが製作した最初の映画版『宇宙戦争』を話題にしないとね。この作品は、最後には教会に行き着く。本編の半ば、ヒロインの叔父である牧師が、火星人との対話を試みようと空飛ぶ物体に向かって歩き出す。ゆっくりと十字架の付いた聖書を掲げていく牧師。だが無情にも、彼は焼き殺され、灰と化すんだ。

JC：無神論者のせいか、私はあのシーンで失笑してしまった。だけど、敬虔な信者が観た場合、全く違う解釈をするんだろうな。

SS：読み手によっては、小説の「宇宙戦争」は精神的な読み物だと捉えられるだろう。それがSFのすごいところだ。でも、**SF（サイエンス・フィクション）とサイエンス・ファンタジーは分けて考えなければいけない。君も知っている通り、僕はかつて、フォレスト・J・アッカーマンの雑誌「フェイマス・モンスターズ・オブ・フィルムランド（Famous Monsters of Filmland」を購読していた。**

JC：SF畑の人間は皆、フォレストが大好きだよ。

SS：君と一緒に彼の家を訪ねたことがあったね。あの偉大なコレクションを目の当たりにした。

JC：最高のコレクションだった。

SS：そう、あれこそ最高のコレクションだよ！　**僕たちは、どれだけフォレストが**

好きなんだろう（笑）。彼は、サイエンス・フィクションとサイエンス・ファンタジーをはっきり区別していた。前者は『スター・ウォーズ』で後者は『ハリー・ポッター』だ。

JC：私なら、もっと複雑な多様性があると考えるかな。ハードSFやハード技術分野の作品には、『オデッセイ』（15）も『インターステラー』（14）も『2001年宇宙の旅』もある。『スター・ウォーズ』は、剣（ライトセイバー）と魔法（フォース）使いといった要素が出てくるからファンタジー寄りだけど、あの世界は科学とテクノロジーに彩られている。そのラインを一歩越えてしまうと、科学要素はなくなり、ただの魔法物語になってしまう。『ハリー・ポッター』と『ロード・オブ・ザ・リング』の世界に入り込むようなものだ。

SS：君の言う通りだね。『スター・ウォーズ』は、『ハリー・ポッター』と『インタステラー』の間に位置していると思う。

JC：クリストファー・ノーランが『インターステラー』を作る際に何をしたかというと、物理学者キップ・ソーンのような専門家のところに赴き、「ブラックホールとは何か？　それは実際にどんな見た目になるのか？　ブラックホールの姿を映像で表現したいんだ」と言ったんだ。それから彼は、宇宙推進事業の人間や生命維持研究の人間とも話をし、実にもっともらしい宇宙船と、説得力のある惑星の表面を創り出した。当然ながら、その惑星には、愉快なエイリアンたちを棲息させたりはしなかった。そこにいるのは、己の知恵と知性を使ってなんとか生き残ろうと様々な問題と向き合う人間だけ。だけど、そんな**ノーランでさえ、最後には、超自然的で精神的なものへと向かっていった。**

SS：そうだったね。**マシュー・マコノヒー**

は"ゴースト"的な存在になった。彼は科学的根拠がある"ゴースト"のような何者かになるんだよ。

JC：ノーランは、死後の状況を描くのに科学を利用した。あれは非常に興味深い。

SS：ああいったストーリーを考えるとき、僕たちはいつも何を目指すべきなのだろうか？　僕がいつもやろうとしているのは、観客に頭で考えさせるより、先に彼らの心の琴線に触れるような話にすることかな。まずは人の心に訴えたいと常に考えている。もちろん、そうすることを求めるあまり、感傷的になりすぎだと非難されたりもした。センチメンタルな言動を、僕は嫌いじゃないからね。でも、僕が若手フィルムメーカーだった頃より、社会はドライになってきている。だからこそ、そんな現代社会のもっと深い部分を掘り下げようとして、ときどき押しを強くしてしまう傾向があるんだと思う。

JC：君の押しの強さは、ジョン・W・キャンベル（伝説的なSF作家であり編集者）がSFというジャンルを一般向けにしたやり方と同じだ。当時のSFといえば、SFを書く者の名前のあとには「～博士」が付いていなければならないとするハード技術マニア向けのものだと考えられていた。方程式や数学、物理に関するものが全てと思われていたSFを、人間ドラマが展開し、人間の心について語るジャンルに進化させたんだ。私が子供時代に読んだ最も素晴らしいSF作家は、奥深い魅力を持つキャラクターを登場させ、私を泣かせた書き手だ。胸にズシンと響く感覚が、彼らの作品にはある。しかしながら、今日でもハリウッドでは、そういったSFが完全にメインストリームの芸術作品にはなっていないと思う。中には、人間同士の情緒的要素を取り扱っていないSF作品もあるからだろう。情緒的なやりとりは、人と人の間で交わされなければ芸術作品として認められない？　そんなの言語道断。間違っているよ。SFは、人間の条件について語っている。我々はテクノロジーにあふれた世界の住人だ。そして技術を人間として扱おうとしている。

SS：まさしく。SFは、かつてはメイン料理後のデザート的存在だったが、今では間違いなく、メインディッシュのステーキだ。それに今日、人はデザートを最初に食べたりもするしね。莫大な金を作り出す映画とは、作り物であることを忘れ、バットマン、スーパーマン、ワンダーウーマン、アベンジャーズ、ソーの世界に飛び込めと観客に訴える映画。人間ドラマで支えられ、"君"や"僕"、そして"今日の世界に住む他の誰か"といった特定できるキャラクターと観る者が強く結びつかなければ、それはメインコースではないと、非常に強く感じている。さもないと、デジタルツールで作れる見世物に過ぎず、ストーリーテリングを主軸にした作品ではなくなってしまうんだ。

フィルムメーカーとして大切なことは、"心"を魅せること。

JC：君も私もふたりとも、世界で最も優れたデジタルアーティストと仕事をし、頭の中で想像したものは全て映像化できることを知っている。だからこそ、芸術的に何を選択し、何を選択しないかという問題になってくる。何をするのか、何をしたいと望むのかは、常に"頭"ではなく、"心"を選ぶことなんだ。

SS：それは、まさしく君がやっていることだね。ずっとそうだ。どの作品でもね。でも、実際にやるとなるとすごく難しい。オリジナルストーリーを考え出すのは、容易ではない。首を縦に振る作家や脚本家はたくさんいるけれど、本当に独創性に富んだ話はそう簡単には生まれない。過去に観

たどの映画とも違う、何とも比べられないと皆に思ってもらえる何かを思いつくのは大変だ。過去のストーリーテリングの巨匠たちによる傑作を超え、僕らは新しい物語を作り出さねばならないのだから。

JC：他の映画を参考にしただけの映画は、最低だ。本当に優れた映画は、自分が経験した何かに結びつけてくれる作品だと思う。

SS：テレビドラマの『ストレンジャー・シングス 未知の世界』は、それをうまくやってのけている。あれは、純粋なSF作品だね。君や僕や他の監督たちが作ったたくさんの映画を彷彿とさせる要素が散りばめられているんだけど、その見せ方が秀逸なんだ。様々なジャンルが見事に混ぜ合わされている。でも、全てがひとつのことに集約していく。子役たちの演技もすごくいい。観ているうちに彼らが大好きになって、彼らがひどい目に逢わないようにと祈ってしまう。『ストレンジャー・シングス』は、作り手の想像力の産物がどれも素晴らしいのはもちろんのこと、なんといっても、あの登場人物たちの描き方が魅力的だ。

JC：でも、君だって『E.T.』で観客が強く共感できるキャラクターを作り上げたじゃないか。僕が特に魅了されたのは、エイリアンについてのアイデア。地球外生物をどう見せるかが、我々がどうやって彼らとコミュニケーションを取り、いかにして彼らに反応するかを決定するっていう考えだ。君はE.T.の目をものすごく大きくしただろう？ 誰もが大きな目には自然と反応する。赤ん坊は大きな目をしているからね。

SS：そして僕は彼を、母親だけが愛せる顔にしたんだ。E.T.を誰が見ても「可愛い！」となるような生き物にはしたくなかった。腹回りが太くて、動きが鈍く、首が細過ぎて、人間が着ぐるみに入ることができないような造形にしたかったんだ。潜望鏡みたいな首に大きな頭部が乗っか

たときには、「なんてこった。これはリアルだ！ スーツアクターなんかじゃない！」って叫びたくなったよ。でも、歩くショットでは、実際に俳優にコスチュームを着てもらって撮影したんだけどね。E.T.が見た目で人々の尊敬や好意を得るような存在ではないことが、とても大事だった。宇宙船のゲートからディズニーキャラクターのようなキュートで小さな宇宙人が出てきた途端、観客が一斉に「可愛い〜」って声を漏らすなんて事態はごめんだったからね。僕の選択肢に、それは全くなかった。で、脚本家のメリッサ・マシスンが加わって、彼女は素晴らしいスクリプトを書いてくれた。彼女はこう言い続けていたよ。「E.T.は、物語に出てくる子供たちのひとりでなきゃいけない」って。

JC：ドリュー・バリモアが叫ぶと、E.T.も叫ぶシーンがあっただろう？ あれは、映画史に残る愉快なシーンだよ。

SS：あそこでは、全員が叫ぶもんね。ドリューが何度も言っていたな。「もう一度叫んでいい？」って。あの撮影は楽しかった。

JC：単刀直入に訊ねるけど、エイリアンは存在していると考える？ 彼らはすでに地球に飛来していると思う？

SS：広大な宇宙、広い銀河系のどこかには、僕たち地球人よりもはるかに劣っている、あるいはかなり優れている生物有機体の文明が存在しているとは思っているし、そうだと信じたいね。僕には、UFOを見る権利は十分あるんじゃないかと感じていた。だって、『E.T.』も『未知との遭遇』も作ったんだから。目撃する瞬間をずっと待ち続けているのに、まだ一度も見かけていない。UFOに遭遇したという何百人には会ってきたというのに。

JC：彼らは、できるだけ君から離れていようとしているんだ。君が宇宙人侵略映画の先駆者なのは特別な理由があるという都市伝説が、事実だったと知られるわけにはいかない

STRANGER
THINGS
2

んだよ、彼らは（笑）。この都市伝説、当然君は知ってるだろう？　君は宇宙人と接触できる人物で、然るべきときに備えて人間を宇宙人に慣れさせるため、宇宙人の映画を作り続けているって話だ。

SS：その都市伝説とやらは、聞いたことがある。馬鹿げた話だ。いいかい、僕はサメには近づきたくないけど、別にUFOと無関係でいたいとは思っていないし、一度も実際に宇宙人ともUFOとも遭遇した経験がないんだよ。目撃したら、100パーセント信じるとは言わないけれど、今の正直な気持ちとしては……どうしてUFOは今よりも、60年代の終わりから70〜80年代の方が頻繁にカメラに捉えられていたんだろうって思う。今は、誰でもUFOに遭遇したらすぐに映像に残せる時代なのに。

JC：SF作品の書き手として、そいつを解決するのは簡単だ。地球はかつて、UFOに乗ってくる宇宙人にとって、人気の観光地だったんだ。でも、あまりにも写真に撮られていると気づいた。彼らは未来からの使者で、人間が地球をダメにしてしまう前に物事を正そうとしに来ていたのかもしれない。とかいうタイムトラベルの話を、私は考えてしまうよ。君はこれまでの作品で、SFの基本要素はすべて網羅しているよね。地球外生命体とのコンタクトもスペーストラベルも。そうそう、君は『バック・トゥ・ザ・フューチャー』シリーズの製作総指揮もしている。タイムトラベルは可能だと思うかい？

SS：僕は、ホーキング博士にその質問をしたことがある。『バック・トゥ・ザ・フューチャー』が封切られた直後だったかな。博士の答えは、「未来に行ける可能性は非常に高いが、過去に戻るのは不可能だ」というものだった。彼は、『バック・トゥ・ザ・フューチャー』に出てくる全てが絶対に起こり得ないとは言えないという姿勢だった。

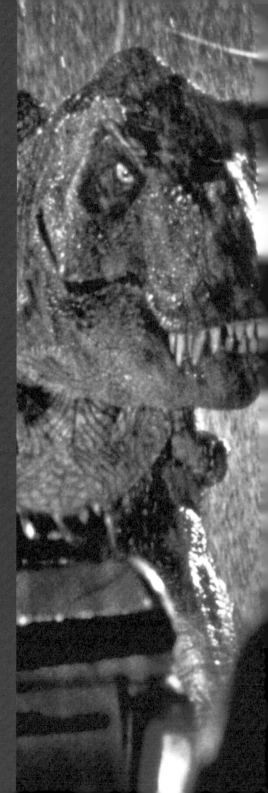

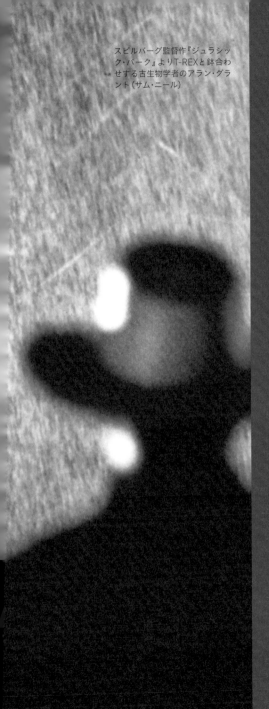

スピルバーグ監督作『ジュラシック・パーク』よりT-REXと鉢合わせする古生物学者のアラン・グラント（サム・ニール）

僕はタイムトラベルについてはあまり考えないな。僕にはあまりにも大量のフォトアルバムがある。それが僕のタイムマシンだよ。記憶という名前のね。

恐竜は「絶滅」という謎を含んだ、最高のSFモンスター

JC：じゃあ、モンスターの話題に移ろう。私たちが子供の頃、最高のモンスターといったら、恐竜だった。そうだろ？
SS：僕が初めて覚えた長い単語は、「パキケファロサウルス（Pachycephalosaurus）」だ。それからもちろん、「ステゴサウルス（Stegosaurus）」と「トリケラトプス（Triceratops）」も。僕は、フィラデルフィアのフランクリン科学博物館に行って、展示してある恐竜の全ての骨をじっくり見る子供だった。そうするのが大好きだったんだ。
JC：私もだ。小学校1年生のとき、古生物学者（Paleontologist）になりたいと思っていた。おそらくそれが、私の覚えた最初の長い単語だろうな（笑）。でも、恐竜はすでに絶滅しているとわかって。どれほどガッカリしたか。
SS：幼かった頃、棒突きキャンディを何本もくっつけて、恐竜の形を作ったりしていた。裏庭に穴を掘り、それを埋めて1週間待つ。そして、再びそれを探したものだった。それが僕にとっては、アマチュア古生物学者に最も近づいた瞬間だった。
JC：それから数十年後、君は方向転換して、『ジュラシック・パーク』で世界有数の古生物学者と一緒に仕事をすることになる。
SS：あの映画は、光栄にも最も作るのが楽しい作品だった。作家のマイケル・クライトンが完璧なコンセプトを思いつき、僕たちが医療もの作品の第2稿に取り掛かっていたときに突然打ち明けてきたんだ。当

スピルバーグ監督作『ジュラシック・パーク』で牙を剥くヴェロキラプトル

初、彼は自作の小説「五人のカルテ」(70)を映画化するため脚本を書き、僕がメガホンを取る予定だったんだ。で、ランチタイムのとき、僕は彼に次はどんな本を執筆するのかと訊いたんだ。彼は教えられないとの一点張りだったから、しつこく聞き出そうとしたら、とうとう「じゃあ、コンセプトを一行分だけ教えるよ」と折れたんだ。そして、クライトンはこう話した。「恐竜とDNAの話を書くんだ」と。彼が話したのは、たったそれだけ。それで僕は、その本を僕に売るとクライトンが約束するまで、とにかく食い下がるしかなかった。ちなみにその「五人のカルテ」が『ER緊急救命室』(94-09)というテレビドラマシリーズになる。

JC：『ジュラシック・パーク』の映画化の件だけど、実は、私もわずかながら絡んでいたんだ。いいかい？　こんな感じだ。私に本が送られてきた。それが売りに出されると聞いた。私はそれを金曜の夜に受け取った。金曜の晩には読まなかった。読み始めたのは、土曜だ。ティラノサウルスが子供たちの乗っている車のフロントガラスを舐めるシーンに差し掛かった。君は映画版でティラノサウルスに舐めさせていなかったが、原作小説では、確かにフロントガラスを舐めていた。私は言った。「これを映画にしなければ！」と。私は本を読み終えることはなかった。私は慌てて受話器を掴んで電話したが、「スティーヴンがたった今買った」と言われた。でもね、結局そ

うなって良かったんだ。だって、私ならきっと『エイリアン2』みたいな『ジュラシック・パーク』を撮っていただろうから。R指定のめちゃくちゃ怖い映画にしたはずだ。だけど君は、十分怖いのに、子供も鑑賞できる作品に仕上げた。君はあの映画を、私の中にいる12歳のジェームズ・キャメロンのために作ってくれたんだと思ってる。

SS：あの物語を伝えようとしていたのが12歳のスティーヴン・スピルバーグだったからね。『ジュラシック・パーク』は、自分のために作った映画なんだ。小さかった当時、あの手の作品は読んでも読んでも満足することがなかった。しかも、あの頃は恐竜のおもちゃなんてものは発売されていなかったしね。恐竜グッズが何ひとつ店で売られていなかったので、絶滅してしまった種を理解する欲求が満たされなかったんだよ。

JC：あの作品が、どれだけすごいタイミングかを考えてみてくれ。マイケルが本を書いたのは、ちょうどCGが重要視されるようになった瞬間だった。私は『アビス』を作り、『ターミネーター2』を作った。『アビス』と『ターミネーター2』のCG作業に関わった者たちは、そっくりそのまま『ジュラシック・パーク』のラプター（ヴェロキラプトル）とティラノサウルスを作り上げるチームに移行している。これって、雨を降らせる準備をしている雨雲みたいなものだ。君は大金をかけて、絶滅したはずの軟組織の有機的なキャラクターに命を吹き込んだ。恐竜の目は瞬きをし、潤んでいて、本物そっくりだった。しかも、虹彩が拡張するところまでデジタルで描けるなんて！

SS：シワが寄る皮膚も、皮膚の下の筋肉も、動く皮膚の下の筋肉もね。

JC：で、CG革命は、ちょうどその直後に起きた。

SS：信じられない時期だった。君の言った通り、偶然にも、本、コンセプト、そしてデジタル時代の幕開けのタイミングがまとまって、僕たちに有利に働いた。実のところ、僕たちは初めて主要キャラクター、映画の花形俳優をデジタルで描いた。でも同時に、『ジュラシック・パーク』では、たった59匹の恐竜しかデジタルで描かれていないことも覚えておいてほしい。特殊メイクのスタン・ウィンストンは、等身大のトリケラトプスとティラノサウルスの模型を作り、等身大ブラキオサウルスの首と頭も作っている。彼は本当に、この映画の成功に貢献した立役者だ。将来、人々はウィリス・オブライエンと『キング・コング』（33）をセットで思い出すように、スタン・ウィンストンを『ジュラシック・パーク』と一緒に振り返るようになるんだろうな。彼はこの世で一番素敵な奴だった。

『ジュラシック・パーク』が僕の心に訴えてくる作品である理由は、人間の尊大さを描いているからだ。尊大な人間の気持ちとは、「恐竜の再生ができるのに、なんでダメなんだ？」という感じかもしれない。映画に登場するジョン・ハモンド（リチャード・アッテンボロー扮するジュラシック・パークの創設者）というキャラは、いわば興行主であり、サーカスの舞台監督でもある。彼は、絶滅種を蘇らせた、この新時代のリングリング兄弟（米人気サーカス団、リングリング・ブラザーズ・アンド・バーナム・アンド・ベイリー・サーカスの創始者）なんだ。同時に彼は、自分が何をしているのかわかっていない。全てのマッドサイエンティスト同様、彼の意図は純粋だ。ハモンドはディズニーになりたかったんだ。皆に恐竜を見に来てもらいたいと願った。お話の本にしか出てきたことがなかった生き物を目の当たりにした際、子供たちが驚きで目を潤ませるようになるといいと思っているんだよ。

JC：ジェフ・ゴールドブラム演じるイアン・

マルコムは、良心の塊のような人物。「自然は必ず道を見つける」と言っている。

SS：そう。マルコムは観客の声そのものでもあるんだ。彼は言っている。「生命は必ず道を見つける」ってね。彼はいつだって正しい。**僕のお気に入りのシーンは、マルコムとハモンドが熱い議論を交わしているところだ。**

JC：それって、2作目の『ロストワールド／ジュラシック・パーク』につながっていくよね。

SS：原作者のマイケル・クライトンと脚本家のデヴィッド・コープが続編へとつながる全てを書いてくれたんだ。セットの上で、その通りに映画を作っていくのは素晴らしかった。

JC：昔の『ウエストワールド』（73）の映画のポスターにあったように、"一体何がいけないんだ？"ってわけだね。

SS：その通り。で、観客はますます興奮するんだ。何がおかしくなっていくのかを、その目で確認することになるんだから。正しい方向に進むことなんて、誰も興味を持たないよ。

JC：物事が正しく進んでいくのは、面白くもなんともないね。

SS：ああ、確かにつまらない。子供時代に、本当に胸がドキドキした初めての経験は、両親が劇場で見せてくれた全てのディズニー映画だけど、**これぞ本物のサスペンスだと初めて感じたのは、すごく幼かった僕がある映画を観たときのことだ。『月世界征服』（50）**と呼ばれる映画の再上映で、これまたジョージ・パルが製作した作品。第1号ロケットが月に着陸したのはいいが、いざ地球に帰還しようとすると、重量が超過しているとわかり、数トン分を捨てなければ、飛び立つことができなくなってしまった。子供の僕は、じっと座っていることなんてできなくてね。吐き気すら覚

えたくらいだった。だけど、胃のむかつきが始まっていたことに気づかなかったんだよ。で、胃から込み上げてきたものが喉まで来て、悲鳴を上げると同時に外に飛び出すことになる。

JC：君は、子供時代にそうやって経験した恐怖や不安を絞り出し、大人になってからの創作活動に活用している典型的な監督だね。

SS：そう。で、まだまだ絞り出せるから、アイデアが尽きることがないだろうな。

1950年のSF古典映画『月世界征服』の劇場用ポスター

夜空を見上げ
星間旅行を夢見てきた
私たち

OUTER SPACE

ニコラウス・コペルニクスの言葉から始まった宇宙探索への夢

—— **ブルックス・ペック**（ポップカルチャー博物館学芸員・プロデューサー・脚本家）

　子供の頃、面白そうな本はないかとよく地元図書館のSF作品を物色していたものだ。幸いにも、私が通っていた図書館では、簡単にSF小説を見つけられた。フィクションのコーナーにある書籍の背表紙に、なんのジャンルかがわかるようにステッカーが貼られていたからだ。ミステリーは"虫眼鏡"、ロマンスは"ハート"、SFは"飛び立つロケット"だった。

　絵で分類するというよくあるシステムで、当然のことながら、SFも他のジャンル同様にマークが割り当てられていたわけだ。このジャンルでは宇宙で繰り広げられる物語が多数を占める。無限の可能性について語られ、宇宙は広大無辺のカンバスを与えてくれる。一方で、我々が宇宙の話をするとき、星や惑星の間に広がる冷たく空虚な真空空間を語ることは滅多にない。宇宙を舞台としたSFは読み手に、異世界の探索を物語ったり、人間がそこで築く社会を想像させたりする。

　ニコラウス・コペルニクスが「宇宙の中心は地球ではなく太陽で、空に輝く光は他の惑星だ」と説いたことで、他の星へ旅をするというアイデアは自然と生まれた。 その最も初期の例は、ドイツの天文学者ヨハネス・ケプラーの小説「ケプラーの夢」（1608）で、主人公は月へと送られる。しかし、主人公は精霊の力によって月に移動できたので、我々が定義するところの宇宙旅行ではない。

　だが**1657年、フランスの作家シラノ・ド・ベルジュラックは、「日月両世界旅行記」という1作で、物語をファンタジーからSFに飛躍させる。** この小説の主人公は、水を入れた大量のボトルを身体に括りつけ、月に行こうとした。太陽光で水が熱せられ上昇するこの装置が、己を空に持ち上げてくれると考えたのだ。なんとか浮上することができたものの、彼が降り立てたのはカナダだった。それでものちに、花火によって進む宇宙船で月に到達。これは、フィクションにおける初めてのロケット船旅行の描写である。

　ケプラーもベルジュラックも、自然や哲学に対する持論を解説する一手段として宇宙物語を利用した（ケプラーは地動説を説明するために主人公を月に送り、ベルジュラックは人間界を宇宙に置き換え、社会や宗教の批判を展開した）。作家たちが純粋に宇宙旅行そのものを目的にし、今の我々が知っているようなSF作品を書くようになるまで、さらに200年の時を要した。

　最初の正真正銘のスペース・フィクションは、探検物語から派生したものだった。**世界地図が完全にでき上がったとき、ジュール・ヴェルヌのような小説家たちは新たに探検する領域を求めて空に目を向けた。** 1865年の小説「月世界旅行」の中で、ヴェルヌは人間を砲弾に乗せ、月に向かって大砲で打ち上げる。これは物理的には不可能な方法だが、それでも、科学的正確さを求めようとした初めての宇宙探検物語に他ならない。というもの、自然落下、余分な二酸化炭素を吸収する必要性、砲弾の軌道上を通過した小天体とのニアミスなどを

考慮に入れて描かれているからだ。

　さらに重要なのは、ヴェルヌの小説によって、人々が宇宙旅行の可能性に対して驚きと期待を抱くようになったことだ。"世界初の職業映画監督"と言われているジョルジュ・メリエスは、宇宙という題材が持つ力を認め、観客をワクワクさせる視覚的な見世物を創り出した。彼の1902年の映画『月世界旅行』は、ヴェルヌの「月世界旅行」の設定を大胆に拝借し、H・G・ウェルズの「月世界最初の人間」（1901）の要素をブレンドさせた内容になっている。これは、**世界初のSF映画であると同時に、映画創世記の画期的な作品となった。**

　夢想家も科学者も一様にして、月の先にある場所を思い描くようになるのに、大して時間はかからなかった。そう、**彼らは次に火星に目を付けたのである。**遡ること1877年。イタリアの天文学者ジョヴァンニ・スキアパレッリは小型望遠鏡で火星を観察して惑星の特徴をスケッチし、火星には海と陸、さらには水路があると記している。この中で水路は、イタリア語の「canali（溝、水路）」という言葉が使われていたため、英語の「canal（運河）」と誤って翻訳され、またスエズ運河が1869年に完成したばかりであったこともあり、火星には人工の運河があり、なんらかの生命体がいて、文明を築いているのではないかという憶測が広まった。アメリカの実業家で天文学者のパーシヴァル・ローウェルは、「火星　生命の住処（Mars as the Abode of Life）」（1908）をはじめとする、推測を基にしたためた数々の科学書の中で、水不足で絶滅の危機に瀕していた火星の住人たちが極冠から水を運ぶために運河を建造したとする考えを支持していた。科学界は懐疑的な態度を崩すことはなかったが、**SF**というジャンルにおいて、この火星人をめぐる切なくも非現実的な話は深く根を下ろ

し、何十年も人気のテーマとなり続けることになる。そして後続のフィクション作品では、火星は宇宙に関する人類の希望と不安を測る試金石となったのであった。

　火星という赤い惑星に意欲的に取り組んだ小説家の中で、特に優れ、多くの作品を残した書き手の代表格といえば、エドガー・ライス・バローズだろう。彼の小説「火星のプリンセス」（1912）は、魔法のような方法で火星に移動する元軍人ジョン・カーターの向こう見ずな冒険譚。彼が遭遇するのは、4本腕の火星人、カラカラに乾いた砂漠、スキアパレッリが言うところの水路、書籍の題名にもなっている火星のお姫様デジャー・ソリス。ケプラー同様、バローズにも、異世界を行き来する手段は重要ではなかった。宇宙に行く一番の目的は、それまで知られていなかった場所へ行き、そこで発見した不思議な物ごとを紹介することであった。

　バローズの「火星」シリーズは、SFパルプ雑誌時代の先駆けだ。20世紀初頭、安いザラ紙に印刷されたパルプ雑誌は爆発的に増え、1930年代後半に全盛期を迎える。人気作の筆頭に挙げられるのは、他には、E・E・スミスの「宇宙のスカイラーク」から始まる「スカイラーク」シリーズ、「レンズマン」シリーズだろう。後者は、平和維持を目的とし、驚くべき知能で強化された銀河パトロール隊の何百万年にもわたる壮大な叙事詩だ。スミスの小説は、視覚に訴える鮮烈な描写が特徴。映画というメディアがなかった時代に、幾千もの世界が闘争の渦に巻き込まれるという信じられないほどの大スケールで宇宙戦争の物語が展開していく。

　パルプ雑誌が普及し、絶大なる人気を誇る間に、SF作品はラジオや映画という媒体にも進出するようになった。SFストーリーのほとんどは、惑星間のアクション、

ジョルジュ・メリエス監督の独創性に富んだSFアドベンチャー映画『月世界旅行』の各場面

アドベンチャー、バトル要素がふんだんに盛り込まれた**スペースオペラとして知られるサブジャンルを取り上げていた**（この"スペースオペラ"という呼び名は、粉石鹸会社がスポンサーの昼間のラジオドラマの総称"ソープオペラ"から来ている）。世界初のSF専門誌「アメージング・ストーリーズ」の1928年8月号に登場した「バック・ロジャース」もスペースオペラの先例のひとつで、すぐに新聞の連載漫画やラジオ番組となり、さらにはテレビドラマ、映画シリーズも作られた。これと似たような作品は次々と登場した。例えば、1934年に新聞の連載コミックとして始まった「フラッシュ・ゴードン」は、ラジオドラマ、テレビドラマ、映画などが多数製作されている。バック・ロジャースやフラッシュ・ゴードンの2大キャラクターとその大規模なアドベンチャーはSF、フューチャー、スペーストラベルの象徴として、一般大衆の意識に焼きつけられた。このふたつのシリーズが、後世の小説家や映画作家に与えた影響は計り知れない。

スペースオペラブームやその先駆者たちにインスパイアされた作家のひとりが、レイ・ブラッドベリだ。彼の2冊目の著作「火星年代記」は、バローズにインスパイアされた火星もので、運河、崩壊しつつある都市、絶滅間近の火星人といった諸要素がシリーズの背景にあり、叙情的かつエレガントな筆致で、印象深い物語を作り出している。**焦点は、テクノロジーや戦争ではなく、思案に暮れる若年期、心新たにする成人期、純粋さの喪失、そして（もしあるとしたら）人間の試みの目的と意義なのだ。これは新しい類のSFで、大勢の人々の理解と評価を得た。**結果、ブラッドベリは20世紀を代表する偉大な作家のひとりとなった。

第二次世界大戦後、アメリカとソ連の宇宙開発競争が始まり、単なる突飛な夢物語だった宇宙旅行は、現実的に実現可能なアイデアに変わっていく。スペーストラベルの可能性にあれやこれやと考えをめぐらせた大衆紙の存在も、世間の態度を変える一因を担った。アメリカの人気雑誌「コリアーズ（Collier's）」の「人類はまもなく宇宙を制す！」シリーズ（1952-54）は、チェスリー・ボーンステルやフレッド・フリーマンの挿絵で知られるが、この人気連載記事の影響はとりわけ大きかった。ロケット技術開発で有名な工学者ヴェルナー・フォン・ブラウンの宇宙飛行に対するコンセプトを説明する記事の内容は、技術的な詳細にまで触れていた。しかし、月探査シャトルや火星の光景などのイラストは、「バック・ロジャース」的スペースオペラを呼び起こすものであった。

ボーンステルはまた、映画業界でマットペインター（実写映像と合成する背景画を描くアーティスト）としても働き、「コリアーズ」誌の「人類はまもなく宇宙を制す！」シリーズに挿絵を提供し始める以前に、あの時代を象徴する映画『月世界征服』（50）の背景画を創り上げた。人間関係が複雑で混乱しがちなスペースオペラとは異なり、この映画は、初の月面探査に乗り出す者たちが直面する技術的、政治的課題をリアリスティックに説明する本格的な作品となった。

20世紀半ば——人類が大きな一歩を宇宙に刻む偉業の達成まで、あとわずか数十年という頃、『フラッシュ・ゴードン』は、どんどん現実味を帯びる米空軍の宇宙計画をモチーフにしたフィクション『メン・イントゥ・スペース（Men into Space）』といったテレビシリーズに道を譲らなければならなくなった。この番組では、人類初の月面着陸、軌道望遠鏡の設置、月面基地の建造などが主軸。銀河に突撃する「レンズマン」と比べれば、内容が単調であることは否めなかったものの、番組開始当時の現実味に満ちた説得力のある描写に、視聴

スタンリー・キューブリック監督作『2001年宇宙の旅』の宇宙船ディスカバリー号

者は惹きつけられたのだった。

　リアリティにあふれる宇宙映画のブーム
は、1968年の『2001年宇宙の旅』でピー
クを迎える。スタンリー・キューブリッ
クが監督したこの作品（キューブリックとアー
サー・C・クラークが共同脚本）は、挿絵で視
覚的にも訴える「コリアーズ」誌の連載記
事と、宇宙における進化と人類の居場所に
ついての奥深い物語を掛け合わせたような
趣だった。本編の大半の展開はゆっくりで、
宇宙船での月や木星への旅が細部までこだ
わった描写で映し出されていくが、物語は
そのままサイケデリックなクライマックス
に突入し、観客は畏敬の念を抱くか、あま
りの不可解さに当惑するか、もしくはその
両方の反応を見せた。『2001年宇宙の旅』
は、非常に難解な映画として知られている
反面、宇宙ものの最高傑作だと考える人々
も大勢いる。

　キューブリック作品の壮麗さにもかかわ
らず、地球のはるか彼方の世界に対して抱
く人々の興奮と期待は、この時期は薄れて

いた。現実の宇宙探査は、時間がかかり、
単調で、退屈であることが、少なくとも一
般の人々にわかってしまったのだ。最も大
きなダメージは、1965年、火星に接近し
た宇宙探査機マリナー4号が、火星が月と
同じで、クレーターだらけの冷たい惑星だ
との観測結果を明らかにしたときだろう。
スキアパレッリやバローズが抱いていた夢
は立ち消えになった。かつて多くの作品で
輝かしい未来の住処だとされてきた火星が、
生物のいない無味乾燥な場所だと明らかに
なったからだ。

　しかし、星への憧れを捨てなかったクリ
エイターたちもいる。アメリカのテレビ及
び映画プロデューサーのジーン・ロッテン
ベリは、公民権闘争の対立やベトナム戦争、
敵と味方が両方とも衰えていく無意味な争
いの事態を超越した時代を思い描き、『ス
ター・トレック』で宇宙旅行のユートピア
を創造した。

　彼が番組に込めたメッセージの核となる
のは、"我々は違いを乗り越え、魅力にあ

ふれた宇宙の探検者として一致団結する"
ということ。だが同時に、『スター・トレッ
ク』は常に現代人が直面している問題を映
し出し、解説していた。つまり、今日の我々
が抱えるトラブルを他の惑星のエイリアン
たちの騒動として描いている。こういった
メタファーを通じて、実は自分たちが地球
上で真剣に向き合わねばならない問題を視
聴者が考えやすいようにしたのだ。それだ
けではない。問題を取り巻く痛ましい現実
に対する"緩衝材"的なユーモア要素もき
ちんと用意されていた。こうしてロッテン
ベリは、『スター・トレック』という作品で、
SFドラマや映画に新たな円熟味を与えた
のだ。**しかしながら、1966年の番組開始
時、『スター・トレック』は幅広い層に受
け入れられる作品ではなかった。**宇宙が舞
台のストーリーはクールで洗練されてはい
たが、必ずしも利益を生む人気ドラマにな
るわけではなかったのだ。

　**その手の作品が商業的にも成功をもたら
すと証明したのが、ジョージ・ルーカス監
督の『スター・ウォーズ』(77)だったのは、
言うまでもない。**興行収入の面でも、人々
のイマジネーションを掻き立てたという点
でも、あれほどのセンセーションを巻き起
こしたSF映画はそれ以前には存在してい
なかった。『スター・ウォーズ』は、1940
年代のスペースオペラものから飛び出して
きたかのように、『フラッシュ・ゴードン』
的な向こう見ずな宇宙活劇を復活させたの
だ。**『スター・ウォーズ』が既存の作品と
一線を画し、なおかつ斬新だったのは、そ
のリアルな描写だった。**宇宙船は、観客が
スクリーンを通じて感じられる質感を持ち、
異星人たちは奇妙で個性的で、美しい容姿
の者もいればその逆もいた。最も重要なの
は、この映画が、宇宙を傷ひとつ付いてい
ないクリーンな世界としてではなく、生命
体や文明があふれてごちゃごちゃし、汚れ、

傷ついた世界として描出したことだ。そし
てそれが、今では伝説的となったキャラク
ターや出来事に信憑性を与えたのだった。

　**どの映画スタジオもこの波に乗り遅れ
まいとし、SFと宇宙物語に多くの予算を
投じるようになる。**言うまでもなく『ス
ター・ウォーズ』の二番煎じが次々と輩
出される一方で、このブームのおかげで、
SFジャンルそのものが注目され、勢いが
つき、複雑なテーマに取り組む新たな領
域を掘り下げていく。『エイリアン』(79)
は、宇宙を凄まじい恐怖を味わう場とし
て描き、『エイリアン2』(86)では、"強
欲vs忠義"というストーリーを語る手段と
した。デヴィッド・リンチ監督の『デュー
ン／砂の惑星』(84)では、宇宙は複雑な
地政学的競技場と化す。『第5惑星』(85)
で描かれた宇宙は、敵が互いに信頼するこ

デヴィッド・リンチ監督作『デューン／砂の惑星』の
劇場用ポスター

とを学ばねばならない混沌とした場所だった。『スター・トレック』映画版が公開された1979年、『007 ムーンレイカー』では、ジェームズ・ボンドさえもが宇宙に行く。このようにして、70年代後半から80年代は、大予算の宇宙映画の黄金時代となった。

SF映画の急上昇する人気にあやかり、文学界でも出版社が新作SF小説を続々と出版。ここでも、『スター・ウォーズ』の影響は、銀河系で物語が展開する様々な大作で見られるようになる。アメリカの作家デヴィッド・ウェーバーによる女性艦長が主人公のスペースオペラ「オナー・ハリントン」シリーズは、幅広い読者層に受け入れられた。スコットランドの著作家イアン・M・バンクスのSF小説の多くは、"カルチャー (The Culture)"という人類、異星人、AIが共存し合う宇宙文明圏が舞台となっているが、それらもまた、壮大なスケールでストーリーが繰り広げられつつも、人道主義的メッセージを含んでいる。この流れの中、イギリスの脚本家ダグラス・アダムスの「銀河ヒッチハイク・ガイド」(79)という宇宙を放浪する一団のシュールな冒険譚が生まれ、『スター・ウォーズ』以前から出版されていたアメリカの小説家フランク・ハーバートの「デューン」シリーズも巻数を重ねていく。1965年に1作目「デューン 砂の惑星」が出版された同シリーズは、物悲しさが漂う叙事詩的大作で、圧政的な帝国、神秘の力を秘めたヒーロー、謎めいた半宗教的集団をめぐるスペースオペラ。小説のトーンはシリアスであるものの、『スター・ウォーズ』が影響を受けているのは明白だ。

テレビ業界でも、同様の事態が起こった。『スター・トレック』シリーズは、第1シーズンの『宇宙大作戦』はもとより、絶大なる人気を誇った『新スター・トレック』を含む、1987年から2005年の間の4作（あとの3作は『スター・トレック：ディープ・スペース・ナイン』『〜ヴォイジャー』『〜エンタープライズ』）、2017年に始まった最新作『スター・トレック：ディスカバリー』と、いつの時代も根強いファンの支持を得ている。『スターゲイト SG-1』(97-2007)は"スターゲイト"と呼ばれる星間移動装置で銀河を探索する現代の兵士の話で、なんと10シーズンも継続した。『バビロン5』(93-99)は、90年代半ばの知られざる秀逸ドラマ。『スター・トレック』にインスピレーションを受けた設定で、複雑かつ繊細な政治的、社会的構造が背景にある。

ウォルフガング・ペーターゼン監督、デニス・クエイド主演の映画『第5惑星』のワンシーン

小説家や映画作家が太陽系を飛び出して外宇宙探索に出かけているとき、太陽系に戻り、新たな関心を持って辺りを見回す小説家もいた。アメリカの作家ジェームズ・S・A・コーリィによる「エクスパンス（The Expanse）」シリーズは、第1作が2011年に出版され（「巨獣めざめる」というタイトルで1巻のみ邦訳化）、2015年にはテレビドラマ版が作られている。このシリーズは、人類が太陽系の惑星を植民地化した、今から数百年先の未来が舞台だ。宇宙船や他のテクノロジーは、我々が現在持っているものから推測して緻密に描かれており、将来的に実現可能だと読者を納得させる描写になっている。

『新スター・トレック』のキャスト

　リアリズムを追求する流れは、再び火星を注目の的にした。アメリカの作家キム・スタンリー・ロビンソンの「火星」3部作（「レッド・マーズ」「グリーン・マーズ」「ブルー・マーズ」）は、火星フィクション作品に斬新なアプローチを試みた。彼は科学、社会学、政治学を深く掘り下げ、中でも科学の正確性に特にこだわった。そうすることで生み出された同シリーズは、実際の科学の光景や気候を単にリアルに説明するだけでなく、バローズのファンタジーのごとく美しく、興味深い描写により、作品全体に深みを持たせている。**アンディ・ウィアーの「火星の人」は、もっと先を行く小説となった。2011年に出版された本作は、2016年にはリドリー・スコット監督によって映画化されるのだが、ロビンソンの「火星」3部作同様の正確さで火星の特徴を記した上に、最近の惑星探査機の情報を取り入れて深い洞察を物語に加えた。**火星有人探査計画に参加した植物学者のマーク・ワトニー（映画版ではマット・デイモンが演じていた）は、火星にひとり取り残されてしまうのだが、その流れは非常にリアリスティックだ。赤い惑星で死に直面しつつも

アンディ・ウィアーによる2011年のベストセラー小説「火星の人」の表紙。ブロードウェイブックス刊

なんとか生き延びようとする主人公が駆使したのは、科学の知識。彼がリアルな科学的試みでサバイバルする様に観客は興奮を覚え、なおかつストーリーに高い信憑性を与えることにも成功した。

　「火星の人」のような物語は、人間が宇宙で直面するチャレンジのリアルな描写が、他の惑星の光景やバローズやルーカスの大規模な展開同様に人々を魅了できることを世に示した。同時に、宇宙の果てが舞台のストーリーは、人類がそこで目にし、体験する現実について広い視野で考える大切さをも訴えるのだ。**すぐそこにある宇宙も、はるか彼方にある宇宙も、我々に向かって手招きをし続け、SFの中心であり続けることだろう。**

『スター・ウォーズ』という革命

テレビ番組『ジェームズ・キャメロンのストーリー・オブ・サイエンス・フィクション』のセットのジョージ・ルーカス。撮影はマイケル・モリアティス

GEORGE LUCAS

ジョージ・ルーカス

インタビュアー：ジェームズ・キャメロン

　神話学者ジョーゼフ・キャンベルの著作、日本映画界の巨匠黒澤明監督作をはじめとする若い頃に観た数々の映画の影響を受け、ジョージ・ルーカスは映画史上最も人気が高い不朽のSFサーガ『スター・ウォーズ』を創り出した。監督デビュー作となったディストピアSF映画『THX1138』（71）、ハイスクールを卒業したばかりの若者の一夜を描き第46回アカデミー賞で作品賞など5部門にノミネートされた青春ドラマ『アメリカン・グラフィティ』（73）に続き、3作目の長編監督作となったのが、『スター・ウォーズ』というシンプルなタイトルのシリーズ第1作（現在は『スター・ウォーズ　エピソード4／新たなる希望』と呼ばれている）だ。『スター・ウォーズ』を劇場公開させるのに多大なプレッシャーを受けたルーカスは、続編『スター・ウォーズ／帝国の逆襲』（80）と『〜ジェダイの帰還』（83）では別の人間に監督を任せ、製作総指揮に回っている。1作目の制作中、彼は、インダストリアル・ライト＆マジック（ILM）という特殊効果（のちにVFXも手がける）制作会社を設立。これにより映画作りに関する技術の向上にひと役もふた役も買い、デジタル・エフェクトの先駆者となった。
　1999年から、ルーカスは『スター・ウォーズ』の前日譚となる新3

部作（『スター・ウォーズ エピソード1／ファントム・メナス』(99)『～エピソード2／クローンの攻撃』(02)『～エピソード3／シスの復讐』(05)）の監督、脚本、製作総指揮を務めた。2012年、自身の会社ルーカスフィルムを40億5000万ドル相当でディズニーに売却。彼は、『スター・ウォーズ』サーガの制作から身を引くことになる。こうして、シリーズは新たな局面を迎えたのだった。

　かつてスティーヴン・スピルバーグとともに『レイダース／失われたアーク』(81)を世に送り出したルーカス。**このインタビューで彼は、歴史と人類学への熱い思いがいかにして『スター・ウォーズ』の世界を形作るのに役立ったかを語り、ミディ＝クロリアンとフォースの正しい関係性を説明し、人類がますます複雑になる未来を舵取りする準備をするときに、他人を思いやり、相手の気持ちを理解することが重要だと訴えている。**

第二次世界大戦とベトナム戦争と『スター・ウォーズ』

ジェームズ・キャメロン（以下JC）：君はたったひとりで、ポップカルチャーにおけるSFの立場を大変革させた。1977年の『スター・ウォーズ』というたった1作の映画でね。私はそう考えている。**当時は、気が滅入るような暗い話、ディストピア的な作品、人類滅亡系のストーリーばかりが30年間続き、SFは年々金を稼げなくなっていた。そんなとき、君が、驚きと希望と勇気にあふれた未来像を人々に示し、ものの見事に大旋風を巻き起こした。**

ジョージ・ルーカス（以下GL）：私は人類学畑の出身だ。大学では社会学と人類学の学位を取得する予定だった。自分の興味があることだからね。SFには、ふたつの分野がある。ひとつは科学系で、もうひとつは社会系。私は宇宙船といった機械類に瞳を輝かせるタイプではなく、**ジョージ・オーウェルの小説「1984年」(49)** などに大きな関心を示すタイプなんだ。もちろん宇宙船は好きだけど、私がついつい目を向けるのは、科学やエイリアンそのものではない。そういったものに人々がどんな反応を示し、どのようにして順応していくのか？を考え、答えを推測、想像するのが楽しいんだ。周知の通り、**『スター・ウォーズ』はスペースオペラであって、SFではない。ソープオペラの一種だよ。舞台が「宇宙」**というだけでね。

JC：なるほど。でも、単なる宇宙版ソープオペラじゃない。君もそれはわかっているはずだ。『スター・ウォーズ』は新たなる神話。社会で神話が担う役割を果たしている。

GL：**『スター・ウォーズ』は神話学のひとつの形だ。そして神話学とは、社会の礎。社会の最も身近で最も小さな形態は、"家族"だ。**父親がボスで、家族の誰もがそのルールに従う。伯父や伯母、義理の兄弟なども含め出すと、家族はどんどん大規模になり、同血族を数種まとめると、今度は"部族"となる。部族となれば、皆を統制でき

るような社会的機構を持たねばならないという問題が出てくる。さもないと、人々は互いに殺し合いを始めてしまう。

JC：君はそういった社会組織というアイデアを発展させ、映画という大きなカンバスに吹きつけているわけだ。

GL：社会的機構を築く中で、人類は「汝、殺すことなかれ」と説く理由を持たねばならない。同じ神々を信じ、同じ英雄を信じ、同じ政治システムを信じるようになれば、大勢の人々がまとまり、街や文明が持てるようになる。そこで浮かぶのが、「なぜ我々はこのことを信じているのか？」「どうして自分たちの文化的発想を推し進めるのか？」という疑問だ。年齢を重ねるにつれ、浮かぶ疑問はどんどん複雑になっていく。私は第二次世界大戦後の世の中で成長したが、あの大戦を経て我々（米国人）はとある"安定期"に到達したと思っている。

JC：それは60年代まで続く。

GL：そう。50年代と60年代だね。60年代に我々はようやく、現実は政府が言っているようなものではなかったという結論に達した。『オズの魔法使』（39）のようなものだ。いざ幕が上がると、我々は真実を目の当たりにし、「なんてことだ。こいつはひどい。自分はベトナムに送られて死ぬことになる」と、愕然とする。そして、我々が政府、自分自身、社会と交わした大量の契約は変更され、自分はこういう人間なんだと自覚していたことすらも変わってしまう。しかしそれでも、我々（米国人）は己が正しいと信じ、自分たちは共産主義から世界を守っているだと思い込んでいた。"奴ら"はぞっとする存在。少なくとも、スターリンはひどい人間だと。善人と悪人の見分け方は簡単だ。我々が共有する神話とやらは突き詰めると西部劇だ。西部劇には、本当の神話的要素がある。"相手の背中は撃たない""最初に拳銃を抜かない""常にレディ

ファースト"といった具合にね。

JC：それが賞賛されるべき行動規範だった。

GL：そうだね。しかし、その一方でSFジャンルは、やがて心理に訴えるディストピア作品が増え、西部劇の人気は失われていった。私を『スター・ウォーズ』に導いたのは、まさしくそれだった。しかし、導かれる以前の私は、「こいつは最悪だ。来るべき未来がこれでは、たまったもんじゃない」と不満ばかりの怒れる若者に過ぎなかった。口から出るのは、未来についての悪態ばかり。「1984年」のような未来。それは全て現実で、当時、まさにその事態が起こっていた。じゃあ、その"まさに起こっていること"の映画を作ってやれ──ということになった。

JC：それが『THX 1138』だったというわけだね。

GL：その通り。『THX 1138』は未来で起きていることのように見えるが、実は違う。

JC：つまり、君は（「ウッドストック世代」に代表される）典型的な60年代の申し子ではなく、それより前の時代の影響を強く受けていたわけだが、そんな君がフィルムメーカー、アーティストとして成熟したのが、60年代の終わり（カウンターカルチャーであるヒッピー文化の真っ只中で、アメリカが宇宙計画で優れた技術力を証明する一方で、ベトナム戦争では米軍の圧倒的な軍事テクノロジーが虐殺を招いていた時代）だった。『THX 1138』は、ベトナム戦争を背景にして、暴力や抑圧の手段として登場したテクノロジーへの直接的な反応だったように思えるんだが。

GL：まあ、そうだな。あの映画はある概念に基づいてもいる。私の作品に登場する諸々の要素は、社会的概念がベースになっているんだ。『THX 1138』のメインテーマは、私が高校時代に学んだこと。それは『アメリカン・グラフィティ』や『スター・ウォーズ』にも繰り返し出てくる主題だ。

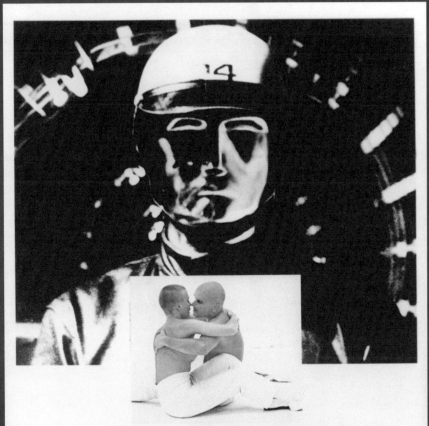

ジョージ・ルーカスが監督したディストピア映画の古典『THX 1138』の劇場用ポスター

高校時代、私は成績が良くなかった。交通事故に遭い、人生を考え直した。どうしたら自分をコントロールできるのだろうって。とにかく大学に進もうってことになったものの、大学に進学したからといって、自分の人生がどうにかなるわけじゃない。それでも、ある特定の方向に進めば、いずれチャンスが訪れる。前進あるのみだ。そのまま推し進んでいると、ある時点ではたと気づく。**限界は、己の頭の中にあるに過ぎないんだと。それが『THX』だ。**自分は真っ白な忘却の彼方にいる。望めばいつだってそこから抜け出せるのに、抜け出そうとしないんだ。そうするのを怖がっているだけなんだよ。

JC：つまり、自分の心に囚われの身になっているというメタファーだね。

GL：まさしく、そうだ。自分自身のヴィジョンに閉じ込められてしまっている。想像しないことには、行動も起こせない。だから、己の想像力を掻き立てる必要がある。"箱"の外に何があるかを考えるんだ。『アメリカン・グラフィティ』でも同じことが描かれている。「自分は地元の小さな学校に通い、教養課程に進む。市外の大きな学校には行かない。だって、自分にはどうせ無理だから」と。じゃあ、「自分にはできる。だからやってみよう」ということになれば、成功する可能性もある。「自分に映画作りなんてできっこない」というのと同じ。そう考えていたら、劇場公開映画には着手せず、音詩のようなアート作品を作っていただろう。実験映画のフィルムメーカーとして知られるスタン・ブラッケージ的な映画をね。**世の中もそう。チャンスはあちこちに転がっているというのに、学校に通う子供たちのほとんどが、ひとつのこと、身近なことに囚われるあまり周囲が見えなくなっているんだ。**

我々の時代──70年代の熱き潮流

JC：大学で映画の勉強をしている早い時期に、君はその集団から抜きん出た。

GL：私はとても幸運だった。大学では、右も左もリベラルな連中ばかりだった。つまり、「ジャン゠リュック・ゴダールのような映画を作りたい」とか「黒澤映画は好きかい？　黒澤みたいな作品を作ろうじゃないか。それとジョン・フォードも」といった会話が交わされる環境で、学生には柔軟な思考と心の持ち主が多かったんだ。敢えて学校名を挙げたりはしないが、アーティスティックでなければならない学びの場所もある。映画を学んでいたとき、私はなんでもしてやるぞっていう気持ちでいた。「商業的にウケるような作品をやらせてくれ。ヒットする映画を作ることができるから」「自分はメディアが大好きだから、メディアの利用の仕方、扱い方を知っている」と。

JC：私は下積み時代、"B級映画の帝王"と言われたロジャー・コーマンの映画会社ニューワールド・ピクチャーズで働いていたんだが、彼らの仕事術はそんな感じだったな。真夜中の看護師の映画だろうが、巨大ウジ虫が襲いかかるSFものだろうが、そこはさほど重要じゃなく、映画を作り続けること自体がクールだという風潮だった。議論していても、ヌーヴェルバーグの映画作家を生んだフランスの映画批評誌「カイエ・デュ・シネマ」など出てきやしなかった。

GL：私はゴダールも黒澤も大好きだ。特に黒澤映画の大ファンなんだ。そして、フェデリコ・フェリーニも。ちょっと、変な感じだが。そういった映画監督の名前を挙げても、以前とは環境が違っているからね。当時のような映画芸術の流れが消えていくのは、奇妙な感じだ。当時は、ルネッサンスや1920年代のパリと同じように、除け

者扱いされた才能あふれる人々のグループが、理由はなんであれ、団結していただろ？彼らもまた、同じ時期の同じ場所にいることに気づき、小さな世界だから互いに出会うことになる。で、彼らの作品がそこから生まれた。70年代もそういうすごい時期があった。我々の時代だ。とはいえ、私は特別なことは何もしていなかったんだけどね。

JC：それでも、反骨精神とか、反権威主義的な潮流はあった。私にとって、『THX 1138』は、カウンターカルチャーという時代の精神性をSFで表明している作品に思えた。あの作品を観たのは、1971年。その当時、確か高校3年生だったと思う。

GL：そうか。当時あれを観たのは、幻覚症状を起こしている人だけだったと思っていたよ（笑）。

JC：いや、私は麻薬常用者ではなかったし、ドラッグをやった経験もなかったよ（笑）。

GL：『THX 1138』は、"『2001年宇宙の旅』シンドローム"の初期に分類されたんだ。そのシンドロームとは、『2001年〜』が公開されて、「マリファナでハイの状態で観ると、あの映画はマジでヤバい」とか言う噂が広まったときに名づけられたものだけどね。

JC：公開当時には作品の価値が認められず、あとから認められたという意味でも、『2001年宇宙の旅』シンドロームに当てはまる。

GL：「あれは宇宙ものじゃない。幻覚症状を起こさせるやつだ」なんて言われてたよ。

JC：私が観たときは、「すばらしい新世界」や「1984年」といったより高度な技術的設定になったディストピア的古典作品に通じるものを感じた。**『ターミネーター2』の液体金属製ボディを持つ警官は、『THX 1138』の金属マスクのロボット警官から派生させているんだ。**

君が『スター・ウォーズ』を思いついたとき、私は、こいつは面白いぞって思ったのを覚えている。あの映画は、アクション、アドベンチャー、ヒロイズムというジャンルの多面性を持ちながら、やはりとても神話的な一面が強い。一方で、『THX 1138』は、極めてSF的で、ディストピア的という対極にある作品。共通しているのは、反逆心のある主人公が、悟りというか世界に関する異なった見解に達するという点だね。

GL：主人公の潜在的な力が花開くのは、ルークも然り。彼は最初（『スター・ウォーズ エピソード4／新たなる希望』でレイアからのホログラムを見て、自分と一緒にオルデランへ行こうと誘うオビ＝ワン・ケノービに対して）「うーん、僕にはそんなことできない。育ての父である叔父を置いていけないし、この農場でやらなきゃいけないこともある」って感じで渋っていた。自分が思うほど、世の中に影響を及ぼせるわけがないってふうにね。オビ＝ワン・ケノービはというと、「まあ、もしおまえが行きたいならば、だが」という態度だった。ルークの運命は前もって定められていて、その運命に従えというスタンスではなかった。でも、オビ＝ワンを宇宙港のあるアンカーヘッドまで送る途中、ルークは帝国軍の意図に気づき、慌てて自宅に戻る。そのとき、オビ＝ワンがルークに「もう手遅れだから、燃えている建物に戻ってはいけない」っていうような言葉を投げかけた。そして、農場は襲撃され、叔父夫婦は殺されて全てを失ったルークの進むべき道は変わっていくんだ。

JC：君はそこで実に興味深いことを言わんとしている。この手の映画では、ずっとヒーローの神話的要素なるものを再解釈しようとしてきた。そうなることがあらかじめ運命づけられていた英雄、あるいはヒーローになるのが当然とされる特別な能力をもつ存在についての再解釈だ。ところが、

君の映画のヒーローは、自らの判断でそうなった連中だ。彼らは分かれ道にたどり着き、ヒーローになる方の道を進んだ。それは選択であり、宿命じゃない。まあ、君は、別にそういうことを意図して発言したわけじゃないだろうが。

GL：己の頭の中にある宿命……それは遺伝学的特徴だ。自分の遺伝子が自分の運命。それは生物的なものだ。人は、「おいおい、そこで生物学なんて持ち出さないでくれ」って言うんだろうけど、我々は全員才能を持っている。才能を持っている人間は、自分は他の連中とは違うとわかっているし、他人ができないことをやれるということも知っている。フィルムメーカー、アーティスト、誰でもいいから話してみると、何がうまくいって、何がうまくいかないかという感覚が頭の中に浮かぶはずだ。間違っ

ていることもあるだろう。絶対確実なわけじゃない。しかし同時に、それは、ある特定のやり方で物事を見させるように、本人の遺伝子情報の中に生まれながらにして備わっている何かなんだ。

JC：映画が当たらなかった場合は、その感覚が間違っていたってことか。

GL：もしくは、映画がバカバカしく見えたときだけ、間違っているとか。

JC：芸術では、そんなことを決められる絶対的な人間なんて存在しない。そうだろう？

GL：ああ。芸術は見る者次第だと、私は強く信じている。だが、芸術は感情を伝えるためのコミュニケーションだという事実も強く信じている。もしも感情的にコミュニケーションできないなら、それは芸術ではない。"人気がないなら芸術ではない"

とか"芸術なら人気がない"という考え方は全くもって間違っている。完全なるデタラメだ。何百万人という人々の心に訴えかけられるのなら、それは素晴らしいことなんだよ。

『スター・ウォーズ』のルーツ——「デューン」とジョーゼフ・キャンベル

JC：『スター・ウォーズ』を創造するのに、どんな作品や出来事が影響したのかという話に戻ろう。明らかに、SF作品の影響を受けているし、社会学、人類学の影響もある。そのルーツを話せるかな？　『スター・ウォーズ』は、君の頭の中で十分に形ができていたものが、そのまま映画になったように思えるけど、SF界の人間なら誰もが知っているルーツを持っていた。

GL：頭の中で完成形になって生み出されたものなんて、この世には何ひとつない。どのように見せるのか、ということで日々奮闘しているアーティストは——私は「アーティスト」という言葉を偏見なしに使っているよ——頭に考えが浮かび、それを本物にしようとする。

JC：エド・ウッドも悪戦苦闘しながら映画作りを続けたひとりだ。

GL：誰もがそうだ。クールだと思うアイデアが浮かんだら、なんとかして、それをうまく形にして皆に見せたいと頑張る。頭の中では漠然としていながらも、すでにリアルに見えているんだが、実際に紙の上に描き出すと、「全然違う。夢の中で見たのはこんなんじゃなかった」ってことになってしまう。

JC：まさにその通り。で、影響はコミックから？　それとも小説から受けたのかな？

GL：テレビがない時代に育ったから、小さいときにはコミックを読んでいた。他に

やることがあまりなかったからね。コミックなら、どんな種類のものでも好きだった。まだ、一流のアクション冒険コミックが世に出る前でね。「リトル・ルル」（35-44）などを読んでいたよ。テレビが生活に入ってきたのは、10歳のときだった。『スーパーマン』や『バットマン』を観ていたけれど、夢中になったものはなかったな。SFについても同じことが言える。私はSFが好きだし、SF小説も読んだ。しかし、熱心なSFファンではなかった。「1984年」や「デューン」は本当に好きだったけどね。

JC：「デューン」はある意味、指標となった偉大な作品だ。当時、あの小説がどれほど自分たちに大きな影響を与えたのか、忘れている人が多いと思う。

GL：「デューン」は「ロード・オブ・ザ・リング」と同じ。どちらも、独自の法則、独自の現実性を持つ世界を創るというコンセプトだ。それって魅力的だよね。私が本当にやりたいことは、それなんだ。

JC：統治制度、種族、ギルド、組織——。

GL：社会の全ての組織と働き方。そういうものを考えたり、決めたりするのは、むしろSFより好きだ。レイ・ブラッドベリもアシモフも好きだった。私が読んだ本のほとんどは歴史本だ。10代前半には、自分が学校で教わっている歴史——何年に、何が起こったかということ——が本当の意味での歴史ではないことに気がついた。歴史は、過去に何かを行った人々や彼らが抱えていた問題について学ぶことだ。彼らの行動の理由とはなんなのか。どのように思考していたのか。彼らの人生の早い時期のどんな出来事が、その後に影響していたのか。ナポレオン・ボナパルトと最初の妻ジョゼフィーヌの狂気じみた関係、ナポレオンが総裁政府を倒したブリュメールのクーデターには彼女がひと役買っていたというが、一体どんな役割を果たしていたのか。本当

『スター・ウォーズ』(77) の劇場用ポスター

に興味をそそられる。

JC：君はキャラクターから物語を書き出すストーリーテラーだ。そして、そのキャラクターを歴史を覗き込むレンズとして使う。

GL：ホメロスにも共通するね。「イーリアス」は、本当はキャラクターたちについて書かれたもので、戦争についての物語ではない。ヘラクレスと大アイアースについて書かれている。彼らがどのようにして互いを責め合ったのか。ふたりは、自分たちの信義に忠実であり続けることができなかった。アレクサンドロス大王やラムセス2世とか。昔も今も、起きている出来事に大した違いはない。

JC：クラウド・シティ（『スター・ウォーズ／帝国の逆襲』『～／ジェダイの帰還』に登場する惑星ベスピンのパステル色の雲の中に浮遊する都市）について語るのに、アリストファネスの時代まで遡ったりする場合もある（喜劇「鳥」に登場する雲間に作られた完全都市"Cloud cuckoo land"を指すと思われる）。雲の中でひと際輝く都市というアイデアは、ずっと語り継がれているんだ。

GL：あれは、オリンポス山（ギリシャ神話でオリュンポス十二神の住まう山）なんだよ。といっても、実際の山ではない。どこかの雲の中にある、いわゆる楽園だ。大学時代、私はジョーゼフ・キャンベルについて勉強した。比較宗教学に関心を持ち、それぞれの神話がどのように相互作用しているかにとても興味をそそられた。こうした大きな謎が全て同じ心理学的ルーツを持っているのだと示してくれたのが、キャンベルだったんだ。神話は何千年も世界中で語り継がれているけれど、結局は同じ心理学的根源に戻る。私はキャンベルから学んだことを吸収し、膨大な量のリサーチを行った。

JC：実際にキャンベル自身から助言を受けたことは？

GL：彼については、学校で学んだ。『スター・ウォーズ』に取り組む際、2年間、リサーチに費やした。学んでいたのは、神話学と比較宗教学。それらを普遍的な複合体——ジョーゼフ・キャンベルがずっと唱えていた類のもの——を作品に持ち込むというアイデアを練っていたんだ。

JC：「千の顔をもつ英雄」（49）（キャンベルの有名な比較神話学の著書）だね。

GL：結局、神や神格化されたものは、そもそも、人々が心理的に必要だから考え出されたんだ。私はメソジスト教徒として育った。でも、大学時代の友人の何人かはカトリック教徒でね。儀式が好きだから、私はカトリック教会にも夢中になったものだ。あの当時、彼らはまだラテン語を使っていたんだよ。全く耳慣れないから、とても不思議な体験だった。大学の後、今度は仏教に首を突っ込むようになった。で、しまいには宗教全般を学び出した。肝心なのは、それが何なのかという自分なりの解釈にたどり着いたことだ。それは、**身勝手さと無私無欲の間にある闘いなんだよ。**

JC：それらの観点から再定義された、善と悪ということだね。

GL：そう、善悪。ほとんどの宗教は、人間が生きる上での"善"の側面を促進させようとしている。それが何かというと、シンプルな言葉で言えば、「神＝愛」だから、神の存在を信じることは愛の存在を信じるということ。つまり、宗教ごとに異なる方法でそのことを伝えてくるわけだが、神が違えど、言っている真髄は全く同じなんだ。さらに、**身勝手さの根底には不安があり、闘いは、恐れと恐れがない状態の間で繰り広げられる。人はあらゆるもの、あらゆる人々を恐れる。つまり、それぞれ、恐れの対象を何とするかが違うだけなんだ。どんな結果が待っていようと、他人を思いやれる勇気があれば、幸福な人生を送ることに**

なるはずだ。そうでなかった場合に待ち受けるのは、**不安と欲に駆られ、終わりのない恐怖の連鎖の中で生きる日々**。とても不幸で、不満だらけの人生などなど……。結局、そういう羽目になる。他者への優しい気持ちを持って毎日を過ごすか、自己中心的な生活を送るか。もし自分勝手になれば、不幸せになるし、思いやりのある人間になれば、幸せになる。私はいずれかだと考える。

JC：だけど、映画のタイトルは『スター・ピース（平和）』ではなく、『スター・ウォーズ（戦い）』。対立がなくなることはなく、ヨーダはかっこいいライトセーバーを振る。あの映画の世界のどこかでは、正義のために戦うという精神が存在していなければならない。

GL：ジェダイたちは攻撃はしない。彼らは防御するだけ。ヨーダも５作目までは攻撃をしなかった。

JC：**でも、ヨーダも結局攻撃したわけだ。戦う価値のある何かがあったってことだよね。**

GL：本当に解決困難な状況だと、それは永遠に続く。そこに座ったままで、むざむざ連中に殺されるつもりなのか？　自分だけじゃなく、自分の大切な誰かが殺されるかもしれないんだぞ。自分の知る世界が破壊されてもいいのか？　それを元通りにするとでも言うのか？　いつか、**己の信じる何かのために立ち上がらなければならない。**言うまでもなく、私は自分の宗教を思い通りの形にできる。**一貫性がある必要はない。**コブラが君を襲おうとしている場合、君がそこで棒を取り出して、蛇の頭を叩くのは当然の行為。蛇も君も、襲うか襲われるか、どちらの立場にもなれるわけだ。

　もちろん、これはカウボーイ神話だよ。カウボーイはいつも難局に立たされる。自分の個人的価値か、現実にとるべき行動か、どちらかを選ばなければならないという難

しい状況にね。過去にも同じ問題を抱えていたとしても、保安官のバッジを手に取らなければならない。それで再び外に出て、人を殺める。もう二度とそんなことはしないと言っていたとしてもだ。

JC：**自分の中での価値の不一致ということとか。**

GL：興味深い話だ。しかし一般的に、もし思いやりがあるなら、君はライトサイド（光明面）にいて、素晴らしい人生を送る。ダークサイド（暗黒面）に堕ちた場合、君はダース・ベイダーになり、全てが悪に満たされる。

JC：**宇宙というこの巨大なカンバスに壮大な物語を書くために選ぶ、社会学的、道徳的、倫理学的、精神的なテーマがそこにある。**

GL：その通り。『スター・ウォーズ』が生まれた原点がそれだ。子供の頃は、共和党の刊行物や、アクション満載で毎回続きが気になる終わり方をする作品が大好きだった。「フラッシュ・ゴードン」（34-94）もね。「バック・ロジャーズ」（28-67）は、宇宙に行くというアイデアが大雑把だった。好きな理由は主に乗り物。車で走り回るっていうのが好きだった。宇宙船なら、なお面白い。あるいはジェット機。ジェット機が頭上を飛んでいったとき、飛行機雲が見えたのを覚えている。近所の人たちが皆、家から出てきて空を見上げていた。**宇宙船が宇宙を飛び回っているというアイデアは浮かんでいたが、『スター・ウォーズ』を『2001年宇宙の旅』みたいにはしたくなかったんだ。**

錆び付いた「未来」という
アイデアの新しさ

JC：君は『2001年宇宙の旅』とは真逆の作品を作った。

『スター・ウォーズ エピソード3／シスの復讐』の宣伝広告用ポスター

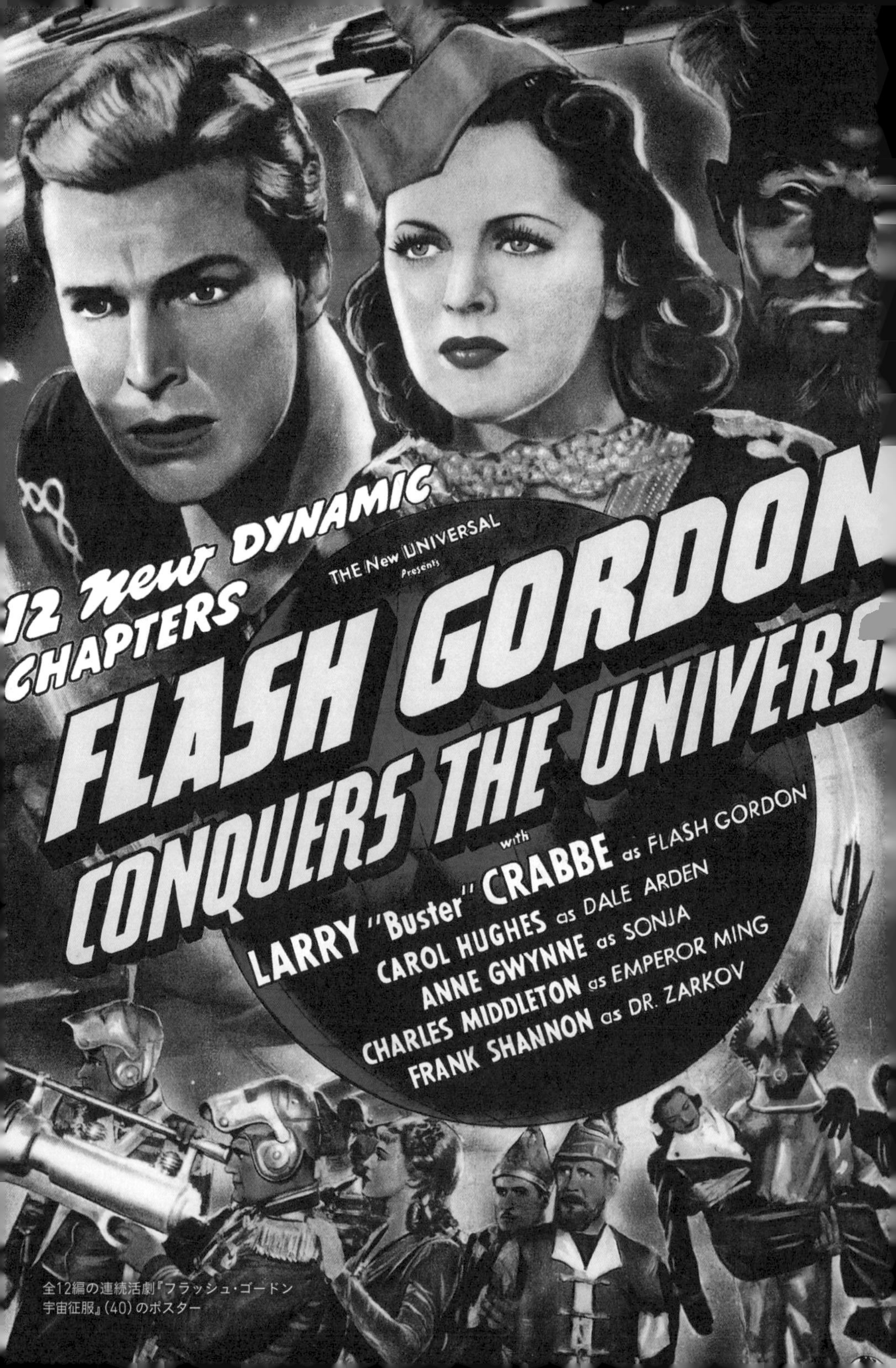

全12編の連続活劇『フラッシュ・ゴードン宇宙征服』(40)のポスター

GL：だけど、私としては、『2001年宇宙の旅』はこれまで作られた中で、最高のSF映画だと思っている。宇宙旅行がどんなものを描写した典型的な例だ。モンスターはあの作中には出てこない。

JC：人類が誕生させたテクノロジーがくるりと向きを変え、創造主に噛みついてくる話だ。

GL：ビジュアルも素晴らしかったよね。様々な要素の組み合わせ方も、非の打ちどころがない。だから私は、「『2001年宇宙の旅』みたいなSF映画を作る気はない。あの偉大さに、到達することなど無理だからね」と言ったんだ。だけど、作品には大きな称賛を送ったよ。

JC：とはいえ、君はキューブリックが使っていた映画的言語（映画的表現）を採用していた。例えば、『スター・ウォーズ』の冒頭、オープニングクロール（オープニングで流れる説明文）では『フラッシュ・ゴードン』のオープニングをインスピレーション源としているが、その後、逃げる同盟軍の船を追いかける白いスター・デストロイヤーの動きは、『2001年宇宙の旅』で、流れるように頭上を滑空していく宇宙船ディスカバリー号と同じだった。私を含め、あのシーンに誰もが驚いて息を呑んだ。映画を観ていて、何を参考にしたかピンと来て、同時にとても驚いたよ。

GL：全て私が一から考えたものだと人々は言うけれど、そんなことはない。どんなアイデアも、自分の頭の中でふっと湧き出るのではない。たとえオリジナルのアイデアだとしても、かつて目にしたことがある何かの積み重ねから生まれるものだ。見たものの記憶を貯蔵しているだけに過ぎない。で、それを独自のものの中に落とし込むとき、いいところだけを全部利用する。自分のアイデアと過去に見たものの記憶が融合すると、化学反応のようなことが起こる。

『フラッシュ・ゴードン』連続活劇版の有名なオープニングクロール。『スター・ウォーズ』のオープニングは、ジョージ・ルーカスがこれを真似たもの

想像もできなかったことがね。子供たちと話をすると、「『スター・ウォーズ』に出てくるエイリアンのアイデアはどこから来たものですか？　どうやって考えついたんですか？」と質問されたりするんだが、そんなときはこう答えているよ。「そうだな、水族館に行ってみてごらん。映画に出てき

たエイリアンはみんなそこにいるから」っ
てね。

JC：私が『アバター』でやったのと同じ
ことだ。海に行き、水に潜り、そこで見た
ものを、パンドラの世界に持ち込んだんだ。

GL：『アバター』で最も素晴らしかったの
が、パンドラの世界観だった。**SF映画の
最大の難所は、この世に存在していない世
界を創り出さなければいけないこと。しか
も、できるだけリアルな世界にしないとい
けない。**黒澤明の言葉を借りれば、「**映画
に出てくる現実には、何ひとつ瑕があって
はならない。完璧であれ**」ってことになる。

JC：その言葉、好きだな。だけど、君は
映画を新しいレベルに引き上げた。"**使い
古されている未来の世界**"なんてことを考
える作品、思いつきもしなかった。未来は
いつだってピカピカに輝いていて、完璧だ。
未来は常に、クリスマスの朝のように特別
で真新しいものであり続けていた。**ディス
トピア的なSF作品が流行した時代でさえ
も、未来は滅菌されたかのごとく汚れてい
なかった。**だが君は、「**いや。"未来"とて、
それまで何千年も誰かが生活してきた世界
でなければならないんだ**」と言った。だか
ら、惑星タトゥイーンの巨大運搬車サンド
クローラーは全て錆びつき、様々な物が壊
れている。我々にとっては未来の世界だけ
れど、長年存在し、きちんと生物が生き続
け、歴史を刻んできたのがひと目でわかる
ようになっていた。そんな考え、一体どう
やって思いついたんだい？　そんなことを
考えていた先駆者はいなかったんだから。

GL：それこそが、瑕疵のない現実だと感
じただけだよ。つまり、**未来の世界は、リ
アルな場所に見えるようでなければいけな
い。**でも、君も『アバター』で同じことを
していた。全く新しい世界を創造するのは、
映画作りで最も難しい。異星人の世界を創
り出し、実際に撮影できるような状態にす

るまでには、とても長い時間がかかる。君
は、水中の世界を参考にし、リアルな世界
を創り上げた。海に潜り、膨大な時間を水
中で過ごしたことで『アバター』の世界観
ができ上がったことは、君も十分承知して
いるはずだ。素晴らしいことだよ。本当に
他の星のような世界を築いたんだから。で
も、参考にしたのは同じ地球の世界だった
わけだ。

JC：ティーンエイジャーの頃、宇宙に行
くのを夢見ていた。宇宙、異世界、冒険を
心から求めていてね。地球とは違う場所、
全く新しい空間、異星人が住む土地をね。
自分が宇宙飛行士にはなることはないだろ
うな、とわかっていた。だけど、スキュー
バダイビングなら学べるし、地球にありな
がらにして"別の"世界、地球にある異世
界に行けるぞって思ったんだ。初め、ダイ
ビングの習得は、海に対する愛情にはつな
がらなかった。でも、後からついてきたよ。
段々海が好きになっていったんだ。"**異な
るもの**"への愛情を持っていたからだ。異
質で、奇妙なものが大好きで、実際にこの
目で見たい、この手で触りたいと思ってい
た。その気持ちが『アバター』へと繋がった。

GL：私が思うに、『アバター』に登場する、
どんな動物も、小さな虫も、些細な物ごと
も、あらゆる植物も、リアルだ。君も、そ
こにリアルな世界が広がっていて、実際に
目的があると、信じている。観客は全てを
理解はできないかもしれない。でも、その
世界は非常に風変わりだが、目的を持って
いるように見えるんだ。

JC：どれもこれも、その世界の"創造主"
から生み出されている。しかも、君はひと
つの世界を創っただけじゃない。宇宙のた
くさんの世界を創り出した。

GL：私はみんなに「ジェームズは簡単に
やってのけた。ひとつの世界を創るだけで
よかったんだから。私は8つか9つの世界

ジェームズ・キャメロンに
よる『アバター』のネイティ
リのコンセプト・デザイン

を創らなければならなかったからね」と
言っているよ（笑）。私はあちこちを飛び
回りたかったんだ。だから、行くべき場所
が複数必要だった。だから、ハイパースペー
ス航行（光速以上の速度で移動すること）とい
う設定を考えた。『スター・ウォーズ』は
子供たちのために作った映画だ。年齢を問
わず、全ての人々に楽しんでもらえるけれ
ど、**12歳向けに作られていることには変
わりはない。だからといって、12歳児を
過小評価しないでほしい。**彼らはときに、
我々大人たちよりもずっと賢い。頭ごなし
に子供扱いして話しかけるべきではない。
彼らは、大人よりもはるかにすばやく物事
を呑み込む。**肝心なのは、彼らが既存の
枠に捉われずに考えられるようにすること。**
誰もが口を揃えて「宇宙では無音だ」と言
う。とんでもない。私の世界、私の宇宙で
は、音がある。それから、ウーキー族が飛
べないだなんて、誰が言ったんだ!? 私の
設定では、彼らは飛べる。独創的に考えて
みてくれ。誰が何を言おうと、他人の意見
を鵜呑みにしたり、それに振り回されたり
せず、こう言ってほしい。**「自分がやりた
いと思うことはなんでもできる」**と。私は
ファンタジーの世界を創った。科学ではな
い。ファンタジーだ。それゆえ、なんだっ
てできるんだ。どんな法則だって曲げられ
る。全く違う世界にいるわけだから。それ
を思う存分楽しめるし、本当にクレイジー
な内容を思いつける。実に面白い。
　『スター・ウォーズ』は、SFというより
ファンタジー。科学的な要素は含まれるも
のの、科学的要素は、私に言わせれば「ルー
ルに従うつもりはない」ということだ。**私
は、"想像できるなら、実現は可能"とい
うモットーに従って生きてきた。私はレー
ザー・ソードを映画に採用した。いわゆる
ライトセーバーだ。当初、物理学者の友人
たちにこぞって言われたよ。「レーザーは**

ジェームズ・キャメロンによる『アバター』のネイティリ
のコンセプト・デザイン

際限なく伸びていくから、特定の場所で止めることはできない。だから、あの長さにするのは不可能だ。明らかに無理だよ」ってね。で、映画の公開後、私のところに来た子供たちは口々に「大きくなったら、ライトセーバーを作るんだ！」と打ち明けてくれた。**そして何年も経った後、ライトセーバーの開発を試みる科学者も現れた。**彼らは純粋にライトセーバーを作ってみたかったんだろうな。それ以外に理由は考えられない。

JC：映画に感化されたわけだね。

GL：彼らは物理特性を変えなければならなかった。科学的に不可能であることに取り組む必要があったが、やり遂げてくれた。見事にね。今のところ、実質的に有益な目的などないが、いつか何かに役立つかもしれない。これは、宇宙服も同じ。宇宙服でよく言われるのは、なぜあんな形をしているのかということだ。宇宙服が出てくる40年代、50年代の映画を見ると――。

JC：肌にピッタリと密着したタイプだったな。

GL：そう。当時、宇宙服はそういうデザインだった。さらに、ヘルメットを被り、メガネをかける。で、現実的に考えたときに、研究所の科学者たちに訊ねるんだ。なぜこういうデザインなのかと。この手のSF映画を改めて見たら、やはり宇宙飛行士はヘルメットを被っていたし、メガネもかけていた。そんな宇宙服に身を包んで、あちこち歩き回っていたわけだ。

JC：科学者は、SF映画をベースにして宇宙服を作ったなどとは絶対に言わないだろうが、彼らの頭のどこかには、記憶として残っていたはずだ。

GL：もちろんSF映画は観たことがあると、彼らは言っていた。「我々がそれらを実用的なものにするのだ」とね。でも、皆が認識する"宇宙服"をデザインしたのは"アー

ティスト"さ。

JC：チェスリー・ボーンステルが描くロケット船とかね。彼は、宇宙や天文学をテーマに描いた最も有名なアーティストだ。ボーンステルのロケット船は、まさしく30～40年代のバスター・クラブ主演連続活劇映画『フラッシュ・ゴードン』シリーズや『バック・ロジャーズ』シリーズが原点。で、『フラッシュ・ゴードン』や『バック・ロジャーズ』のロケット船は、雑誌「アメージング・ストーリーズ」の表紙から来ている。ロケットとは似ても似つかない月着陸船が登場して初めて、我々は「月に着陸するロケットが、実際にこんな形のわけがない」とか仰天するんだ。

　人類は何千年という長い歴史を持っているわけだが、その長い歴史の中で、我々は怪物、悪魔、天使、幽霊、神、神話、お伽噺を語り続けている。啓発と科学と産業革命が発達し、魔法とか不思議なものを追い出してしまったけれど、我々はテクノロジーを用い、魔法を神話や伝説、お伽噺の中に取り戻す方法を見つけた。ただし、科学用語に包んでね。

GL：突き詰めていくと、SFを書くことは可能だが、それをそのまま映画にすることはできないという問題にぶち当たる。物語は書ける。そこに出てくるあらゆる物を言葉で説明することもできる。しかし、そこでハタと立ち止まるんだ。実際、どんな外見をしているのだろうか、と。もちろん絵を描くのは可能だ。そして、こう言うわけだ。「素晴らしいデザインだ。だが、待てよ。どうやって動くんだ、これは？　胴体を支えるのに、脚が細すぎるじゃないか」とかね。**クールな見た目を考えた後は、本腰を入れて真剣に科学と向き合う必要が出てくる。そして、それを思いついたままの形で映画に登場させるのは、想像以上に難しい。SFのガラスの天井**(打ち破れない障壁)

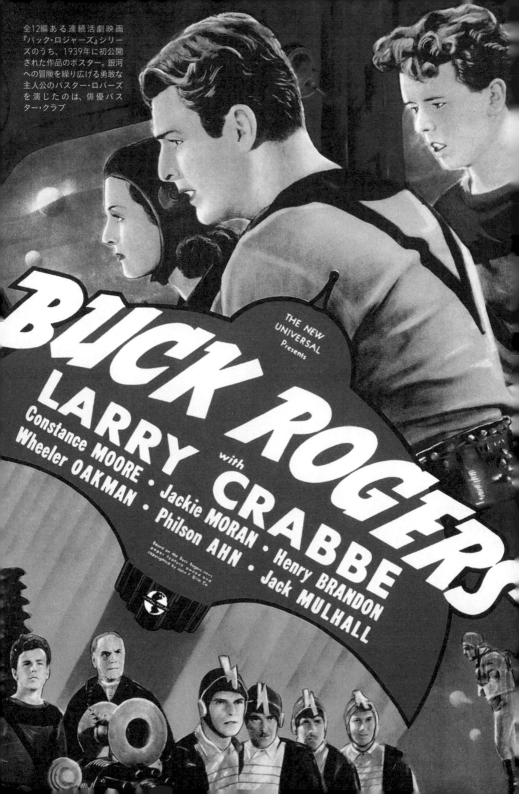

全12編ある連続活劇映画
『バック・ロジャーズ』シリー
ズのうち、1939年に初公開
された作品のポスター。銀河
への冒険を繰り広げる勇敢な
主人公のバスター・ロバーズ
を演じたのは、俳優バス
ター・クラブ

は、テクノロジーだった。だからこそ我々は、キューブリックがやったことから、さらに限界を押し上げ続けなければならない。

撮影技術を進化させる

JC：君はテクノロジーを前進させた。『スター・ウォーズ』より前、モーション・コントロール特撮（コンピュータ制御で動くミニチュア撮影用カメラ"モーション・コントロール・カメラ"を使った特撮）は存在していなかった。

GL：『スター・ウォーズ』旧3部作を作った後に、コンピュータが徐々に普及し始めた。とはいっても、機能性は今とは雲泥の差だった。「いいだろう。膨大な時間と金をかけて、撮影にデジタル方式を取り入れられるように開発してやろうじゃないか。このままじゃ、望んだ画が撮れない」という話になったんだ。ヨーダはもちろんパペットで、パペットを生きている何かに見せるのは至難の技だった。それまで、人形をリアルな生き物に見せるなんてあり得なかったことだ。目の動きを含め、全てを無線で操作するという方向になりつつあったものの、私はまだゴーサインを出せなかった。それだとものすごい仕事量になるし、観客の目が段々肥えつつあるのが問題だった。ワイヤーを目ざとく見つけてしまうからね。だから、ボロが出ないように必死で作業しなければならなかったんだ。できなかったことをできるようにするため、デジタル技術の開発には、時間もお金もたくさん費やした。主にILM（ルーカスが設立したVFX制作会社「Industrial Light & Magic」の略称）でね。

JC：君は自身の想像力を解き放とうとしたわけだ。

GL：『スター・ウォーズ』が素晴らしいのは、なんでもぶち込める"器"を持てたってことだ。ただし、それらを全て映像化するの

はなかなか手間のかかることだった。私は脚本家ではなく、映像作家だからね。作りたい映像を実現する方法を考え出さなくてはならない。そのせいで、デジタル技術を求めて悪戦苦闘することになる。だけど、デジタル技術を得た今は、どんなアイデアを思いついてもいいんだ。

JC：全くその通り。**今、映像化する限界があるとすれば、技術ではなく、我々の想像力の方だ。**それでも、ポップカルチャーにおけるSFの歴史に目を向けてみると、**『スター・ウォーズ』は、ある意味、ここで話に上ったあらゆる理由——SFジャンルの新たな神話、再発明であり、実際にSFの新ジャンルを築いたという点——で画期的であり、巨大な金字塔的存在だ。さらには、映像技術の面で大きな突破口となった作品でもある。**君らの技術が生まれる10年、いや5年前にあの脚本で映画を作ったら、正直言って、ひどい作品になっただろうね。退屈なコスチューム劇に過ぎなかったはずだ。だけど、あの宇宙船の動きときたら——。

GL：何ひとつ瑕のない完璧な現実。それを最初に目的として掲げたら、巨大な煉瓦の壁が立ちはだかるわけだ。その壁をどう突き抜けるか、乗り越えるかを考え出さないといけない。モンスターの着ぐるみを考えただけで、頭がおかしくなりそうだ。それがゴム製のスーツだってわかってしまう。でも、宇宙人の世界を描き出すのに、着ぐるみに頼るしかない時代が確かにあった。『スター・ウォーズ』のエピソード4に出てくる賞金稼ぎグリードはゴム製のマスクだし、あのジャバ・ザ・ハットも巨大なゴムの着ぐるみだったんだよ。もともとはそうするつもりはなかったんだけれど、着ぐるみ以外でジャバを操作できる方法が見つからず、仕方なく着ぐるみを採用した。あんなに大きなゴム製の奴を動き回らせるな

んて無理な話だったんだ。その時点で、他にも複数のデザインが出ていたものの、時間もお金も不足していた。

JC：だから、後の映画で彼を再び登場させたんだね。

GL：当時、『帝国の逆襲』に必要だと思っていたシーンは全部撮影済みだったんだ。でも、結果としてカットすることになった。**ジャバはスーツアクターに演じてもらい、その後、ストップモーション・アニメーションで動かす予定だったものの、時間不足、予算不足がたたって断念せざるを得なかった。その後、1997年の旧3部作の特別篇を作れることになってジャバのシーンを復活させた。ストップモーション・アニメーションではなく、CGでね。**「じゃあ、ジャバはCGキャラにしよう。**人間の俳優とCGのキャラクターが共演する最初の実例だ。ジャー・ジャー・ビンクス（『ファントム・メナス』のCGキャラ）**はあいにくファンから総スカンを喰らったが、彼は実際に演技をして会話もする最初のデジタルキャラクターだったんだよ。

JC：フルCGのキャラクターだったよね。

GL：その後、『ロード・オブ・ザ・リング』のゴラムが登場するわけだけど。

JC：ゴラムを見たとき、何年も温めてきた『アバター』の企画がもう実現できると悟ったんだ。技術が不十分だとしても、自分で向上させればなんとかなるレベルまで来ていた。**君の功績は、ふたつの分野でテクノロジーを前進させたこと。ひとつはモーション・コントロール撮影。**今じゃ皆忘れているかもしれないが、**モーション・コントロール・カメラでの特撮は、当時、ものすごく大きな技術革新だった。**

GL：『ロード・オブ・ザ・リング』1作目は、『ファントム・メナス』の制作と同時期に作られていたこともあり、うちが向こうを手伝っていた。ILMのスタッフをWETAデ

ジタル（『ロード・オブ・ザ・リング』シリーズを手がけたVFX制作会社）に送り込み、仕事を終えると送り返してもらった。彼らの録音スタジオの建設に協力したりして、全員が仲間みたいなものだったな。

JC：WETAデジタルの重役のジョー・レッテリは、そもそもILMの出身だったね。

GL：『ロード・オブ・ザ・リング』のゴラムだけど、WETAデジタルが当初作り出せたのは、彼の顔の表情だけだったんだ。で、私たちがジャー・ジャー・ビンクスをモーション・キャプチャー（実際の人物や物体の動きをデジタルデータとして保存する技術）で生み出した後、「ゴラムでもこのやり方が使える」と、伝えたんだ。実は、モーション・キャプチャーに取り組んだのは、それよりずっと早かった。**VFXアーティストの巨匠フィル・ティペットは、"ゴー・モーション"として知られるストップモーション・アニメーションの一種を開発するという偉業を成し遂げた人物だが、**彼もその技術の確立にひと役買っていたんだ。かつてティペットは、（『ジュラシックパーク』の）新しいCG技術に非常に打ちのめされてね。あの頃は、まるでお通夜のような雰囲気だったよ。そのとき、彼がこう言ってきたんだ。「すでに（恐竜の）アーマチュア（金属製の骨格）も作ってある。僕がそのアーマチュアで動きを出し、コンピュータで描いたキャラクターをそのアーマチュアの動きに被せるってことはできないかな？」って。遡れば、モーション・キャプチャーが始まった経緯はそういう感じだったんだ。

JC：モーション・キャプチャーは、CGキャラクターを人間が操作しているようなもの……というか、人間の動きや表情が反映される。つまり、キャラクター自身の演技の核になっているのが人間なんだ。（機械的にCGで作るのではなく）実際の演じ手が必要だし、クリーチャーの背後にある人間の魂が

2002年の映画『ロード・オブ・
ザ・リング／二つの塔』に登場
するCGキャラクターのゴラム

必要なんだと私は思っている。それが空を
飛ぶモンスターだろうが、走る生き物だろ
うが、なんであっても、作り手である人間
が関わってキャラクターに生命感を与えな
ければならない。

続三部作でジョージ・ルーカスが描きたかったもの

GL：モーション・キャプチャーを使った
キャラクターには、他の方法ではあり得な

いほどの情報量を与えることができる。俳
優の演技の最も繊細な部分を捉えるわけだ
から。かつて（アナログ手法を用いていた時代）、
キャラクターの動きはアニメーターの力量
にかかっていたので、それなりの才能が必
要とされた。実際に有能なスタッフが何人
もいるけれど、当時のアニメーターは、人
間の顔の細やかな表情や動作にはそこまで
フォーカスしなかったんだ。俳優には、キャ
ラクターの癖や欠点を理解する能力がある
が、（CGキャラを描く）コンピュータにはそれ

ができない。コンピュータは自分で考えられないから、人間が選択肢をプログラムしないといけないんだ。だから、コンピュータが人間の俳優が演じるくらい自然なキャラクターを生み出すには、まずコンピュータ自身が非常に優秀な"人工知能"でなければならない。それから、こういった場合には人間はこう動き、こういう表情をし、こんな反応を見せる……といった具合に膨大な量のパターンをコンピュータに教えて、人間らしさというものを理解させなければならないんだ。だから、コンピュータだけで人間と遜色ないCGキャラは作り出せない。人間が関わらないと無理だ。コンピュータがそこまでのレベルになるわけがない。

JC：だけど、人工知能の研究者たちは、それに同意しないかもしれないし、人間の心と同等の人工知能が生まれるのは時間の問題だと言うだろう。私の持論では、人間の心と同じであるなら、人工知能は感情を持ってないといけない。愛や憎しみを抱いて初めて、人間並みと言えるんだ。

GL：研究者たちが今研究しているのは、AIがおかしくなったときに何をするか、ということなのか？　外に出て、手当たり次第に人を殺し始めたとしたら、とか？

JC：私はそういった映画を過去に作った。じゃあ、AIについて話そう。君は『THX 1138』で人工知能キャラクターを登場させていた。あのロボット警官だが、彼らはとても万能とは言えないAIだったね。あとは、懺悔室のような場所で人間たちの告白を聞く、聖職者の役割をするコンピュータもいたが、あのAIも（同じパターンの返事を繰り返すだけで）機能が限定されていた。

GL：あの映画はAI社会の物語だ。ただし、肝心のAIがうまく機能しない。AIは、感情を有する人間とうまく相互作用することができなかったんだ。

JC：そのために AIは、人々から人間らしさを排除しようとしていた。ラストの追跡劇は大好きだよ。

GL：映画に出てくる悪役は、よく、ならず者の警察署長だったりする。「どんな手段を使ってもいい。さっさと行って、奴を捕まえて来い。飛行機を買って、突っ込んでも構わん」なんて言ったりしてね。

JC：で、驚きの展開が待っていた。

GL：ああ、そうだね。

JC：逃走した男を捕まえるのに、予算オーバーだからって、ロボット警官全員が追跡をやめてしまう。どの警官もただ止まって、回れ右をして、戻っていく。まさか、逃亡した奴をそのまま行かせるとはね。

GL：だけど、今は実際にAIが人間社会に存在しているから、人工知能vs人間は現実の問題になりつつある。我々が今後AIをどうするか、かなり慎重になるべきだ。

JC：核戦争が最悪のアイデアだということを知るのに、広島と長崎が犠牲になった。このままじゃ、ある種のAI黙示録が起きる可能性がある。人類滅亡なんてことにならなきゃいいが。我々は、教訓となる経験なしに学ぶことはない。気候変動だって、深刻な状況になるまで真剣に対処しない連中が多いはずだ。

GL：私は、こう言い続けている。「いいかい、我々は地球を守ろうとはしていない。冗談だろう？　何かを救える力なんて、人間にはないんだ。だけど、地球は大丈夫だろう。火星のような外見になるだろうが、平気だ。先のことなんて、誰がわかる？　火星は、かつて地球のような惑星だった……そして、大気を失ってしまったのかもしれない。私は今でも、火星で生物が見つかると思っている。絶対そうなるはずだ。太陽系の惑星全部に生き物がいることになるよ」とね。

『ファントム・メナス』で出てきたミディ＝クロリアン（全ての生命体の細胞内に存在する知的共生微生物）の話は、皆に嫌われた。

『スターウォーズ』は"共生関係"についての映画で、全編で訴えているのは、「人間が生物の中で一番偉いわけでも、生物界を牛耳っているわけでもない。我々は生態系の一部に過ぎない」ということなんだ。

JC：人間の体内にある微生物の生態系は"マイクロバイオーム（微生物叢）"と呼ばれ、最近研究が進み始めた分野だよね。

GL：『スター・ウォーズ』続3部作は、マイクロバイオームの世界を描くつもりだったんだ。その世界の生物たちは、我々とは異なる生命活動を行っていて、私は彼らを"ウィルス（Whills）"と呼んでいる。実はウィルスが宇宙をコントロールしているんだ。なんと彼らは、フォースを糧としている。

JC：ジョージ、君は宗教を創り出そうとしていたんだな。

GL：当時を振り返ると、私は、「人間の肉体はウィルスが移動するための車に過ぎない。我々は彼らにとっての乗り物だ」と、よく言っていた。で、ウィルスを媒介するのがミディ＝クロリアンなんだ。ミディ＝クロリアンはウィルスと交信する。つまり、ウィルスがフォースなんだ。

JC：そうやって君は、科学っぽい要素を加えながらも、精神、魂、天国、因果関係といった、時を超越したアイデアを実に細かく表現してている。君が築く世界の中では、精神やキリスト教の三位一体の神といった宗教的なものが核になっているよね。

GL：フォースもジェダイも何もかも、物事がどのようにして起きるのかという概念は、最初から最後まで完璧に設定してあったんだ。だけど、私は映画を作り終えることも、人々にその概念を伝えることもできなかった。

JC：それは"創世神話（世界、人類、文化などの起源についての神話）"だ。創世神話なしに世界は作れない。どんな宗教も神話にも、それぞれの"創世神話"がある。

GL：もしも私がルーカスフィルムを手放さなかったら、きっと自分の手で成し遂げられていたんだろうな。もちろん、『ファントム・メナス』が嫌われたように、大勢のファンはそのアイデアを気に食わなかっただろう。でも、少なくとも、最初から最後まで全ての物語を伝えられたはずだ。

JC：君はもう『スター・ウォーズ』の映画作りには携わっていないよね。

GL：ああ、作品は私の手から離れたよ。もう誰とも仕事をしていない。全くのフリーだ。自分自身の意志を持っている一個人だよ。

JC：フィルムメーカーは、ファンのために仕事をしているわけじゃない。自分自身のために働き、頭の中に浮かんだものをスクリーンに映し出すんだ。

大人気となったAIキャラ、R2-D2とC-3PO

JC：AIの話に戻ろう。君は、ポップカルチャーにおける二大人気AIキャラを生み出した。R2-D2とC-3PO。彼らはAI。人が作り出した知的なマシンだ。

GL：あのロボットたちは我々の友だちだと、今でも強く感じている。友だちじゃないロボットもいるがね。

JC：私は人類の友じゃないロボットで金を儲けた。君は人類の友のロボットで金を儲けた。

GL：ロボットのいい面を見てみよう。楽しくなるような一面とか。もちろん私の映画にも悪い奴は出てくる。だが彼らは、人間はロボットとAIと共存する世界に生きているということを、我々に教えてくれる。そろそろ、その現実を実感した方がいい。恐れる必要はないんだ。悪化するとしたら、それは我々の方であって、彼らじゃ

STAR WARS EPISODE I

ない。彼らは人間の写し鏡だからね。

JC：プーチンが、AIを支配した国が世界を支配するだろうと発言した。世界を支配するなんて、とてつもなく大変なのに、そうしたいと考える奴がいるのかな。

GL：そもそも、私には世界を支配するという意味がわからないよ。『スター・ウォーズ』では、「この世界の終局はどうなるんだ？」と自問してきた。『シスの復讐』の終盤で、世界はわがままで、自己中心的で、欲深く、邪悪な場所になってしまう。思いやりにあふれた場所とはちょうど真逆に。

JC：だけど、**君の映画の悪役は、人間か、人間がサイボーグ化した奴であって、AIではない。一方で、いい奴、前向きな役は、ロボットばかりだ。それって面白いよね。**現実でもAIは、高齢者を助ける看護ロボットや医療助手ロボットといった人間に有用なものを作ることで大きな進化を遂げているわけだから。

GL：彼らは非常に役に立つ。我々の車を運転することになるだろうし、人間の生活の質を高めてくれるだろう。しかし、彼らが一度複製を始めると——この手の話は耳にたこができるほど繰り返し聞かされていることだが、突然誤作動が発生する可能性がある。誤作動……君はこの分野の草分けだ。メガコンピュータが"頭痛"を起こして、無差別に人を殺し始める。だが、彼らが仕える人間にありがちなのが、彼らを邪悪な存在に仕向けてしまうことだ。誤作動が起きるまで、機械は害悪ではない。だけど、我々は彼らに慈悲の心を教えなければならない。**もし機械が他人を思いやることを学び、誰もが互いに思いやり、愛情を持って接するのであれば、この世界はより良いものになると我々は悟らねばならない。要は、人間次第。つまり、人はそれほど賢くないんだよ。**

JC：まあ、自分たちより賢いものを創り出すくらいだから、人間もそれなりに賢いとも言えるんだが。

GL：我々は、自分たちよりも知力が優るものを作ろうとしている。しかし人間は、1万年もの間、感情的に変化はしていない。それが問題なんだ。我々は、人を殺さないようにすることを学んでいない。1万年経っても、それを学んでいないんだ。君は『26世紀青年』（06）という映画を観たことがあるかい？

JC：我々は今、『26世紀青年』みたいな世界に生きている。君は、もはや我々はSFの世界に生きているということを言っているんだろう？　SF文学でさんざん読んだ作品のパロディや極端な比喩。我々はそういったものの中を生き抜いている……君は、政治や社会、そして人間が作り出した制度について様々な意見を持っていて、それをアーティストとして表現する方法が"SF"だったというわけだ。『THX 1138』の舞台のような遠く離れた場所、あるいは遠いどこかの時間、もしくはその両方を現実の鏡として映し出しながら、君は己の考えを我々に示している。で、我々はあの映画を観て、こう言うんだ。「人間はあの映画のようには決してならない。すでにそうなっていない限りは」ってね。

GL：『THX 1138』が伝えているのは、まさにそのこと。公開時のキャッチフレーズは、「The Future is here.（未来はここにある）」だった。最終的に私は『スター・ウォーズ』にたどり着き、遠い遠い昔、銀河のはるか彼方を物語の舞台にすることとなった。というのも、機械が人間をあそこまで支配しているような未来が"ここ"、つまり現実だと言ってしまうと、観客は「自分たちの住む世界はそんなんじゃない」と怒り出すからだ。しかし、自分たちの現実から完全にかけ離れた世界の物語だと設定すると、人々は「そんなことないだろう」と反発す

ジョージ・ルーカス監督作『THX 1138』のクロムマスクの警官は非常に高圧的だ

るとなく、スムーズにメッセージを受け入れることができるんだ。ある意味、敢えて現実とは遠く離れた世界を描くのが楽しかったりもするよ。だが、映画がどんな設定であろうと、私はいつも同じように自分のメッセージを伝えている。

JC：自覚しているかもしれないが、君は『スター・ウォーズ』で非常に興味深いことを成し遂げた。遠い未来、あるいは過去、もしくははるか彼方の場所が眺められる"レンズ"を創り出したんだ。いい連中は反乱軍。彼らは、高度な組織力を持つ銀河帝国を相手に、一見全く勝ち目のなさそうな戦いを起こす。私が思うにそういった連中は、今日"テロリスト"と呼ばれているんじゃないかな。

GL：その通り。

JC：だから、それってひどく反権威主義的だし、60年代によくあった、ファンタジーの内側の奥深くに巣食う人間に敵対する奴そのものだ。この国（アメリカ）がどう始まったかといえば、巨大帝国に立ち向かう負け犬たちの非常に高潔な戦からだ。アメリカの今の状況を考えてみてくれ。地球上で最も経済的に豊かで、最強の軍事力を有することをこの上なく誇りに思っている。**アメリカは、世界中の人々から見たら、銀河帝国になってしまったんだ。**

GL：ベトナム戦争時は特にそうだった。本当に銀河帝国みたいだった。第二次世界大戦後、我々国民を含むあらゆるものが帝国の構成要素だったわけだ。大英帝国、ローマ帝国……数々の帝国が過去に誕生したが、我々はその歴史から何も学んでいない。

JC：帝国は滅ぶ。滅ぶ原因は主に、リーダーシップや政治の失敗だ。**『シスの復讐』には、「これで自由は死んだ。万雷の拍手の中で」という素晴らしいセリフが出てくるね。**SFの背景で、ポピュリズムを糾弾しているわけだ。私はぐるりと一周して、宇宙はたくさんの人々にとって多くの意味を持つという考えに戻っていきたいと思っている。宇宙は、別の物語、別の文化を描き出せる真っさらなカンバスだ。リドリー・スコットは『オデッセイ』（15）を描いた。あれは科学映画だ。我々は誰もが、独自の方法で科学にたどり着く。そして、それぞれに全然違った最後が待ち受ける。

GL：リドリー・スコットは、"宇宙には、我々の知らない何かが山ほど存在している"という、ある意味、同じメッセージを映画に託していた。生き残るには、ふたつの鍵がある。ひとつ目は違う場所に移動してしまうこと。ふたつ目は、適応することだ。今、我々はこの惑星に腰掛けているだけ……あとは、移動するか。適応するか。

JC：我々人間には、移り住む場所がない。

GL：そこで宇宙の登場だ。我々は他の太陽系にたどり着いた。かつて私は、他の太陽系があるとしたら何百万年分は離れていると言っていたが、そうではないかもしれない。もしかしたら、たどり着くのに100万年もかからない可能性がある。つまり、**宇宙にはたくさんの秘密があるんだ。我々は何もわかっていない。絶対にそうだ。我々は何も知らない。科学者だって同じだ。**

JC：科学者でさえ宇宙の95パーセントを見つけることができていない。我々が知っているのは、たった5パーセント分の宇宙に過ぎない。

GL：それでも、宇宙にいるあらゆるものを知るべきだとわかっている。まだまだ前途遼遠だ。我々の度肝を抜くような未知の何かがたくさんあって、発見されるのを待っている。そして、人類はいずれ発見するだろうと仮定しなければならない。しかし、前に進もうとしなければ、それは不可能だ。「想像できなければ、実現できない」んだ。

JC：SFは、想像すれば実現できるってことを疑似体験する一手段じゃないのかな？

GL：「イマジネーション」は大切だ。SFを含むいかなる類の文学でも、因習に縛られずに生まれるアート作品でも、それを通じて、想像力は豊かになる。人間には科学がある。しきたりに束縛されない人々が、素晴らしい科学的功績を生み出したりするものだ。

JC：SF作品にインスパイアされた人々──そういった宇宙科学者を僕は何人も知っているし、君だってそんなひとりだと思っている──は皆、ほぼ間違いなくこう言うんだ。「毎日SF小説を読んで育った」とか「SFに感化され、広大な宇宙のことを考えるようになった。そして今、それを生業にしている」とかね。

GL：SFは基本的に、「限界などない」と言う。または、「今何が起きているのか、私たちが何を知っているのかということだけに囚われてはいけない。自分たちに何ができるか、これからどんなことが起きるのかということを考えよう」とも言う。あらゆる可能性を示唆するんだ。SFには人類を今とは違う、もっといい世界に前進させようとする力がある。SFは文学、あるいはイラストだったりするが、基本的には、人の心を開かせるアートだ。『スター・ウォーズ』も然り。私は言った。「宇宙船が何艘も飛び回る世界にするぞ。宇宙船はこんなふうな感じで、幻想的なものにする」とね。

JC：しかも、他の銀河系に、1日やそこらで行けてしまう。

GL：すると、私の隣にいた奴が口を開いたんだ。「どうやったらそんなことが可能になる？」って訊いてきたよ。それが科学者だ。

JC：**アインシュタインは、人間は光のスピードより速く移動することはできないと言っているのに、君はそれをひと言で切り捨てている。「オーケー、光速ジャンプだ」って（笑）。アインシュタインの法則なんか構ってられるかって感じで。**

エイリアンはミトコンドリア＝ミディ・クロリアン

JC：エイリアンは存在していると思っているのかい？

GL：もちろん。バクテリアみたいな生命体はいると思うね。彼らはスペーストラベルをマスターしている唯一の生物さ。他の銀河からここ（地球）にたどり着くことだってできる。

JC：百万年というものすごく長い間、フワフワと浮遊し、やがてどこかに飛来して命を紡ぎ始める存在というわけか。

GL：それらがどれだけ長い寿命を持つのかは、神のみぞ知ることで、さらには、冷凍して解凍することも可能かもしれない。いずれにしても、我々と同じような"生命体"なのさ。

JC：君は、パンスペルミア説のことを言っているのかな？　生命は宇宙から微生物が隕石などに付着して飛来し、広まったとする説だから、地球が起源で他に広まったかもしれないし、地球の生き物が実は火星起源の可能性もあるってことだよね。

GL：微生物はどこでも成長するし、どこにでも移動できる。しかも、人間以上にたくましい。単細胞だが、非常に強靭。さらには反応が速い。我々より速く考え、我々以上にあらゆることをうまくこなす。異なる生命形態だから、人間は微生物がいかに自身と調和するかもわかっていないと思う。

JC：君も私も、おそらく1キロ前後のバクテリアが体内にいて、我々の健康に役立つことを行ってくれながら共生関係を育んでいる。人間は、恐竜以前の長い年月をわずか数年に凝縮させているんだと思う。実際、単細胞生物のみが存在していたのは25億年間にも及ぶが、多細胞生物が地球に誕生してからの歴史は、たったの7億年だ。単細胞生物に比べれば、大したことはない。

GL：これまで大勢の科学者と話をしてきた。私は、単細胞から2つの細胞に移行した時期に興味があるのだが、科学者たちは今も研究に取り組んでいる。彼らがバクテリアのDNAを研究し始め、何十億もの様々な種類のバクテリアが存在するとわかった今、医療面でかつてないほど大きな変革が起こりつつあるだろう。もちろん、ミトコンドリアを作り出す助けとなるのがバクテリアで、ミトコンドリアは多細胞動物を作り出す助けとなるんだ。

JC：じゃあ、"ミトコンドリア"と"ミディ＝クロリアン"の発音が少し似ているのは偶然ではないんだね。

GL：ミディ＝クロリアンはミトコンドリアのことだよ。

JC：ミディ＝クロリアンがミトコンドリアだということにも驚かされるけれど、君はどうだ。君は神話、宗教、精神性を用い、それに科学用語で説明するという側面も加えたじゃないか。

GL：ミディ＝クロリアンは、ミトコンドリアとクロロフィル（葉緑素）が組み合わさった生物なんだ。クロロフィルは、植物生命体のミトコンドリアだよ。そのふたつを合わせると、全てのエネルギーの源となるのさ。

JC：君は熱心なSFファンじゃないと言っていたけど、やっぱり『スター・ウォーズ』はSFファンが認める古典的傑作だな。

GL：私は、自分のトウモロコシ畑で座り、「だったらなんだっていうんだ？」とつぶやく農夫に過ぎないがね（笑）。そのミトコンドリアだけど、それらが十分な活力を得れば、ふたつの細胞を作ることができ、一度ふたつの細胞を作れれば、あとはねずみ算式に増え、結果としてこの世界全体を作ることができるんだ。

JC：なんでも作り出せる。我々を作ることもね。どんな複雑なものだって生み出せる。

GL：だからって、単細胞生物と比べて優劣をつけているわけじゃない。単細胞生物もたくさん存在しているんだから。

JC：ああ、わかる。ちなみに人間は、大きくてカッコいい生物や動物、知的生命体が相互作用することを望んでいないのかな？

GL：それは、私がルーカスフィルムを売却する直前に取り組んでいた問題だ。新3部作に出てくるミディ＝クロリアンの部分は、かなり不評だった。私はただ、皆をう

んざりさせないようにミディ＝クロリアンを説明する方法を探していただけ。だって、誰もミディ＝クロリアンを見ることがないんだから。フォースも見えないけどね。パワフルなものではあるが、目にすることはできない。

JC：グリード、ジャー・ジャー・ビンクス、ジャバ・ザ・ハットなどは、微生物と比較すれば、かなり大きなサイズのエイリアンだが、彼らは何者なんだ？　物語の中では、彼らは人類（の姿）を反映しているように思えて仕方がない。もし我々が本当に知的な種の存在を発見したら、こっちが想像していたのとは似ても似つかない姿なんじゃないかな。

GL：いずれにしても、我々はやがて生命を見つけることになる。そして、それがバクテリアだろうということもわかっている。しかも、それはあちこちで見つけられるはずだ。つまり、バクテリアは我々よりもずっと賢く、大きな飛躍を遂げることになる。

JC：それにバクテリアは、人間よりもずっと長い期間を生き抜いてきている。バクテリア自体の構造も機能も、我々のそれよりもずっと素晴らしくできているのだろう。

GL：だけど、それは共生関係についてだ。我々生物が皆つながっているという事実を理解するのには、生態系の存在を知ることが重要で、特に子供にはしっかり教えるべきだと、私は思っている。超自然的な何かがあるというのは、この際無視しても構わない。**共生関係は、非常にシンプルだ。我々は全てつながっている。ここにいる誰かに、君が何をするか。離れたところにいる誰か、もっと離れた場所の他の誰か、ずっと遠くにいる別の誰かへとその影響が派生していく。そして、それが自分に跳ね返ってくるわけだ。誰もが、とてつもない巨大な何かの一部であることは理解している。我々は歯車。大きな何かの小さな歯車でしかない**

んだ。

JC：とはいえ、命と命のつながりは、美しさを秘めているし、その中には、能力を高める何かも存在している。

GL：**このアイデア全体で私が気に入っていたのは、我々が皆支配されており、この小さな単細胞系生物こそが宇宙の征服者だという考え方だ。だが、彼らは我々に依存し、我々は彼らに依存している。これは、フォース──自分たちの身の回りにあると言われている特殊なエネルギーで、それは我々をコントロールし、我々もそれをコントロールする──は双方向的なものというアイデアだ。**

JC：だが、君はある意味、共感についても語っている。恐れvs共感、慈悲vs敵意、善vs悪といった対立にも言及している。人間には、野心的で攻撃的な側面があるものの、その一方で、他人と協力し合い、一緒に働き、狩りをし、食用植物を栽培するという一面も持つ。我々のこのふたつのサイドは、常に己の内側で交戦状態にあるのだ。君はそこに着目し、舞台を銀河系にした壮大な物語をしたためたんだ。

GL：我々が脳を持ち、自身の運命の意味をある程度与えられているから……つまり、物事を解き明かせる人間だからこそ、そういったディコトミー（二分法。ふたつの選択肢からどちらかを選ぶ方法）の思考を持っている。昆虫のアリの思考には、ディコトミーは存在しない。あるのは、人間と同じような共生関係だ。しかしそれは、DNAやホルモンの中にプログラムされており、共生する生物に尊大な態度をとったりはしない。しかも、「なぜ自分はこんなことしてるんだ？」なんて疑問に思うこともないだろう。そうしてしまう人間とは大違いだ。

そういうわけで、人間は両サイドを持っている。ひとつは動物としての側面。ほとんどの動物を機能させる原始的なものだ。

動物とは得てして大変攻撃的にもなり、他の動物を殺す。そして食してしまう。動物は支配すべく戦う。一方で、**人間は気遣いができ、他の種よりも愛情を込めた世話が可能だ。それができる動物もいるだろうが、相手を気遣えるという側面は、人間ならでは。生き残るため、我々が脳以外に与えられたもののひとつが、慈悲の心なのだ。人間は、誰かを大事にし、思いやり、優しく接する一面を持って生きている。どんな異なる動物に対しても、だ。我々は何かを大切に育むために生まれた。それができなかったならば、人間は2ヶ月のうちに死んでしまうだろう。**

JC：我々は大きな脳を持つ。脳が大きいからこそ、歩き出し、他の人間たちについていけるようになるだけで2年を要する。赤ん坊は全く非力だから、大人が面倒を見なければならない。

GL：その通り。だけど、我々がそうするのはなぜか知ってるかい？

JC：人間が大きな脳を持っているからだよ。人間の赤ん坊は、産道を通れる大きさの脳でしか生まれてこない。だから、母親の体内から出た後でも、脳は発達し続けなければならない。他の動物は、そのような問題とは無縁だ。

GL：それは、テクニカルな面だね。他の面は、美しさ。つまり、人間の赤ん坊は可愛い。

JC：可愛いから、我々は彼らを殺して食べたりしない。

GL：ゴキブリを愛でる人間は、まずいない。しかし、子猫は可愛がるし、赤ん坊も大事にする。

JC：もし外見が赤ん坊ではなく、ゴキブリに近い地球外生命体と遭遇した場合、どうなるだろう？

GL：ゴキブリみたいな奴らに思いやりを持って接しようとは思わないかもしれない。

JC：善なるエイリアンは、いつだって赤ん坊のようなんだ。すべすべの肌に大きな目……。

GL：E.T.だね。

JC：だろう？　まあ、彼の肌はすべすべじゃないけど。とはいえ、彼の目は大きい。どうやって互いに関わりを持ち、いかに共感的な反応をするか。それが支配するかされるかの立場に関わってくるっていう話をしているんだよね。自分たちと外見が全く異なるエイリアンと遭遇したとき、不安や恐怖、あるいは逆に安堵や関心といった反応が生まれるわけだ。

GL：私は一度もエイリアンに会ったことがない。

JC：だよね。でも、君の映画の中には、大量のエイリアンが登場する。

GL：前に言及したように、海や川に泳ぎに行ったり、森や動物園に行ったりしたときに、『スター・ウォーズ』に出てきたような生き物を大勢見つけられる。共感を覚えるものもいれば、そうじゃないものもいる。

JC：**君は事もなげに、AI、ロボット、エイリアンを同じように扱う。広い視野で世の中を見つめ、どんな事態が起きているのかを考えたときに、同じことが私にも起きる。彼らは単に社会の一部なんだ。**

GL：いい奴もいれば悪い奴もいる。

JC：いいか悪いかどちらかだ。君に同意するか、逆らうか。君の仲間になるか、君とは真逆の立場で働くのか。大きな問題ではないけれど、基本的に彼らは人間。それぞれの個性なんだ。

GL：私のやり方もそうだよ。私の4歳の娘が虫が好きじゃないということになったら、私はこう言う。「虫も人間も同じようなものだ」ってね。虫は人間を傷つけようとはしない。ハエはどうだ？　君を襲わないだろう？　ハエはただ周りを飛び回って

いるだけだ。危険でもなんでもない。人間は、「あっちいけよ、ハエめ。うるさいんだよ」って追い払うくらいかな。そんな態度であれば、あまり恐怖を抱いていない証拠だ。じゃあ、ヘビは？ クモは？ ヘビもクモも危険生物だ。生き物の中には、危険な奴もいれば、そうでない奴もいる。とは言うものの、クモ全部を怖がる必要はないとか、全ての動物を恐れることはないとか、あらゆる人間に恐れをなさなくていい、という意味ではない。まあ、人間に関しては不安の対象になるかもしれないが。

JC：ジョージ、君がそんなに人間嫌いだったとは知らなかったよ（笑）。

GL：だけど、全てをあるがままに受け入れるべきだ。そうすれば、疑わしい点を好意的に解釈できる。誰もがこの世界の一部でなければならない。

JC：『スター・ウォーズ』の映画には、怪物みたいなキャラクターが山ほど出てくる。目がギョロッとしたアクバー提督とか。彼をモンスター映画に登場させたら、かなり不気味な怪物として存在感を出すだろう。

しかし、彼は悪のモンスターじゃない。彼はいい奴で、反乱同盟軍の指揮官だ。君は本能的に、彼を仲間のひとりとして関連づけられるだろう。知的なエイリアンであれば、波長が合い、コミュニケーションが取れることになる。

GL：それについてはわからない。チューバッカは大きくて、一見怖そうだが、実はいい奴だ。彼は楽しいし、一緒にいて気楽な宇宙人。とはいうものの、彼を怖いと思う人もいるんだろう。

JC：チューバッカは相手の腕をもぎ取ってしまうかもしれないからね。敵には回したくない。

GL：だけど同時に、彼はよそ者だ。そして、我々の社会にはよそ者（Others）がいる。よそ者とて、いい人間もいれば、悪い人間もいる。だけど、全員を悪者には分類できない。**要は、外見だけで判断してはいけないということだ。**

JC：それって、**SF作品を通じた社会学的なメッセージだよ。**異なる文化を持つ誰かと出会った場合、その相手が自分とは違う

『スター・ウォーズ エピソード2／クローンの攻撃』のセットで
C-3PO役のアンソニー・ダニエルズを演出するジョージ・ルーカス

肌の色で、自分とは違った外見で、彼らは君が信じていることを信じないかもしれない。いろいろなものが自分と違っても、それで相手を判断することはできない。そういったメッセージを伝えられるってところが、SF作品の素晴らしさじゃないかな。

GL：チューバッカは自分の友にもなり得る。仲間になってくれたら、実に頼もしい奴だ。外見が自分とは大きく異なるからといって、友好関係を結ばないのはもったいない。『スター・ウォーズ』を通して流れるテーマはそこにある。同じような姿ではなくとも、価値がないわけではない。それが、この映画がえぐり出す大きな社会問題なんだ。

「レイア姫」の登場
── 女性が力を持つ画期的な展開

JC：SFはそのような社会的テーマと相性がいいと思う。女性の立場について見てみよう。ハリウッド、とりわけ西部劇では、過去の例を見ても、女性キャラには十分な力が与えられてこなかった。そんなとき、君が『スター・ウォーズ』を引っ下げて現われた。**作品のメインキャラクターのひとりにレイア姫**（今は亡きキャリー・フィッシャーが演じている）**を登場させた。男ふたり**（ルークとハン・ソロ）**がレイアを救助すべく、ストームトルーパーの猛攻に必死に反撃している間、彼女は自分で銃を撃ち、デス・スターからの脱出口を見つけ出す。お姫様は王子様に助け出される構図が当たり前だったんだから、あれは前代未聞の展開だったね。**

GL：彼女は帝国元老院の議員。大学も卒業しており、非常に頭がよく、しっかりしている。しかも、射撃の名手だ。そして、彼女を救おうとするふたりの男のうちひとりは、ナイーブで、何も知らない青二才。もうひとりは、なんでも知っている気

になっているが、実は彼も何もわかっていない。レイアだけが全てを知っているんだ。彼女こそが、物語を推し進めていく人物。アミダラ女王にも同じことが言える。レイアにオビ＝ワン・ケノービがついているように、アミダラにはクワイ＝ガン・ジンがいる。そうやって誰かに守られてはいたものの、レイアはグループの中で最も賢い。全エピソードの真の英雄は彼女さ。

JC：リドリー・スコットと、『エイリアン』の主人公エレン・リプリーという女性キャラクターを採用した経緯について話したときのことだ。**リドリーは、**（SF映画で戦うヒロインが定着したのは『エイリアン』と『スター・ウォーズ』にゴーサインを出した）**当時の20世紀フォックスの社長アラン・ラッド・Jrの功績が大きいと言っていた。『スター・ウォーズ』**が世に出た2年後に『エイリアン』が公開され、男どもに屈服せず、救出してもらう必要がない強くて知的でまっすぐな女性を主人公にして、フォックスが大金を儲けたのは単なる偶然ではないだろう。レイアは、自分を救助に来た男たちを外に連れ出した。彼女は、秘密裏に進めていたデス・スターを破壊する計画の考案者だ。

GL：私はフォックスにはいろいろと訴え続けてきた。特に、『スター・ウォーズ』の玩具について話し合った際、レイア姫のアクション・フィギュアを作れと食い下がった。商品が並び始めると、当然のことながら、彼女は主要キャラとして人気が出た。フォックスも、それで納得がいったはずだ。当時のSF映画は白人上位の世界観だとか批判する者もいるが、それだけではなく実は男性ばかりが恩恵を受けていた。**男性優遇の世界観は、白人優遇よりもタチが悪い。その世界観が、男性たちのリビドー（性的衝動）や自尊心などに結びついているからだ。これは人種を超えて起きていること。**アメリカでは、どういうわけか、依

然として男性ヒーローが圧倒的に多い。これは大問題だよ。

JC：そんな"男性優位"という既存の価値観を覆すことが、SFの本当にパワフルな一面だとは思わないか？　読み手や観客を他の場所、他の時代、他の世界に連れていき、これまで慣れ親しんできたのとは違った視点で物事を見させ、全く知らない文化を体験させるわけだから。どこかの世界では、女性の方がパワフルで男性より影響力が強いとか、同性愛者や肌の色が異なる人々の方がパワフルかもしれない、という具合に、この世界とは違った考え方があるかもしれない……と思考していけば、突然、それぞれの独善的な枠が外れ、新しい目線で世の中を見つめられるようになるんだ。

GL：『スター・ウォーズ』は40年前の作品だ。だが、レイアは、彼女を助け出そうとした男たちよりも強かった。

JC：強い女性像のモデルとなったのは誰なのかな？　君が『スター・ウォーズ』を作る前……あの物語を書く以前のことだ。家族の中の誰か？　例えば、君のおばあさんとか？

GL：そうだな……敢えて言うなら、姉妹だろうか。特に、妹かな。**私より3歳下の彼女は強かった。小さい頃から、よく喧嘩をする仲だった。レイアの勝気な性格は、妹から来ている。**

宇宙への冒険譚

JC：宇宙は変幻自在。望めば何にでもなるという考えは、いつも私の頭の中にある。宇宙は、自分が空想したこと、思いついたアイデア、独自に作ったルールの社会的概念を投影できる、偉大な未知の場所。宇宙という設定を介して全く異なる文化に触れることができるし、宇宙空間で起こる様々なトラブルが、現実世界で我々が

解決すべき問題を浮き彫りにする。一方で、『2001年宇宙の旅』や、最近大ヒットした『オデッセイ』で描かれたような科学技術を知ることもできる。人々は、どうしたら空間旅行が可能になるのか、それが可能になったときには、我々やそれぞれの人間性にどんなことが起こるのか、といったリアルな問題に興味をそそられるからね。また宇宙は、どこまでも想像の翼を広げることができる完璧に自由な空間だ。君はどう考える？

GL：『2001年宇宙の旅』であろうと、『オデッセイ』であろうと、そういった作品は知的冒険劇だと私は考える。つまり、冒険を描いているんだ。ブギーマン（悪い子供をさらうと言われる怪物）は本当にいるのかどうかわからない存在だ。「西海岸に行って、そこで何が起き、そこに何がいるのか見るつもりだ」「私は海を渡る。うまくいけば、海の向こうに何があるかわかるだろう」「これは素晴らしい冒険だ。どんな冒険になるかはわからないが、怖いもの見たさで前に進んでいく」って感じかな。

JC：そして、そいつは難しい。

GL：で、別の側面……ファンタジーや海賊といった要素も、宇宙にはある。12歳でも十分に楽しめる。それは別の冒険活劇と言えるだろうが、いずれの作品も、自分たちが宇宙に出かけ、これを行わなければならないという使命を遂行するわけだ。

JC：その通り。

GL：宇宙での冒険劇は神話的ってことさ。神話が告げる物語は、必ずしも真実ではない。けれど、非日常的な出来事を味わわせ、想像力を閃かせてくれる。『2001年宇宙の旅』からは、自分で思っていた以上に影響を受けていた。あの映画を観て、私は完全に虜になった。『スター・ウォーズ』は、その点で、より効果があったよ。膨大な数の人々の心を鷲掴みにしたのだから。

リドリー・スコット監督作『オデッセイ』で、"科学を武器にクソみたいな状況を乗り越える"覚悟の主人公マーク・ワトニー。演じるのは、マット・デイモン

JC：『スター・ウォーズ』があったから、私は今、映像作家をやっている。確かに、最初のきっかけは『2001年宇宙の旅』だったかもしれない。でも、心底圧倒されたのは、『スター・ウォーズ』の方だ。

GL：でも、君が圧倒されたのは、フィルムメイキングの部分ではなく、「さあ、宇宙に飛び出そう！」と心躍らせる内容じゃないのかな。

JC：それもある。

GL：そして我々は、現実問題として、人類の宇宙移住計画に向き合う段階にきている。だから、火星がよく取り上げられるようになった。それは、我々フィルムメーカーが「これはアドベンチャーだ。めちゃめちゃ楽しくなるぞ！」といえる映画を撮ってき

たおかげだ。でなければ、赤い砂以外何もないこの惑星に宇宙船を送り込もうなど考えなかっただろう。想像力のおかげで、人々は火星への移住が楽しい冒険になりそうだと考えられるようになるわけだ。

JC：そういえば火星は惑星タトゥーインにそっくりだね。生活には適してない。

GL：でも、肝心なのは、環境状況やあらゆることで、人間が火星で暮らす術を学べば、地球を再生させることもできるということだ。

JC：そうあってほしいよ。

GL：どんどん悪化する地球環境への対応策は、実際に存在している。もし我々が月や土星の衛星タイタンなどに移住すると、環境に適応するよう学ばねばならない。それは、地球のように住みやすい環境がどれだけありがたいものだったのかを我々に気づかせる。決して当たり前だと思ってはいけないんだ。あらゆるものがそれぞれ互いに結びついていることを、人間は気づかない。一度ほころびができた1枚のセーターも、そこから毛糸を引っ張り続ければ、セーターは原型を留めなくなってしまうだろう。

JC：ほどけてしまうからね。

GL：そういったことを人は理解しばければならないのだが、簡単にはいかない。

JC：理解はしているだろうけど、ただ社会的レベルで、我々の政策として、ひとつにまとめられていない。だから、生活していくのが難しいんだ。

GL：いや、理解している人の数も十分ではないよ。もし人類が火星に到達すれば、我々は火星上でドキュメンタリーを撮影するはずだ。そして、人々は気づくんだ。火星に住むには、どんな代償を払わねばならないのかを。『オデッセイ』はある意味、そういう話だった。そこでは、人が新しいシステムを構築せねばならない。そして、築いたシステムがうまく働かなければなら

ず、あらゆるものがそのシステムに適応する必要がある。さらには、我々人間こそがそのシステムに適応しなければならないのだ。細胞分裂といったレベルのものが、適応の最初の段階になるはずだ。

不安や疑問が物語を紡ぎ出す
—— 夜空の声

JC：君が話しているのは、適応が変化を意味するってことだね。我々が種として変わるかもしれない。生理学的に、精神的に、哲学的に。

GL：ああ、きっと我々は変わるだろう。**今も昔も共通して言えるのは、人間には想像力があったということだ。人はいつだって不安を抱えている。不安は全てを動かす。それゆえ、自分たちがなんとかやろうとしたことは、不安を軽減してくれる物語を作ることだった。**「太陽は戻ってくるだろうか？」「ああ。ただし、それは太陽ではない。神だ。彼は二輪戦闘馬車に乗り込み、いつでも帰ってくる」——。はるか昔、まじない師は、物語や不思議な謎を語る存在だった。アンテロープ（ガゼル、インパラ、ヌーなどウシ科の動物の総称。レイヨウとも呼ばれる）が毎年"この"時期に現われ、"あの"時期には姿を見せない理由とかをね。

　古代人にとって重要だったものは、他に、夜空が挙げられる。夜空は常に大きな謎に包まれていた。暗い空間ときらめく星がそこにあり、何か意味を成していた。人間はそれがなんなのかわかっていない。だからこそ、人は好奇心を持つのだ。好奇心と想像力。このふたつが人に物語を作らせる。頭上で輝く小さい光は一体何なのか……と人々は物語を作って疑問を説明しようとするのだ。そして、夜空に光る瞬きは、驚くべき謎だ。星、惑星、我々の目に映る空の全てのものが。

JC：人は、太古の昔から、夜空やそこに瞬く星たちに魅了されてきた、ということだね。

GL：そう、人類が誕生してから、ずっとだ。

JC：10万年前、100万年前の人間もそうだった。宇宙には、原始的に惹きつけられる何かがある。君が言及しているのは、それだ。宇宙と人間には謎めいたつながりがある。

GL：確かに、空、そして星との謎めいたつながりがある。我々はいつも興味を覚えてきた。あれはどんなふうに働く？　それはなんだ？　空は、我々の"ブリキ缶"の蓋だ。そう、人間は小さな缶の中にいて、上を見てはこう言っている。「あれは一体なんなんだ？」と。

JC：で、ガリレオやケプラーが登場し、「あれは天蓋ではない。重力と呼ばれるもののせいで、際限がない」と言い出した。そこへ行くというアイデアは、突然、人類という種にとって本当に奥深い意味を持つ挑戦となるんだ。

GL：ギリシャ神話の神のほとんどは、そこに住んでいた。

JC：だから、惑星にはギリシャ神話の神の名前がついている。ヴィーナス（金星／愛と美の神）とかマーズ（火星／戦と農耕の神）とかね。

GL：だけど、それらは常に人間の想像の一部だった。銀河はどんな感じなのだろうと、漠然としたアイデアを我々は持っていた。じゃあ、その先には何が？　宇宙ってものはいくつあるんだ？　我々はふたつの道に行き着く。ひとつは科学。もうひとつは人間の想像力。宇宙というコンセプトは、非常に驚くべきもので、同時にものすごく興味深い。ビッグバン以前には、何が起きていたか？　かつてそこには何がいた？　数えきれないほどの疑問が浮かび、どうやってそれらに答えたらいいのか、皆目わ

からないでいる。やがて、物事に対するた
くさんの答えが現われ、人間は仰天するこ
とになる。

JC：いい意味で、そうあってほしいと願
うよ。

GL：たぶん、畏敬の念を起こさせる荘厳
なものになるだろう。良くも悪くもない。
どんなものになるのか、私は想像もつかな
い。

JC：それって、我々が自分たちの映画で
やろうとしていることじゃないのかな？
ほんの少し畏怖を捉え、それを映画館に持
ち込もうとしているのでは？

GL：まさしくスティーヴン・スピルバー
グがしていることだ。

JC：まあ、君も同じことをしているよ。
君はただ違ったふうにやっているだけだ。
君は観客を違った世界に連れていく。

GL：でも保証するよ。宇宙にウーキー族
（チューバッカの種族）はいない（笑）。

JC：どうして言い切れる？　無限の宇宙
じゃ、どんなこともあり得るぞ。

GL：宇宙は神話やストーリーテリング
の分野外だし、科学の領域の外でもあ
る。そして、答えが得られない偉大な謎の
範疇に入る。それは哲学だ。宗教の部分は
避け、哲学だと言っておこう。哲学は、小
さな穴がたくさん開けられた大きなブリキ
の缶なんだ。

AMCテレビ番組『ジェームズ・キャメロンのストーリー・オブ・サイエンス・フィクション』で
ジョージ・ルーカスにインタビューするキャメロン。撮影はマイケル・モリアティス

時空を超えて

STORY OF
SCIENCE FICTION

TIME TRAVEL

「マハー・バーラタ」から『インターステラー』へ、
時空を超えた物語の軌跡

—— リサ・ヤスゼック（SF文学者・映画評論家）

　1963年、BBCのテレビドラマ『ドクター・フー』が初お目見えした。この番組は、惑星ギャリフレイのタイムロードという種族の放浪者"ドクター"が、一見したところ英国のポリスボックス（警察への通報専用の電話ボックス）風のタイムマシンで時空間旅行をするアドベンチャー作品で、登場人物たちの冒険を通じて視聴者が歴史などを学べるという内容だ。もともとは、子供向けの教育番組の意味合いが強かったが、人気が世界的に高まって大人も楽しめるカルトクラシックと化した。基本的には、主人公ドクターと人間のコンパニオン（ドクターの相棒）が宇宙や時空間を探検したり、邪悪なエイリアンと戦ったりする。この悪者エイリアンたちは人間に害を及ぼし、銀河のタイムラインを変えようとするのだ。こうして半世紀以上、ドクターの冒険は55を超える国で毎週放送され、ありとあらゆるメディアで『ドクター・フー』ワールドが展開されてきた。何度も生まれ変わりを繰り返し、そのたびに様々な人間のパートナーを得るドクターは、タイムループ、タイムパラドックスといった困難に立ち向かい、ねじ曲げられようとしている史実を正しく修正する。同時に、この番組の登場人物たちは、自由意志と定められた運命との対立、記憶とアイデンティティの関係、愛、喪失、死といった不可避の事態を含む多くの哲学的問題に直面するのだ。『ドクター・フー』は、あの手この手で、タイムトラベルの物語の全歴史を具現化し、いつの時代も人々がそういったストーリーに魅了され

てきたことを明らかにする。時間の支配から解放され得ると想像することにより、人間そのものの経験をもっと理解できるかもしれないと願うわけだ。

　時間を超越する人間の物語は、実際にストーリーテリングが行われるようになった歴史に匹敵するくらい、はるか昔から作られている。古代インドの叙事詩「マハーバーラタ」の中には、天界へ旅し、地上に戻る人間の王子ライヴァータ・カクドゥミの冒険譚が綴られる部分がある。帰還した彼は、とてつもない歳月が流れていたことに気づく。これは、時間のひずみを扱ったストーリーの起源とも言えるだろう。現在でも、そのような話はいくつも生み出されている（例えば、2014年のクリストファー・ノーラン監督の宇宙叙事詩『インターステラー』がそうだ）。20世紀以前の著述家たちは、夢や、"タイムスリップ"と呼ばれる、起こるべくして起こった一度限りの偶然を利用し、登場人物を歴史の中で行き来させていた。英国の小説家チャールズ・ディケンズの「クリスマス・キャロル」（1843）は、夢によって時間旅行した最も古い例だろう。守銭奴で非情な年寄りが、クリスマスイブの夜、自身の過去、現在、未来を旅したことで、いかにして自分が今のような人間になったのか、どうすれば悲惨な孤独死を避けられるのかに気づかされるという話だ。一方、マーク・トウェインの有名なタイムスリップ小説「アーサー王宮廷のコネチカット・ヤンキー」（1889）では、頭を殴られて気絶することで、19世紀（出版時

H・G・ウェルズの小説「タイム・マシン」の映画版『タイム・マシン　80万年後の世界へ』(60)の劇場用ポスター。監督はジョージ・パル

における"現代")のアメリカ人技師が6世紀のイギリスに送り込まれる。移動した先で、彼は、その時代にはまだ存在していない民主主義的な平等も産業用兵器も現地の人間に教えられないと悟るのだ。この**最初期のSF小説2作**は、「運命は定められているのか、それとも自由意志によるものか」という問いを投げかける作品だが、このテーマがこれまで何度も映画化、舞台化され、ゲーム化までされているのは、何も驚くべきことではない。単に"タイムラインの操り人形"になっているかもしれないという我々の不安——そして、我々を操る糸を裁ち切るという願い——を映画で描いたジェームズ・キャメロンの思いは、まさしく今日のSFの中心にあり続けている。キャメロンが監督した『ターミネーター』(84)や『ターミネーター2』(91)に限らず、同テーマの作品なら、ライアン・ジョンソン監督の『LOOPER／ルーパー』(12)をはじめと

する映画、『アウトランダー』(2014-現在)や『12モンキーズ』(15-18。オリジナルは1998年の映画)といったテレビドラマなど、人気作、話題作がすぐに思い浮かぶだろう。

　もちろん、現代のタイムトラベル作品は、宇宙船が乗組員を宇宙に運ぶように登場人物を過去や未来に送る空想上の機械を中心に展開する。そういった物語は、1880年代になると頻繁に作られ始めた。産業主義と機械化が19世紀の欧米を大きく変化させたため、当然のことながら、列車や船を滞りなく運行させたり、大砲の一斉射撃や塹壕戦のタイミングを計ったり、ありとあらゆる物事に対して、時計という装置は必要不可欠なものとなる。そして1884年、28ヶ国の代表者がワシントンDCに集結し、地球の測地系(地球上の地点を経緯度で表わすシステム)と1日の長さを統一させた。人間が時間をコントロールできるという楽観的傾向が、エドワード・ペイジ・ミッチェルの「逆回りの時計(The Clock that Went Backward)」(1881)、エンリケ・ガスパールの「時間遡行者(El anacronópete)」(1887)、ルイス・キャロルの「シルヴィーとブルーノ」(1889)といった物語の中にも表われている。それぞれの作品で、時計はタイムトラベルを引き起こす装置として描かれていたが、技術的にあり得そうなタイムトラベルといったら、H・G・ウェルズの「タイム・マシン」(1895)に出てくるものが最も有名で、一番世間に広まっていると言えるだろう。同小説の中でウェルズは、操縦者の意思と選択で時間旅行を行う装置として、ソリ型の乗り物"タイムマシン"を導入している。タイムトラベルのこの新しいイメージに触発され、タイムマシンという装置そのものが、豊かな発想で次々にデザインされるようになっていく。例えば、1960年から2002年のウェルズ

原作の映像化作品に登場するスチームパンクの奇妙な機械や、『ドクター・フー』のポリスボックス、『バック・トゥ・ザ・フューチャー』シリーズの改良型デロリアンなどだ。

多くの創り手が現われ、リリースされる作品も増え、優れたストーリー構築のルールが整うにつれ、SFは紛れもない人気ジャンルと化し、アーティストたちは、タイムトラベルの風変わりな美学を十分に引き出すのにエネルギーを注ぐようになった。**クリストファー・ノーラン監督の「天体物理学における時間の概念を一度理解してしまえば、それが足掛かりとなり、物語の可能性は大きく広がる」というアイデアも、すでに予想されていたものだった。**すなわち彼に先駆け、20世紀前半の著作家たちは、タイムトラベルを多種多様な目的のために利用していた。テクノロジーと社会の歴史を未来に伝えるため。はるか異なる時代の遠く離れた土地を訪れるため。そして、タイムトラベルの仕組みを科学的に説明するためでもあった。**その頃から、先代の作家たちが探究していた自由意思や個人の行動の主体性についてのテーマに加え、"バタフライ効果"に絡んだ物語が頻繁に語られるようになった。**これは、一見、なんの関わりもなさそうな過去の些細な行動や出来事が、様々な要因を引き起こした末に未来を変えてしまう現象を言い、早い時期の作品では、ジャック・ウィリアムソンの「宇宙軍団」（38）が挙げられる。ある人物が拾い上げるのが、磁石なのか、それとも小石だったのかにより、人類は全く異なるふたつの未来を歩む結果となるのだ。この小説が時間戦争という概念を創り出し、後続の作品にインスピレーションを与えた一方で、最も有名なバタフライ効果ストーリーと言えば、レイ・ブラッドベリの短編小説「雷のような音」（52）だろう。タイムト

ラベルで先史時代に行った旅行者が誤って1匹の蝶を踏んだだけで、現代に戻ってみると、アメリカが恐ろしいファシスト体制のディストピアに変わっていたという話だ。

また、**この時代の作者たちは、人間が歴史に介入して起きるタイムパラドックスを論理的に解決しようと楽しんでもいた。**中でも有名なのは、"親殺しのパラドックス"と呼ばれるものだろう。もしも時を遡り、まだ祖母に会う前の祖父を殺してしまったとしたら、何が起こるのか？　そうなると、時間旅行者の親のどちらかが生まれないことになり、当然、時間旅行者本人も生まれないことになる。となれば、時間旅行者は存在しないわけだから、時を遡るタイムトラベルをする者はおらず、祖父は死なずに祖母と出会い、両親が生まれ、本人も生まれる。なので、時間旅行者は過去へ戻り、祖父を殺すことになるという奇妙な堂々巡りが続く──このような論理的なパラドックスが起こるわけだ。

過去の出来事をひとつ変えて生じるパラドックスに対する解釈は、多岐にわたっている。フリッツ・ライバーの短編小説「過去を変えようとした男」（58）は、歴史自体が変えられることに抗おうとし、起きるべき出来事は何をしても起きてしまうという"現実保存の法則"を前提として語られ

レイ・ブラッドベリ著「雷のような音」（ウィリアム・モロー社刊）

ていた。だが、アルフレッド・ベスターの「マホメットを殺した男たち」（58）では、時間は主観的なもので、それぞれの人間が自分だけの過去を持つと考えることで、タイムパラドックスの問題を解決している。しかしながら、**アメリカの小説家ジョナサン・レセムによれば、親殺しのパラドックスに取り組んだ早期のSF文学界の偉人で、最も満足のいく優れた説明を成し遂げたのは、ロバート・A・ハインラインだという。「輪廻の蛇」（59）の中でハインラインは、タイムトラベラーの部隊"航時局"のメンバーの物語を用い、このパラドックスをさらに噛み砕いた。**主人公は過去の複数の時点に舞い戻り、性転換をすることで、自分自身の母親にも父親にもなってしまうという、なんともめまいがしそうな展開で読者の度肝を抜いている。ブラッドベリとハインラ

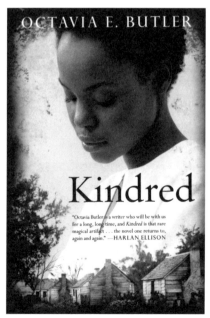

オクタヴィア・E・バトラー著「キンドレッド─きずなの招喚」（ビーコン・プレス社刊）の表紙

イン、どちらのタイムトラベル小説も、様々な作品集に収録され、繰り返しメジャーな映画のテーマとなってきた。そして、『ドクター・フー』のような人気SFシリーズにも影響を与えたのは、言うまでもない。

このシリーズでは、ギャリフレイ星のタイムロードという種族と金属製移動装置に入った地球外生命体ダーレクとの間に勃発した大戦争"タイムウォー"が作品全体の背景にある。ドクターは敵とのバトルを繰り広げ、歴史改変によるパラドックスを解決するために奔走するのだ。

SF作家の次なる世代は、タイムトラベルを社会的、政治的メッセージとして利用できないかと模索し始めた。これは、ジョアンナ・ラスの「アリックスの冒険（The Adventures of Alyx）」（76）やマージ・ピアシーの「時を飛翔する女」（76）にも当てはまる。彼女たちの小説では、ごく普通の女性であったヒロインが何回かタイムトラベルをし、自分には未来をより良い場所にするための選択ができると気づく。同様の思いは、リン・ハーシュマン＝リーソン監督の映画『クローン・オブ・エイダ』（97）、ジェームズ・キャメロンの『ターミネーター』『ターミネーター2』でも描かれている。『ターミネーター』のこの初期の2作では、ヒロインのサラ・コナーが絶望的な窮地に立たされても、過酷な現実と恐ろしい敵に対峙する勇敢な英雄となっていくが、彼女が木のテーブルにナイフで「NO FATE（決まっている運命などない＝運命は変えられる）」と刻むシーンは、特に象徴的だ。

対象的に、この時期の先住民、もしくはアフリカ系アメリカ人の作家たちは、時間旅行をアメリカの歴史を新たな方法で表現する手段にした。ジェラルド・ヴィゼナーの「スリップストリームのカスター将軍（Custer on the Slipstream）」（78）

は、自分が南北戦争などで活躍したジョージ・アームストロング・カスター将軍の生まれ変わりだと気づき、時空間を往来する現代の官僚の冒険物語だ。また、オクタヴィア・E・バトラーの「キンドレッド――きずなの招喚」（79）は、アーティストのジョン・ジェニングスに言わせると、"親殺しのパラドックスの逆転"ということになる。この小説は、現代のアフリカ系アメリカ人の女性デイナが、南北戦争以前のメリーランド州にタイムスリップするのが物語の発端。彼女は若き白人の奴隷主ルーファスの命を助けるのだが、その後も彼の身に危険が起きるたびに過去に引き戻される。ルーファスが死ぬと、デイナも消滅してしまうためだ。こうして、奴隷制度が厳しかった過去で、奴隷主の白人と奴隷と同じ立場の黒人の彼女の間には、奇妙な依存関係が生まれていく。2017年、「キンドレッド――きずなの招喚」はダミアン・ダフィとジェニングスによってグラフィックノベル化され、過去、現在、未来の通常ではあり得ない人間関係、不可能な選択――現在を現状のまま維持し、未来を可能にするためにしなければならないこと全て――が鮮明に描かれた。

　とはいえ、全ての時間旅行ものがシリアスなわけではない。**70年代から90年代初頭にかけ、タイムトラベルもののコメディが世の中を席巻した。**スパイダー・ロビンスンの小説「キャラハン亭」シリーズ（77-03）は時間旅行者が集うバーが舞台で、常連客たちは様々な体験を好き好きに語り出す。彼らの経験談が、新参者が己の風変わりな問題を解決する手助けになる、という具合だ。そういったトラベラーとの知的な会話を夢見る者たちが、ダグラス・アダムスの「銀河ヒッチハイク・ガイド」シリーズ（78-09）に興味を持つのも当然だろう。これは、ラジオドラマから始まり、

NEW YORK TIMES BESTSELLER
DOUGLAS ADAMS
THE HITCHHIKER'S GUIDE TO THE GALAXY

英国作家ダグラス・アダムスのユーモアたっぷりのSF小説「銀河ヒッチハイク・ガイド」の表紙（デル・レイ社刊）

小説、テレビドラマ、舞台、映画と様々なメディアで展開してきた人気シリーズだ。

　映画に目を向けてみると、『バック・トゥ・ザ・フューチャー』（85）、『ビルとテッドの大冒険』（89）、『恋はデジャ・ブ』（93）といった作品では、ごく一般的な人々が過去にタイムトラベルし、いろいろな間違いを正した結果、未来をより良きものにできるという可能性を伝えつつ、時間旅行の滑稽な側面を追求している。**映画評論家のエイミー・ニコルソンは、「SF映画の多くが、未来は悲惨でひどい状態になると想像している。そんな中、『こういう話って、楽しいだろう!?』と言ってくれるSF映画は素晴らしくて、ちょっと風変わりな癒しになる」と発言している**が、まさにその通りだ。

ライアン・ジョンソン監督のタイムトラベル・スリラー『LOOPER／ルーパー』の主人公を演じるジョセフ・ゴードン＝レヴィット

似たような楽観主義は、『タイムマシーンにお願い』（89-93）、『銀河ヒッチハイク・ガイド』（テレビ版／81）をはじめとした、同時期のタイムトラベル系テレビドラマでも垣間見ることができる。さらにその流れは、冴えない会社員の主人公がパソコンのキーボードを使って過去の出来事を帳消しにできるという設定の『Ctrl（コントロール・キー）』（09）や、コメディ学園ドラマ『コミカレ!!』に登場した『ドクター・フー』のパロディをベースとした『時間旅行も可能な宇宙旅行者についての名もなきウェブ・シリーズ（Untitled Web Series About a Space Traveler Who Can Also Travel Through Time）』（12-13）などのネットドラマにもしっかり受け継がれている。

　ここ10年間で、創り手たちは一時的な時空間移動の有望さと危険の両方を描き求め、観客にとってよりリアルに感じられるタイムトラベル物語を目指すようになってきた。ダン・シモンズの「ハイペリオン」シリーズ（89-98）やコニー・ウィリスによる「ブラックアウト」「オール・クリア」

の2部作（10）といった文学賞の権威ヒューゴー賞、ローカス賞受賞小説では、予見できない将来からの謎めいた介入によって人生が壊されつつも、人々がいかに生き延び、新たな意味を見出すのかを事細かに綴られていく。似たような流れの中、映画界でも、タイムトラベルの利点とそれによる本人やその家族、友人が払う代償を慎重に天秤にかけるような内容が、『LOOPER／ルーパー』『インターステラー』などのメジャー作だけでなく、『プライマー』（04）といったインディーズ系ヒット作でも登場する。一方で、ビデオゲームのデザイナーたちはタイムトラベルをストーリーに組み込み、プレイヤーがより夢中になれる世界観を重要視した。ベストセラーとなった『ゼルダの伝説 ムジュラの仮面』（00）が、そ

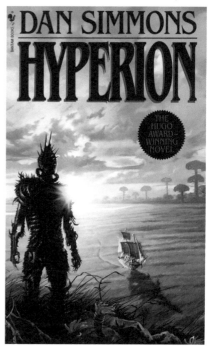

ダン・シモンズの「ハイペリオン」シリーズの第1作の表紙（バンタム・ブックス刊）

のいい例だ。このゲームは、3日目に月が
落下して世界が滅亡するとゲームオーバー
になる。そこでプレイヤーは時間のリセッ
トを繰り返して様々な謎を解き、メインイ
ベントの問題を解決していくのだ。さらに、
インディーゲームの『Braid』（08）でも、
プレイヤーは時間の流れを操作してお姫様
を救うために旅に出るのだが、ゲームを進
めていくにつれ、主人公が冒険を始めた驚
くべき理由が明らかにされる。

　文学や映画同様、ゲームの世界でも、タ
イムトラベラーは想像を絶するほどの遠い
過去や未来、そして空間を行き来すると設
定されているものの、そこで彼らが発見す
るのは、彼ら自身、己の能力、歴史におけ
る自分の正当な立場だったりするのだ。こ
のように、タイムトラベルの途方もないシ
ナリオは、SF全般に幅広く影響を与え続
けている。

驚きの低予算タイムトラベル映画『プライマー』の劇場用
ポスター

天才・ノーランが語る
"タイムトラベル"ものの
無限の可能性

テレビ番組『ジェームズ・キャメロンのストーリー・オブ・サイ
エンス・フィクション』のセットでインタビューを受けるクリ
ストファー・ノーラン。撮影はマイケル・モリアティス

CHRISTOPHER NOLAN

クリストファー・ノーラン

インタビュアー：ジェームズ・キャメロン

　1998年の監督長編デビュー作『フォロウィング』で批評家たちか
ら大絶賛を受けたクリストファー・ノーランは、その2年後の2000年、
ストーリーを終わりから始まりへと時系列を逆向きに映し出す斬新な作
品『メメント』で、ハリウッドのA級映画監督の仲間入りを果たす。そ
れ以来、彼は第一線で活躍するフィルムメーカーとして、確かな評判を
得続けてきた。そして、鋭い知性と飽くなきこだわりを持ち、人々の心
を惹きつけてやまない独創的な大ヒット作を続々と生み出している。ク
リスチャン・ベールを主演に据えた『バットマン』3部作──『バット
マン ビギンズ』(05)、『ダークナイト』(08)、『ダークナイト ライジング』
(12)──は、スーパーヒーロー映画の金字塔的作品と化し、2010年
の『インセプション』、2014年の『インターステラー』という誰もが
認めるSF傑作は、キャラクターと感情の緻密な描写に根ざした、知性
に訴える壮大な多次元探索ストーリーだ。
　ジェームズ・キャメロンと向かい合って座ったノーランは、『インター
ステラー』（弟のジョナサン・ノーランが共同脚本で参加）のために行っ
た大掛かりなリサーチについて熱く語り、会話は、タイムトラベルの複雑
さ、自由意志の概念、SFジャンルの無限とも思える可能性にまで及んでいく。

キューブリックの
華麗なる"省略"作品

ジェームズ・キャメロン（以下JC）：私たちの共通のテーマはSFだ。おそらくほとんどの人々は君をSFのフィルムメーカーだと思っていないだろうし、そのジャンルで君の名前を挙げることもないかもしれない。だが、君はずいぶん前からSF分野に進出している。しかも、非常にユニークな作品ばかりだ。まずは、『インタステラー』から始めよう。あの映画なら、誰もがSFだと納得するだろうからね。舞台は近未来だし、現在にはないような機材類があふれているという部分も、このジャンルの作品たらしめている。SFの世界に飛び込んだきっかけは？

クリストファー・ノーラン（以下CN）：子供の頃からずっとサイエンス・フィクションの大ファンでした。将来を決めるのに大きく影響した映画がふたつあって、ひとつは、1977年のジョージ・ルーカスの『スター・ウォーズ』1作目。その後すぐに、『2001年宇宙の旅』がリバイバル上映されました。確か、ロンドンのレスタースクエア劇場でした。その映画を観に、父が僕を連れていってくれたんです。あのときの記憶は鮮明に残っています。すごく大きなスクリーンで、僕はまだ小さかった。7歳だったかな。幕が開いてスクリーンが広がり、映画が始まって想像を超えた世界へ観客を連れていくというプロセスは、僕の中であの映画が基準になっています。

JC：『2001年宇宙の旅』は、私にとっても試金石的作品だ。私は、公開当時に映画館で観たんだが、君よりも少し年齢を重ねていたかな。14歳くらいだったと記憶している。カナダのトロントだった。で、観客が私ひとりだけだったのを覚えている。

70ミリフィルム版でね。もう愕然としてしまったよ。心を揺さぶられっ放しだった。作品の雄大さだけでなく、あらゆる点で映画が本当に芸術作品になり得るんだという事実にね。ああいう経験は初めてだったよ。僕は娯楽的な映画（movie）が好きだったし、格調高い"film"なんて言葉は滅多に使ったりしなかったんだが、あの作品にはどうしても"film"を使ってしまうよ。

CN：でも、『2001年宇宙の旅』は、紛れもなく芸術性の高い映画（film）です。お気楽なポップコーン・ムービー的な要素は何ひとつない。僕が『インターステラー』を作ることになったとき、様々な疑問に向き合うことになりました。どうやってこの3次元を超えた次元——人々の理解を超越した空間に行くのか？　どうやってブラックホールの中に飛び込むのか？　そこで1968年の『2001年宇宙の旅』を観直したところ、気づいたんです。今の人間が誰もできないけれど、キューブリックができていたのは、"省略"だったと。ミニチュアワークだろうが、視覚効果だろうが、単に当時実現不可能だったことだろうが、あの手この手で見せられるものでも敢えて見せないという選択をしていたんだと思いました。

JC：つまり、キューブリックはカットしていただけ。

CN：カットしていただけかもしれませんが、彼は、省略することで何かを象徴的に語らせ、しかも、ジャンプするように場面を展開させるという信じられないほど素晴らしい間合いを生み出していた。人類史における最も偉大な冒険に向けた日常を創り上げたんです。人間は木星に向かい、木星の複数の衛星を目指し、加工された宇宙食を食べ、両親からの誕生日メッセージを聴く。光速での時差があるため、おそらくそれは8〜10時間前に送信されたものでしょ

う。あれは明らかに傑作中の傑作。あなたもそれに異論はないと思う。だけど、あのセットは、僕のような金のないフィルムメーカーが後に続くには、あまりにもレベルが高すぎた。というか、丁寧な言い方をすれば、『インターステラー』のような映画を作ろうとした場合、誰でも、『2001年宇宙の旅』と膝を付き合わせることになる。もし『2001年宇宙の旅』が存在しなかったら、『インターステラー』のような映画は創り得ないんです。

JC：その通りだね。

CN：そして、観客もそのことを重々承知しています。批評家も然り。あのプロジェクトは、もともとスピルバーグに監督してもらう脚本を弟のジョナサンが書いたことから始まりました。結局、僕が監督をすることになり、弟が最初に書いた内容とはずいぶん違うものになったけれど、冒頭部分は変わっていない。舞台となるのは、いわゆる陰惨な未来ではない、というアイデアでした。今の時代の人々が、理想的な田舎暮らしとして考えるようなものに近い。晴耕雨読のシンプルな生活を送るようになるという設定です。

JC：だけど、それはうまくいかない。事態は悪化の一途をたどる。

CN：そう、急転直下で。人類に残された時間はあまりなく、地球から出ていかなければならない状況になります。僕とジョナサンが『インターステラー』を現実化するのに大きな影響を受けた作品があります。香港で『ダークナイト』の撮影をしていたときでした。港のそばにオムニマックス（平面ではなく、半球状のスクリーンに映像を映し出すIMAXのシステム）の劇場があって、ロケハンの合間に、IMAXのドキュメンタリー映画『ウォーキング・オン・ザ・ムーン　3D』を観たんです。トム・ハンクスが関わっている作品で、最初に月に降り立った宇宙飛

行士たちを描いたものでした。なかなかよくできた映画で、人類の月着陸など捏造だと考える人々がいることについても触れなければいけないと、制作陣が感じているのがわかる瞬間がありました。（人類初の月面着陸のドキュメンタリーの）作り手が人類初の月面着陸を信じない人々に言及しなければならないなんて、彼らの葛藤が伝わってきて胸が締めつけられるような瞬間でしたね。

JC：で、君はそれを物語に取り入れた。

CN：ええ、全くそのままで。ジョナサンには、人の内面に目を向けた精神的な作品を手がけてきたという自負が強くありましたから。僕は僕で同様に、自分の書いた脚本でそういった映画を作り上げてきた。僕の他の作品……例えば『インセプション』とか。あれは、まさしく人間に内在する精神的な部分に焦点を合わせた映画。あの作品の構造は、ある意味、聴きたい音楽にたどり着くには、画面を何回か切り替え、どんどん深い層に入っていかないといけないiPodのインターフェイスに基づいていたんです。脚本執筆時はちょうどiPodが最初に発売された時期だったし。『インセプション』では、世界の内側に存在する別世界と内向性に関する全てが描かれています。

JC：『インセプション』では、それぞれの階層が異なっている。多層構造のビデオゲームみたいにね。

CN：確かに。どの階層でも、意識の内側へ、さらなる深層へと入っていくものでした。だからこそ、『インターステラー』では、内面を描きつつも敢えて外に飛び出し、冒険心を満足させるようにもしました。

JC：探究心みたいなものもね。私は、ナショナル・ジオグラフィックと提携している探検家だ。もちろん、自分自身でも探検を行ってきた。主に海でね。可能であれば、宇宙探査も行うだろうし、火星にも行くよ。妻とそのことを話したんだけど、「あなた

『2001年宇宙の旅』でデヴィッド・ボーマン船長を演じるキア・デュリア（上）と
『インターステラー』の主人公クーパーに扮するマシュー・マコノヒー（下）

リドリー・スコットの『エイリアン』で、口から涎のように
粘液を滴らせているエイリアン

は5人の子供の父親なのよ」って言われて、「わかってる。火星からでも子供たちと話せるさ。30分くらいの時差はあるだろうけどね」って答えたよ（笑）。

CN：イーロン・マスクの民間ロケット会社スペースXが火星移住計画の具体案を発表しましたが、彼と会ったことはありますか？

JC：いや、会ったことはない。だが、イーロンが皆に刺激を与える人物で、君と似たような思考をしていることは知っているよ。彼の思いも外に向かっているんだよ。我々は、映画で探検を描き、人々をどんどんインスパイアする必要がある。これって、SFが常にやってきたことだと思う。世の中が混沌とした仮想世界のように悲惨な状態になろうがなるまいが、SFは常にその役目を担っていた。

CN：そうですね。

JC：勇気を持って外の世界に飛び出そう、惑星探査に出かけようと訴えかけるSF小説たちが私を鼓舞し、スキューバ・ダイビングに駆り立てたんだ。宇宙には行けないだろうが、海の底なら行けるぞって思ったんだよ。酸素ボンベを背負って、今まで見たことがない何かを見に行こうってね。宇宙も深海も、探検したいって衝動は同じだ。

CN：僕にとって探究心を満足させる解決策は、スキューバ・ダイビングではなかったけれど、いつだって、頭のどこかに"映画"というものが存在していたと思います。そしてきっと、芸術的だと思われる映画を自分で作りたくなることもわかっていた。そして、IMAXカメラがそれを叶えるための僕の希望となったんです。あんなふうに巨大な映像で映画を作り、ものすごく大きなIMAXシアターのスクリーンで上映すれば、観客は、まるでそこにあるものにアクセスできるかのような感覚を体験できるはずだ、と思いました。とにかく（『インターステラー』を作るにあたっては、）偉大なSF作品を片っ端から観ましたね。『**2001年宇宙の旅**』、そして、リドリー・スコットの『**エイリアン**』とか。

JC：ああ、『エイリアン』もSF映画史を語る上で外せない。

CN：プロダクションデザインという観点では、特にそうかと。『**エイリアン**』を語るとき、僕はいつも宇宙版ケン・ローチ作品だと言っているんです。粗い質感と鬱になりそうな荒涼感が漂う映像が、まさにローチっぽい。

JC：そして、錆びついたパイプからは、油と水が滴っている。見ただけで、触れたときの感覚がわかるような映像だった。

CN：そう、質感と触感がすごかった。

JC：鮮明に覚えているシーンがあって、確か、ハリー・ディーン・スタントンが演

じる機関士のブレットが、ある部屋の前に佇んでいるんだ。コンデンサー室か何かだったかな。彼は帽子を被っていた。室内では、頭上から水が雨のごとく滴り落ちてくるんだが、その効果で、観客は一瞬、自分が彼の肉体に憑依したかのような感覚に陥る。ホラー映画でも、SFでも、ジャンルに関係なく、あんなふうに瞬時にキャラクターとの一体感を観る側に覚えさせるなんて、他の映画ではまず見かけない。

CN：しかも、水が滴る音なんて、本当に些細なサウンドエフェクトですよね。だからこそ、あの映画は僕たちのお手本なんでしょうね。そして、『インターステラー』で他に決めたのは……映画を観ても誰も気づかなかったもしれないけれど、未来的なものは実際に何も作らないということでした。映画に出てくる人間をいきなり未来の住人にはしたくなかったんです。「今から40年後、みんなどんなズボンを穿いているだろう？」とか考えるなんて、パーティゲームのお題じゃあるまいし、結局のところ、そんなこと誰にもわからないんですから。

JC：君の言う通りだ。未来のズボンなんて滑稽なだけだよ。

CN：近未来が舞台の物語の基礎固めを行うのにあれこれ考えているとき、ふと思ったんです。現代と同じだったらどうかなって。もちろん、僕たちはNASAのテクノロジーにも目を向けた。機材の外見や音がどうなっているかとか、スイッチ類はどうだろうとか、あらゆるものを考慮に入れました。そのおかげで、あの映画は納得のいく基盤ができたと思っています。

JC：宇宙服の質感をはじめ、俳優が着ていた物、触れていた物はどれもリアルに感じられた。あのミッションで使われた宇宙船は、明らかに現実世界で実際に使われているものとは違っていたけれど、すんなりと納得できた。回転する宇宙船と同じ速度で降下艇を回転させながらドッキングする

『インターステラー』で、別の銀河に人類の新天地を求めるラザロ計画に参加したジョセフ・クーパー（マシュー・マコノヒー）とアメリア・ブランド（アン・ハサウェイ）

あのシーンは、過去のどんなSF映画よりもハラハラしたよ。ずっと頭で思い描いていたような映像だった。『2001年宇宙の旅』のドッキングシーンを彷彿とさせたのは、言うまでもない。とりわけ1940年代から50年代にかけてのSF小説は、宇宙に対してハード技術でアプローチするものが多かったが、そういった作品では常に回転ドッキングが登場していた。遺棄された宇宙船に乗り込むためとか。回転しながらドッキングする描写は、物語の筋を追う上で当然のごとく常軌を逸した手に汗握る瞬間になるんだが、君の仕事ぶりは見事だった。緊迫のシーンだったのに、同時に、なんて美しいんだとも思ったよ。

CN：褒めていただけて光栄です。**僕にとって、あのシーンは『2001年宇宙の旅』の続編『2010年』（84）にインスパイアされたものです。『2010年』は過小評価されていると思う。『2001年宇宙の旅』があまりにも傑作だから、後続のフィルムメーカーが追随するのは難しく、自滅行為に近い。だけど、『エイリアン2』を作ったあなたなら、それがどんなものかはわかっているはずですよね。**

JC：あれも自殺ミッションみたいなものだった。

CN：それでも、あなたは壮大なスケールでやってのけた。

JC：悲惨な結果は逃れられた。自分に向けて撃った弾丸を、どうにかこうにか避けたという感じかな。

アーティストには描けない "ブラックホール"

CN：あの『エイリアン』の続編ですから、相当の重圧を感じながらの難しい仕事だったはずですが、あなたは見事に『エイリアン2』を成功させた。ピーター・ハイアム

ズが監督した『2010年』は、もっと評価されるべきだったと思いますね。その原作である「宇宙の旅」シリーズの小説を、僕は子供の頃に読みました。先ほど、あなたがドッキングのシーンについて触れていましたが、小説の中でアーサー・C・クラークは、映画よりもずっと細かく機械類を描き込んでいました。あれは、機械についての話です。だからこそ、映画でディスカバリー号が回転しているシーンでは、その中央の軸やドックの内部まで細かく描写しなければならなかった。僕自身も『インターステラー』できちんとした物理的手法で回転ドッキングのシーンをやってみること、正確にニュートン物理学を考察することには興奮しました。この作品の大部分では、量子物理学、アルベルト・アインシュタイン（の相対性理論）について語り、さらにはアイザック・ニュートンの力学にも触れているわけですから。そして、その上で映画ファンに内容をきちんと把握してもらい、人として大切なことにしっかり気づいてもらうのを狙っていました。

JC：さらに、君は一流の専門家の協力を得ることで、重力レンズ効果（直進する光が、大きな質量を持った星の近くでは重力の作用を受け、カーブしたり、進行方向を変えたりする現象）やブラックホール周辺の大きな歪みを見せるという、徹底的なアプローチを行った。

CN：専門家との話し合いは、実に興味深い素晴らしいものでした。**キップ・ソーンは物理学の権威で、『インターステラー』を実現するためのそもそものアイデアは、彼とプロデューサーのリンダ・オブストが考案したものなんです。その後、僕の弟に声がかかりました。**とはいえ彼らは、教科書的な映画のようにリアルな科学を説明するためのものを求めていたわけではありません。リアルな科学がベースになっている、それ以上のものを生み出そうとしていた。

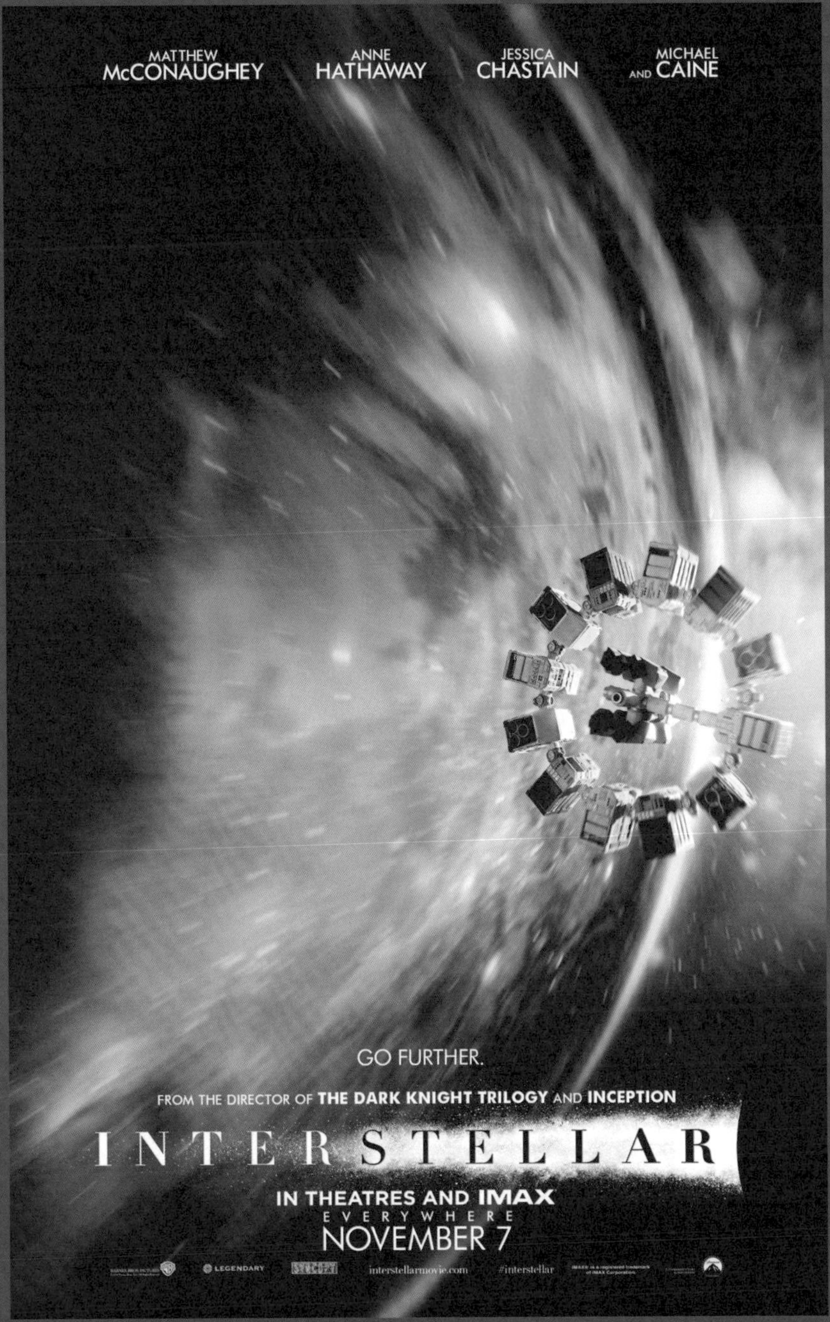

『インターステラー』の劇場用ポスター

打ち合わせのときにキップからは、「こういった物理学や天文物理学のコンセプトを理解できるなら、相対性理論をはじめとするあらゆる要素を扱う物語の大きなスタートを、君に切ってもらいたい」と言われました。

JC：端的に言えば、そのコンセプトは"時間のひずみ"だね。

CN：その通り。ブラックホールも面白い要素でした。かなり早い段階で、キップは僕にこう言ったんです。「ブラックホールのシーンに取り掛かるときは、視覚効果スタッフとまず話し合いたい」と。フィルムメーカーとしては、「自分たちが望むようなビジュアルにしますから」っていうふうに返したんですが。

JC：それは少し生意気に聞こえたかもしれないね。

CN：横柄だったでしょうね。でもキップは理解してくれました。そして、僕はこう思ったんです。彼は映画に対して本当に情熱を持っているんだなと。「視覚効果スタッフと話し合いたい」というには、それなりの理由があるはずだと。そして、その後僕は悟りました。キップは物理学的情報を、正確にコンピュータに入力して、今の技術がこのブラックホールとやらをどのように見せられるか、そのイメージを可視化することに対して非常に慎重だということを。

JC：彼自身、ブラックホールをその目で見たいとずっと思ってきたんじゃないかな。

CN：ええ、彼はいつでもそう願っています。僕たち現代人には、答えを出してくれるコンピュータがあります。あらゆる種類のコンピュータと方程式……数学を駆使すればいい。しかし、視覚効果に何ヶ月もの膨大な時間をかけていられるほどの余裕はありません。そこで、**視覚効果スーパーバイザーのポール・フランクリンがキップと一緒に作業を行いました。ポールもかなり**の科学通で、ふたりは正確な方程式を用いて、3Dグラフィックス処理を進めていき、彼らが作り上げた映像を見た僕は、ただただ衝撃を受けましたね。ブラックホールを取り巻いて、盛り上がっている降着円盤（ブラックホールを取り巻く、ガスや塵から成る回転円盤のこと）のあの姿ときたら……。

JC：映画に出てきた降着円盤は、重力と、巨大なレンズによって歪まされていたね。

CN：あんなもの、普通はデザインできませんよね。

JC：無理だ。アーティストには思い浮かばない。それが問題なんだ。何年も、何十年も、ハリウッドのデザイナーたちは宇宙船をデザインしてきた。『フラッシュ・ゴードン』の時代から、宇宙船といえば、片方の端が尖っていて、反対の端には尾翼があり、どこかの惑星に着陸するときは、地面にペタンと船体を接触させる。ところが、アポロ計画の月着陸船は、それまで誰かが考えてきたような外見ではなかった。あれを分解してみれば、どうしてそういう形なのか、ちゃんとした理由があるのがわかるはずだ。

CN：そうですね。映画に登場する宇宙船って、機能を度外視したフォームになっている場合が多い。僕は視覚効果が大好きなんですが、アナログ特撮での描写が不可能な場合は、CGに頼らないといけない。**意外かもしれませんが、フルCGで映像を作り込むときに、アルゴリズムをベースに処理をしていく過程が僕は好きなんです。**その場合、必ずしも、アーティスト目線で作業を行うわけじゃありません。「オーケー。じゃあ、それに数式を加えてみたらどうなる？ そのイメージを描き出すのに、この手順でやってみたら？」という感じに。まあ、最終的にはアーティストの目で見つめるわけだけれど、映像がぶれたり、あれこれ起きたりして生まれた歪みとか、偶然に

でき上がった奇妙なイメージを創り出すことになる。結局、ブラックホールの映像化は非常にうまくいったので、キップは実際にその過程でわかったことを論文にまとめたほどなんです。文字通りのフィードバックですね。**キップは僕たちに方程式を教え、僕たちがブラックホールの映像を作り出し、それで彼は、今度は他の科学者たちに「いいかい、これが視覚化されたブラックホールだ」と示せたんです。**

JC：それって、SF界の素晴らしい好循環じゃないか。我々がそういった類のものを想像し、優れた能力の持ち主がSF作品で描いてアイデアを提示し、科学者を刺激する。そして彼らは、それらが本当に存在するのかを見つけ出す。科学者がSF作品にインスパイアされるってことは、実によくある話だ。

CN：『2001年宇宙の旅』に話を戻しますが、あの映画にはiPadのようなデバイスが出てくるんですよ。本当にそっくりですよ。フィルムメーカーたちはこれを無視するわけにはいきません。スピルバーグだってあのインターフェイスを『マイノリティ・リポート』に用いている。

JC：（指でスワイプしたりする）ジェスチャーをベースとしたインターフェイスだよね。今じゃ、我々は当たり前のように使っているけど。

CN：SFは、すごく影響力が大きい。誰もまだ殺人ロボットを考え出していないのは、幸いというか……。

インターネットの普及を予知した SF作品は存在するのか。

JC：だが、無人攻撃戦闘機はすでに存在している。とはいえSFは、過去の例を見ても、未来を予見するのはひどく不得手で、むしろ現在や先行き不透明な今の動向を歪

んで映し出す鏡になりやすいとは思わないかい？

CN：僕は、スペキュレイティブ・フィクション（科学に限定されずに、ファンタジー、ホラー、歴史、哲学といった様々な要素を組み合わせたものとも、思索をめぐらせた思弁小説とも言われる）**について語る方が好きなのかもしれない。**『インターステラー』からは、いかにも未来志向なアイデアを取り去りましたし、SFが前提の『インセプション』でもそういう部分がありました。いずれの作品でも、僕はあらゆるスタッフに、「違う。これは、現在の話だと思ってくれ。遠い未来じゃなくて、今と同じ世界で起きていると考えるんだ」と話していました。というのも、このタイプのフィクションは、物ごとがこれからどうなっていくかという趨勢（すうせい）を"推測"するのにとても長けていると思うからです。（作品にSFチックなアイテムを登場させたりして）物語が向かう先で人類がどうなるかを見事に"予言"してみせる必要はないわけですよ。

JC：君もわかっているはずだが、20世紀のSFは、インターネットやパソコンの普及、それによる社会やテクノロジーの変化を予想していなかった。

CN：それに関しては、ちょっと異論があるんですが……例えば、**ウィリアム・ギブスンはインターネットを視覚化していました。特に「ニューロマンサー」（84）で。**現代のインターネットに比べたら、まだまだ初期の段階ですけど。あとは、「アンドロイドは電気羊の夢を見るか」（68）はどうでしょう？ 子供の頃、僕は『ブレードランナー』に取り憑かれたようになっていて、原作を読みました。非常に変わっていて、独特でした。あの小説には、"共感ボックス"という装置を通じてバーチャルな世界で教祖マーサーの言葉を聞き、他の信者と試練を共有する宗教"マーサー教"が登場します。それは感情を他者と共有できる

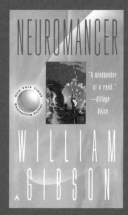

ウィリアム・ギブスンによるサイバーパンクの古典「ニューロマンサー」（エース・ブックス社刊）の表紙

装置で、機械の上に手を乗せると、世界中とつながることができる。

『ウエストワールド』（2016-）はジョナサンが関わっている現代のテレビシリーズですが、基になっている1973年の同名映画──こちらには弟は参加していない──を見ると、基本的にロボットの話ではあるものの、そこで描かれる世界は非常にバーチャルなものに思えます。細かい設定ですが、『2300年未来への旅』（76）という映画では、主人公が自宅の居間であるものを選択する際、壁に映し出されるデータを眺め、嫌ならば「ノー」と言うシーンもありました。今でなら、右や左にデータをスワイプさせるように、簡単に物事を選択できる。これは、何百万キロも離れた場所の出来事ではありません。**アーサー・C・クラークが静止衛星の概念を考案したように、SFは、かなり稀ではあるけれど、人間社会に密接に関わることになるものを予言していると思います。**

JC：そうだね。クラークが静止衛星の原理を考え出したのは、1940年代だった。彼は30年かそこら、先んじていた。

CN：しかしまた、あなたのSFの正確性に関する評価も同様に、この数年間に変化を遂げています。子供の頃、未来都市をイメージしたディズニーワールドのテーマパークのひとつ、エプコットに初めて行った際、案内所でビデオチャットができたんですよ。これぞ未来だって思うと同時に、少し滑稽に感じましたね。案の定、FaceTimeやビデオチャットの考えは、実用化されて普及するまで何十年もかかりました。とはいえ、『ブレードランナー』や『2001年宇宙の旅』にはビデオチャットのシーンがあるし、それが現在、どれほど世の中に浸透しているテクノロジーになっているかは、誰もが認めるはず。同じように、『2001年宇宙の旅』で出てきたAIのアイデアも変化しつつあると思っています。

JC：ぐるりと一巡してきているわけか。

CN：ゆっくりとひと回りしています。あまり気づかれてはいませんが。初めて自分の子供たちにあの映画を見せたとき、ひ

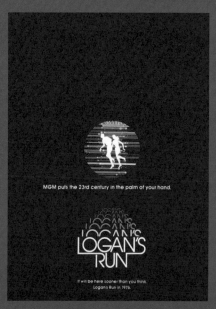

入口爆発を防ぐため、30歳になった者は殺されてしまうというシステムが導入されたディストピア的な未来を描いた映画『2300年未来への旅』の劇場用ポスター

原作・監督マイケル・クライトンの1973年の映画『ウエストワールド』の劇場用ポスター

とりは僕にこう質問してきました。「なぜロボットがしゃべるの？　どうしてコンピュータが話すの？」って。会話するコンピュータというアイデアは、うちの子たちには馬鹿げたものだったんでしょう。映画に出てくるHALは、Siri以前のものですから。「そうだよな。彼らにとっては、コンピュータは自発的に何かをする存在じゃない。単なる道具だ」と、思いましたね。コンピュータはタイプライターと同等で、ただのツール。インターネットにつないでくれて、何か作業をする機械に過ぎない。大量の情報を1ヶ所に集められるわけでもないし、能動的な人格があるわけでもない。でも、『2001年宇宙の旅』から何年も経って、しゃべる人工知能がSiriとして戻ってきた。そして、AIにおけるこうした研究は、再び変化し始めるんです。

JC：だから、AIの研究、さらにはロボット工学研究の多くは今、人間の感情を創り出そうしている。我々が自分たちを正確に映し出し、交流するための何かを持てるように。私の義母は87歳で、オクラホマに住んでいる。彼女はSiriに話しかけて、こう言うんだ。「まあ、ありがとう。良い1日を過ごしてね」って。南部らしい礼儀正しさからなんだろうけれど、彼女は、Siriをなんらかの性格というか、人格を持った相手のように感じているみたいだ。

CN：そういった傾向が続くのか、あるいはロボット工学として、人々が「実際のところ、ロボットが人間みたいな外見になる必要がある理由などない」と言う時期が来るのかどうかを見守るのは興味深いですね。工場で稼働しているロボットはありますが、それらは人間とは似ても似つかない。あくまでも機能優先の機械ですから。

JC：『インターステラー』で、君は、ロボットの動きと形状で、非常に奇抜な手段を選択した。

CN：プロダクションデザイナーのネイサン・クロウリーに伝えた説明は、「建築家のルートヴィヒ・ミース・ファン・デル・ローエがデザインするロボットだと考えてくれ」でした。つまり、ものすごくシンプルで、エレガントな作業用具。多少なりとも、人間の動きを模倣する意図があってはならない、ということ。映画に登場するロボットは、実用的な機械に過ぎないんです。

JC：今日、ボストン・ダイナミクス社の新しいロボットの映像をちょうど見てきたところなんだ。脚と車輪があって、基本的にパルクール（道具を使わず、人間の身体能力のみで、高い柵を越えたり、壁をよじ登ったりしてすばやく移動するスポーツ）ができる。小さなアームが2本備わっているが、ちゃんとした腕でも、遠隔操作機でもなく、バランスをとるためのポッドなんだ。このロボットは、信じられないくらい機敏で速く、宙を飛んだり走ったりして、身体を後方に曲げて停止できる。人間とは全く違うし、他の動物とも似ていない。それでも完璧に動き、高い機能性のせいで、見ているうちに美しい何かに見えてくる。前進し、テーブルの上に飛び乗り、別のテーブルへと飛び移り、飛び降りて着地し、前屈みになり、スケートボードかスノーボードをしている者のように後ろに反るようにして止まるんだ。私は、ロボットの外見は、何に似ていてもいいと思う。彼らは機能やひとつの作業やたくさんの仕事を行う能力で判断されることになるだろう。

CN：最終的に、AIもそこに向かうことになるんじゃないでしょうか。それってチューリングテスト（アラン・チューリングが考案した、機械が知的かどうかを判定するテスト）のアイデア、人間の知能を真似ようとする考えだと思うので、機械が見掛け倒しだということを証明するかもしれないし、人間ができる以上の量をこなし、さらに人間よ

りもうまくできるという時点で、単なるロボットではなく、それ以上の存在になるかもしれない。『ターミネーター』のスカイネットは、自己を認識するAIという点で、何がインスピレーション源になったんですか？ とても影響力の大きいアイデアですよね。

JC：自己認識をするAIということであれば、HALという存在があったからね。後は『2001年宇宙の旅』から数年後に、『地球爆破作戦』(70)という、驚異的な自己進化を遂げるコンピュータを描いた映画があったな。もともとは国家ミサイル防衛の要として開発されたんだけど、事態は思わぬ方向に進み、コンピュータは世界を支配すべく配電網を乗っ取り始めるんだ。賢い大型コンピュータが人類を支配しようとする話は、しばらくあちこちで流行してい

た。とはいえ、そういった設定を最初に考案したのは、おそらくスタンリー・キューブリックだったと思う。続編の『2010年』では、HALがどうやって人間の手で無力化されるに至ったかが描かれている。HALは、人間がインプットしたあることが原因で精神疾患のような状態になっていたんだ。人工知能をコントロールしようとして、逆に、最も悪魔的な存在に変えてしまうというシナリオは現実に起こりそうだ。

CN：SFは、そういった物ごとに対する警告を必然的に受け入れている。僕はそこに希望を見出すんです。なぜなら、SFに影響を受けた人々は、そういった危険にはっきりと気づいているから。SFは、この種の危険やそれがどこに向かうかを掘り下げていくのに適しています。

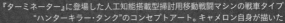

『ターミネーター』に登場した人工知能搭載型掃討用移動戦闘マシンの戦車タイプ
"ハンターキラー・タンク"のコンセプトアート。キャメロン自身が描いた

"夢"に魅了され続け、出会ったのは『マトリックス』

CN：『インセプション』を作る際にインスピレーションを受けた作品のひとつが『マトリックス』です。あの作品は、まさに、「オーケー、僕たちの周りの世界は現実じゃないんだ」と捉える話でした。いわば、プラトンの洞窟（暗い洞窟内に鎖でつながれた囚人は、背後の松明の灯によって、自分の前の壁に映る人や動物の影を実在と思い込み、解放された囚人が太陽に照らされた影の正体を見ても、影の方が真実だと思い込むという可視的世界と可思惟的世界〈イデア界〉の比喩）で、人類史最古の哲学的問いかけです。どうやって人は、自分を取り巻くものがリアルなものと判別するのか。

JC：『インセプション』では、どんどん深層階に潜っていくと2度と出てこられない──好んで出てこない場合もあるが──ものの、自分ではそれ以上選択の余地がない地点に到達するという教訓めいた要素も描かれているね。なぜなら、登場人物は皆、最初に選択肢を持っているが、物語が進行していくにつれ、それらを失っていくからだ。

CN：ええ、確かに。その案に対して影響を受けたもののひとつが夢ですね。僕はいつも夢に魅了されてきました。世界に対する主観的な見方に関して、夢が僕たちに何を伝えるのか。そして、そういった考え方に夢がどうやって入り込み、重要な役割を担うか、ということについても。特定の例を挙げるとしたら、ウィリアム・ギブスンの「ニューロマンサー」ですかね。この作

クリストファー・ノーラン監督作『インセプション』で、現実世界が上下逆さまになるシーン

品の登場人物たちは、自分たち自身のためのちょっとしたメインフレームコンピュータを創り出します。そこは、自らが好む方法で世界を所有でき、永遠の居場所を得られる世界でした。また、『スター・トレック』の第1シーズンの24話「死の楽園」というエピソードも印象深かった。危険な環境の惑星なのに、住人は皆元気で、幸せそうに暮らしている。しかし、彼らはそこで、己を見失い、ある意味、自由意志も自意識もなくしているという別の現実も描かれていました。

JC:もしくは、合意的現実（人々や社会が「現実」と呼び、皆が同意する現実としての概念）である、日常的な世界に参加したいと切望する気持ちすら失っているかも。

CN：僕たちのような仕事をしている人間は、別の現実を持っているようなものだと思うんです。リドリー・スコット監督とも同じような話をしました。フィルムメーカーは、この世では己をなくしていて、それを楽しんでいると。2年ほど、あるいはその映画ができるまで、違う世界で生きるわけです。もちろん、その代替現実は危険性をはらんでいます。明らかに好き放題やってしまうだろうから（笑）。

JC:私は、これから8年やそこらを——この歳になると、8年なんて長い歳月の括りで考える機会はそうそう残されているもんじゃないだろうが——『アバター』の登場人物たちとパンドラで過ごすと決めたところだ。それを、ある種の認知症だと考える連中もいるだろう。だけど、実際にそうすることは楽しいし、アーティストとして、あの映像で言うべきことは全部言うことができるだろうと感じている。だから、『アバター』の続編に何年間付きっ切りになろうが、自分ではなんの苦痛も迷いもない。きっと制作も半ばを過ぎた辺りで、「なんで自分は、70ミリフィルムの戦争ドラ

マのようなリアルなものを作っていないんだ？」って自問することになるだろうけどね。君の話に戻ると、君の映画のビジュアルは、夢で見たものに感化されているってことかい？

CN：ビジュアル面に限ったことではなく、コンセプトもそうです。目覚めている日常が"散文"なら、夢を見ている時間は"韻文"。**僕はまどろんでいるときに、プロットのヒントを授かることがよくあるんです。**実は、『インセプション』のインスピレーションの多くは、大学時代、僕がまだお金があまりなかった時期に得たものでした。当時、学校で朝食は無料で提供されていたんですが、午前8時か9時には終わってしまう。当然ながら、学生の僕らは夜通し友人と話したり、遊んだりしていましたから、ベッドに入るのが午前4時なんてことはザラでした。で、目覚まし時計をセットして起きて、ギリギリセーフで無料の朝食にありついて、またベッドに戻るという生活でしたね。そういうわけで、二度寝のときは、「自分は今、夢を見ているな」ってわかる状態になるんです。自分で何か起こしてみようとか、夢をコントロールすることもよく試みていました。

JC：明晰夢だね。

CN:ええ、明晰夢というか覚醒夢というか。じれったくなるときもありましたが、なかなか面白い状態でした。夢の中で実際に何かを作用させたり、夢そのものと交信できたりする瞬間がときどきあって、結構ハマりましたね。あれって、もはや特殊能力ですよ。**というわけで、それが『インセプション』の起源です。何年間も、僕はそれを違うジャンルでやりたいと思っていたけれど、どういう方向性に持っていけばいいのかがわからなかったんです。ですが、おそらく『マトリックス』が助けになったと思います。**あの作品が、僕のアイデアをどうやっ

『マトリックス』の劇場用ポスター

客を誘う手法に感服した。**最後のあの小さ**
な独楽も……。誰もが、あの映画のラスト
4フレームの重大さを理解している。あそ
こに全てが集約されているわけだから。
CN：劇場の後ろの方に座って観たら、面
白かったでしょうね。
JC：観客が息を呑むのが聞こえただろう
からね。
CN：映画を観ている人たちが息を呑み、
唸るのを聞き、彼らが僕に気づかずに映画
館を出ていくのを見届ける……。
JC：あの作品に騙されたと思う人も中に
はいるだろうが、大多数は非常に満足する
はずだ。
CN：曖昧な言い方かもしれませんが、も
し人々が話の核心を掴むか、意図的にあの
ような展開になっているのがわかった場合、
最後は多少気の利いた感じですから、彼ら
は、いい意味で唸っていたと捉えたいです
ね。
JC：それは実現していたと思うな。ハッ
として息を止めたり、あるいはスリルを感
じてゾクゾクしたりね。
CN：まさしくそれを狙っていました。で、
観客もこちらの意図をわかってくれたよう
に思います。『**インセプション**』では、**複**
雑なルール設定の世界で物語が展開しつつ
も、世界観は現実と大きく解離していま
せん。つまり、非現実と現実の巧みな組み
合わせが実現できたんです。特にSFの分
野では、それが必要です。映画の作り手
は、観客が「これは自分の身近で起きてい
る」と感じられるレベルの世界観を作り上
げなければなりません。『インセプション』
は非常に内省的な映画でした。あらゆるも
のが、マトリョーシカのごとく、内に内に
と層を成している。僕以外にも"夢の中の
夢"というアイデアの映像化を試みた人も
いるでしょうが、簡単ではない。僕たちは、
SF作品とすることでそのアイデアを映像

て観客に理解してもらえるかという点で導
き手となったんです。
JC：君が『マトリックス』にインスパイ
アされていたとは興味深いな。だけど君は、
『インセプション』という映画史上、稀に
見る独創的な作品を創り出した。物語につ
いていくだけでも大変だが、世界観もスリ
リングで複雑怪奇……マトリョーシカのよ
うな入れ子人形的現実を描いていたね。私
は劇場で鑑賞した後に、11歳の娘とブルー
レイで一緒に観た。ビデオゲームやバー
チャルリアリティ、アニメに入れ込んでい
る子でね。彼女はすんなりと内容につい
ていけていたよ。11歳の子が混乱するこ
となく映画を理解できるのに必要なもの
が、ちゃんと作品の中にあったわけだ。私
は、映画の中の取り決めに驚かされ、君が
知的なからくり箱を創造し、作り手である
君自身や登場人物たちと遊ばせるように観

化し、作品を人々に売るということができました。**比喩的ではなく、現実的な世界を描くことで、より"仮想現実感"を感じることができるようにしました**。ある時点で、幾重にも層を成す世界の内側に存在する複数の世界という発想とその映像に触れた観客は、とても興奮することになる。あの映画は、観る者に語りかけていたと思います。
JC：君の作品全般に言えることだが、君はデザインを奇抜なものにするという衝動に抗っているんだな。私が最も感心したのは、あの映画が突拍子もない方向に行かないように、厳しく自制していたことだ。"ダークナイト・トリロジー"でも、君はバットモービル"タンブラー"を実際に造った。CGじゃなく、"本物"をね。

『インターステラー』と時間旅行

JC：君はタイムトラベルは可能だと思っているかい？
CN：様々な観点からタイムトラベルを考えることができると思います。例えば『インターステラー』……あれはタイムトラベル映画ではありませんが、時間旅行の要素は含まれています。
JC：最後に時間が折り重なっていくね。
CN：ええ。あれは、僕と理論物理学者のキップ・ソーンの間で長いこと議論してきたテーマでした。彼は、科学に関する本──『インターステラー』のストーリーに沿いながら、背景にある物理現象を説明した素晴らしい本（「The Science of Interstellar」）を書いていたんです。その原稿が届いたのは、僕はちょうど編集作業中で、映画を仕上げているところでした。その時点で、キップはすでに映画を2、3回は観ていたはずです。僕が読んだのは、"テサラクト"と呼ばれる奇妙な空間を解説している章。ブラックホールに落ちたマシュー・マコノヒー扮する主人公のクーパーがたどり着いた場所なのですが、テサラクトとは、超立方体、つまり4次元の立方体の名前です。キップは彼の本の中で、僕が取り組んでいたテサラクト──彼はそれを"ワイルド・スペキュレーション（無謀な憶測）"だと呼んでいた気がします──に触れ、「ノーランは自分で作った（単なるタイムトラベル映画に

テレビシリーズ『ジェームズ・キャメロンのストーリー・オブ・サイエンスフィクション』のセットで、クリストファー・ノーランにインタビューするジェームズ・キャメロン。撮影はマイケル・モリアティス

しないという）ルールを破っている。あれじゃタイムトラベルだ」と言っています。僕は、キップと一緒で、ものすごく守りの構えに入るたちなので、彼に映画を2回以上見てもらい、このテサラクト全体を説明しました。キップの科学的知識から引き出して作り出した空間だったので。で、僕はキップにこう言ったんです。「オーケー。次元として時間を捉えるという別の方法があって、量子理論はそれを一方向で行う。僕は、自分たちが空間的な3次元を認識しているという考え方をしている。そのひとつ先の次元は4次元時空間で、僕たちの空間3次元に時間1次元を加えたもの。さらに5次元の世界に生きている生物は、可能性として、4次元時空間として僕たちの時間次元を眺めているかもしれないということを、僕は提案しているんです」と。僕は5次元を物理的次元と呼び続けていましたが、「何次元であろうと、次元はどれも物理的な次元だよ。君は使う言葉を間違っている。5次元は空間次元なんだ」と、キップに言われました。けれども映画では、物理的次元という言葉はそのまま残してあります。その言葉の方が理解されやすいだろうと考えたからです。

　1次元を観察するには、ひとつ上の2次元の生物でなければなりません。2次元を観察するためには、3次元の生物である必要がある。ですから、4次元を眺めるには、5次元の生物でなければならないんです。そして、4次元時空間とは、僕たちが時間だと感じる"何か"なんです。早い段階でキップが僕に教えてくれたのは、次元を越えられる力は重力だということ。これは物理学の中でも素人が精一杯努力してやっと理解できる事象です。クーパーがテサラクトに入った際、観客が目にするのは、3次元で表現された4次元空間なんですね。彼は時を旅しているのではなく、あのバルク（時空）の中を移動しているんです。そして、ブレーンワールド（膜宇宙とも。4次元空間の宇宙は、さらに高次元のバルクに埋め込まれた膜のような時空ではないかと考える宇宙モデル）から抜け出し、過去を眺めることが可能になっている。というのも、クーパーは物理的次元としての時間の中を行き来しているからなんです。アン・ハサウェイ演じるアメリア・ブランド博士は、映画の初めの方で、この高次元が存在していることについて言及し、「たぶん、"彼ら"（高次元空間にいる存在）は、私たちが谷を下るように過去へ、山に登るように未来に行ける」と語っています。テサラクトは、そうしたアイデアの上に築かれているんです。

JC：だが、クーパーは情報を送ることができる。

CN：ええ、重力を使って。

JC：君が時を遡って物質を送ろうが、データを送信させようが、"何か"が実際に移動して送られる。私はそう捉えたんだがね。

CN：全くその通りです。

JC：クーパーは、ジェシカ・チャステイン扮する彼の娘にデータを"送る"。そうだったね？

CN：はい。キップが何度か映画を観た後に、そのシーンで、彼は僕のテサラクトのアイデアをようやく理解し、「前もって決めていたルールは、結局、破られてはいなかった」と認めてくれました。我々が利用した物理法則は一貫しており、ぶれていません。僕が物理学で誰かに説明するなら、このテサラクトは基本的に、クーパーがデータを送れるように高次元にいる存在が創り出したマシンだって言うでしょうね。

JC：じゃあ、『2001年宇宙の旅』や『アビス』（89）でそうだったように、より高度な媒介となる何かが存在していて、その媒介となるもののおかげで、ワームホールができるわけだ。

CN：ええ。映画を観ていないならネタバレになってしまうんですが、"彼ら"——"彼ら"と呼ばれる存在って、本当に多くのSF映画に出てきますよね——すなわち、より高度な知性を持つ生命体が、実は未来の人類に過ぎなかったというアイデアに僕は胸が躍りました。

JC：未来の我々だね。

CN：未来では、人類はどうにかして5次元空間を生きられるように進化していた。5次元には、原因と結果、過去と未来は存在しない。そこは、空間次元そのものとしてしか存在していないんです。そのおかげでタイムトラベルができるようになっている。ただ、映像でその原理を説明するのは、決して簡単なことではありません。ですがこれは、『ターミネーター』のような世界——避けられない運命を全うさせる時間旅行というアイデア——にもつながるわけです。自分は5次元から来て、4次元として時間を見ているんだという場合、原因と結果は4次元には流れていきません。原因と結果はもう存在しないんです。だから、自由意志は、完全に異なるやり方で定義されなければならない。『インターステラー』の主人公クーパーは、テサラクトを通して過去に干渉しているとき、運命を全うする。そうせざるを得ない方法で。けれど、彼は自由意志を働かせているんです。それって『ターミネーター』でも起きていることだと思うのですが。

JC：自由意志が、最初にターミネーターをそこに送り込んだ。彼は自らあのミッションを選び、そこへ赴いた。もし彼が行かなかったら、彼らが未来で手に入れられるものは何もなかっただろう。自分が監督した『ターミネーター』シリーズの最初の2作で、私はこのことに直面した。そして、最新作『ターミネーター：ニューフェイト』では、そこをどうするか、いろいろ考えた。とにかく問題は、スカイネットが自らを発達させる基盤となったチップを見つけ出すためにターミネーターを過去に送り込まなかったなら、スカイネットは存在していただろうかってことだ。つまり事実上、スカイネットを創り出したのは、スカイネット自身だった。量子論の世界で、「無」だと思われていた真空の宇宙に無数の粒子が出没していること、真空から全てを取り除いても、発生源のないエネルギーが取り残されていることが明らかにされた。そして、前者（真空で生成される無数の粒子）と後者（発生源のないエネルギー）が同じものだという量子論の説明とスカイネットの件は、似たようなものだ。スケールが違うだけだよ。

CN：『インターステラー』で提示されている時間の理論のおかげで、僕もパラドックスとしてではなく、そういった概念を理解できたんです。ちょっとぶっ飛んだ思考かもしれませんが。

JC：ちなみに、ほとんどの物理学者は時間理論と自由意志を理解しているよね。

CN：彼らはきちんとわかっています。ですが、直観に頼っていることも多い。これは、キップが僕に語ったことのひとつで、研究には"直観"による理論がかなりの割合で存在しているそうです。僕が物作りの過程で直観で何かを知ったり、決めたりしていたことに、彼は感心していました。物理学者として何かを本当に理解するためには、知識を得るだけでなく、その何かを"感じ"なくてはならない、とも言っていましたね。自分たちが面白いと感じたことを扱う。まさしく僕たちフィルムメーカーがやっているようなやり方です。"時間"は確かに、興味をそそられた一要素でした。時間の理論があったから、もはや原因と結果が意味を持たない世界を眺める方法を僕は思いついたわけです。僕は心から、

『インターステラー』では、それが正しかったと信じています。

JC：我々は自由意志を持っていると思うかい？

CN：自由意志の概念が何か、人々は誤解していると思うんです。自由意志と聞くと、原因と結果という構図を連想する人が多い。もし自分の人生を映画にして、時系列を逆にして現在から過去へと時間を遡って再生しても——さっき、『メメント』の話題も会話に出てきましたが——それはタイムトラベルではありません。ですが、同じようなアイデアです。"復讐"という物語の軸があり、そこで時間の流れを逆転させると、一体何が得られるか？　そういう意味で、『メメント』は立派なSF作品なんです。

社会を違う視点で描く SFの素晴らしさ

JC：君はあちこちでSFに手を出している。『ダークナイト』と『ダークナイト ライジング』は、現にディストピア的SF作品と言えるだろう。バットマンが最新技術を熟知し、目を見張るような品々を生み出したからではなく、たったひとりで守る者を"救済"とするとてつもない堕落した状態の街を、観客に見せているからだ。

CN：それには同感です。

JC：君が現実世界と映画の世界観は大きく乖離させないと言っていたが、あの2作で描かれている世の中はかなりクレイジーだったと思う。

CN：確かに。作り手自身が発想した世界でなら、映画が反体制的な色を帯びても許されます。例えば、スーパーヒーロー映画とかポップコーン映画で反体制要素があっても、人々はすんなり受け入れられる。そういった作品は我々が仕事をしている世界で生み出されるものだし、愛もあるわけ

なので、ポップコーン映画などと呼ばれても、映画の本質を貶められるとは考えていません。僕はその種の映画を作るのも大好きですから。ですが、その中で、どうしても極端な描写をしたり、非常に興味深いものの、過激でもある思想にアプローチしたりもする。とはいえ、観客はそれを危険視せずに、娯楽映画だからと割り切って楽しんでくれるんです。仮にあなたがディストピア的な未来体験を味わえる映画を作ったとして、僕だったら、作品で描かれるデマゴギー（指導者による民衆扇動）に目を向け、「これって現実でも起こりそうだな。その場合、どんな事態になるだろう」などと深読みするでしょうが、作り手がそういう作品で人々を憂鬱にさせたいかというと、必ずしもそうではありません。

JC：残念ながら、（アメリカでも）デマゴーグ（発言や情報で民衆を煽る指導者）はすでに存在しているから、もはやSFではなくなっている。

CN：ええ。SF映画で描いたことが実際に起こる……現実世界がSF作品に追いつくこともあります。だから、SF作品作りは僕をワクワクさせるのかもしれません。『ダークナイト ライジング』では、あの設定を考える上で、今のアメリカの社会階級や階級による分断、階級格差が創り出す緊張関係が今後どうなっていくのか推測し、掘り下げていかなければならなかった。そして、それをSFジャンルで描き出すことによって、未来予想図的な状況をかなり前面に押し出すことができました。そういう意味では、やはりSFであるわけだし、スペキュレイティブ・フィクションでもある。『インターステラー』ほど科学的要素は描かれていないけれど、世の中全ての動向から推定し、人類がどこに向かうのかを予見できるSFだとも言えるかと。

JC：もしくは、なんでもすぐに政治、社会、論理の色眼鏡で見てしまうような世界から

クリストファー・ノーラン監督作『ダークナイト ライジング』(12) でのワンシーン。
バットマンに扮しているのは、クリスチャン・ベール

我々を連れ出し、世間を別のレンズを通して見せてくれるSFかもしれないね。それって、私が思うに、SFの別の役割じゃないかな。特に、社会学的SFのね。まあ、そういった作品に出てくるのは、青や緑色のキャラクターだったり、尖った耳をした人物だったりする。我々は彼らをイスラム教徒、メキシコ人、あるいは、人種や社会経済用語で軽蔑を含んだ何かだと考えることなどはしない。

CN:その通りかと。SFだから、僕たちは偏見を持つことなしに様々なアイデアに触れられるんだと思います。

JC:典型的な例は『スター・ウォーズ』だね。

自由を求めて戦う者たちを、銀河帝国の連中はテロリストと呼ぶ。なので、観客は居心地の悪さを感じてしまう。もちろん、だからといって、私がテロリズムを擁護しているわけではない。

CN:SFの歴史の考察には、興味をそそられます。ジョージ・ルーカスは『地獄の黙示録』(80) みたいなものを検討していて、結局、代わりに『スター・ウォーズ』を創ることになったんでしょうね。

JC:ルーカス同様、『地獄の黙示録』の脚本家ジョン・ミリアスも反体制派だね。

CN:『スター・ウォーズ』はかなり反体制的ですが、何より、通常とは全く異なる方

法で物語を描き出すことを少しも恐れていない。「昔々、はるか彼方の銀河で」で始まる『スター・ウォーズ』のオープニングクロールで、観客はたちまち、自分たちが未来の話だと思っていたものが、"過去"に起きた出来事ということになっていると気づき、面食らうわけです。あれは、"未来"を違った角度で見せるとても素晴らしいやり方です。

JC：確かに天才的だ。「この作品はおとぎ話です」って観客に告げているだけなんだが、観客は「ちょっと待て。SFなのに"昔々"だと？」ってなるからね。映画では、ロボットや宇宙船が登場し、超光速の星間旅行が描かれる。とてつもなく広大な宇宙には、もはや存在していない銀河のアトランティス大陸のようなものがあった可能性があるのだろうか？　そして、それはいつのことなのか？　と、次々頭に疑問が浮かぶことになる。

『バック・トゥ・ザ・フューチャー』で語られたタイムトラベルの代償

CN：もし統計学に従うなら、天文学者のカール・セーガンが"ドレイク方程式"（同じく天文学者のフランク・ドレイクが「宇宙にどのくらいの地球外生命体が存在しているか」を推定するのに考案した方程式）を用いて数字を弾き出した通り、他の惑星にも生物がいることになりますよね？　同様の統計データによれば、過去には地球外文明が存在していたことになります。地球外知的生命体がいる場合、彼らはかなり長い歴史を有するはず。それは文明の歴史にも応用されます。その生命体は一体何者だったのか？　『スター・ウォーズ』世界の実現の可能性はかなり高くなるはずです。

JC：で、我々がまだ、地球外の誰からも連絡を受けていない事実についてはどう思う？

CN：『インターステラー』でも、そのことを取り上げました。途方もない距離が関わってくるので、気が遠くなりますね。地球を基準として宇宙を理解するのに、距離はなかなか厄介な問題のひとつ。人類が他の惑星や地球以外の文明と交流すると決めていたとしても、相手はあまりにも遠く離れているんです。時空間を行き来する光のスピードにも限界がありますからね。先日僕は、自分の子供たちに天体望遠鏡の説明をしました。キップと話をすればするほど、僕は、天体望遠鏡で見る星の光についての考え方を理解できたんです。要するに、望遠鏡は時間を遡って見る手段でもあって、単に遠く離れた空間を観察するだけの道具ではない、と。

JC：タイムマシンということだね。

CN：はい、望遠鏡はタイムマシンです。最も小さな星を見たとしましょう。星の位置が地球から遠ければ遠いほど、そこにあるのは、自分が望遠鏡を覗いている瞬間よりもずっとずっと過去の星の姿というわけです。理論上は、どんどん強力な望遠鏡を作り出すことが可能で、もっともっと過去に遡って星を見られるんです。考えれば考えるほどすごいことですよね。

JC：なぜ人はタイムトラベルに魅了されるんだろうか？　間違いを正せるという意味でかもしれない。あるいは、事後に正義を正す可能性があるからかな？

CN：とにかく僕は、時間に興味があるのかとよく訊かれます。まあ、これまでの人生、いつも時間の中で生きてきましたから、と答えるんですけどね。僕たちは、時間に囚われていると感じ、実際に囚われています。それは別に、哲学的な抽象概念ではありません。**人はある瞬間に留まろうとします。なんでもかんでも写真に収めたりして、必死になって目の前の現実にしがみつきた**

いと願う。それでも、時は遠ざかっていく。それは、タイムトラベルを扱わない文学でもよく描写されることです。時間に抗いたい、時間を戻したくなる、時よ止まれと念じる……のは人間なら誰でも考えるんじゃないでしょうか。でも僕たちができることと言ったら、「オーケー。だけど、本当に時間旅行ができたら……この瞬間を保存できたら……過去を訪ねられたら、一体どうなるのだろう?」と首を傾げることだけなんです。

JC:それが端的にSFの全てを物語っている。何かを仮定したり、想像したりして、もしそうだったとしたら、どうなるのか、と疑問を投げかける。宇宙旅行ができたら? 時間旅行ができたら? 地球外の文明と遭遇したら? ってね。

CN:SF最高傑作と呼ばれる作品は、こう伝えていますよね。もしも何かが可能だとしても、必ずしもそれが良いこととは限らない。あるいは、大した変化は起こらないかもしれないってね。タイムトラベルに関しては、僕たちの魂に響く何かがあると思うんです。時間旅行には、どういうわけか安心感を与える運命論が絡んでくる。間違いは起こって当然だと訴えてくるわけですから。

JC:起こって当然だし、あるいは、物語の中でたまたま起きないだけか、描かれていないだけかもしれない。それは、『ターミネーター』でも大きな謎になっているんだ。2作目で、ヒロインのサラ・コナーは木のテーブルの上に"NO FATE"という言葉を刻んだ。だから私は、宿命なんてものは存在しないという考えを、視覚的にもきちんと表現している。初めから決まっている運命なんてない、とね。

CN:運命は決まっているんじゃなくて、自分たちが作り出すもの。そういうことですね。ですが、あなたの映画を見る限り、

そうとは言い切れない気が……。

JC:口で言うほど簡単じゃないからね。とはいえ、『ターミネーター2』の話は続いていくと皆が信じたに違いない。

CN:だと思います。それって、少し前に僕たちが話した"原因と結果を信じる"ってことですよね。『ターミネーター』のその2作での、あなたのタイムトラベルへの取り組みが興味深いのは、自分自身の運命は自分でコントロールできるという力強いメッセージが根底にあるところだと思います。しかし、物語で様々な出来事が起き、サラが最後にジープを走らせているときに、実際には真逆のストーリーが語られる。この胸が疼くような感覚……彼らはそれを知っているのか? それとも知らないのか? あれこそ、素晴らしいドラマティックな要素でした。

僕にとって注目に値すべきもうひとつの作品は、ロバート・ゼメキス監督の『バック・トゥ・ザ・フューチャー』です。あれは、とにかく楽しい娯楽映画だったのが裏目に出て、SF作品としてはきちんと評価されていないと思います。でも、過去を変えることができ、そのドミノ効果が現在にも及んだら、未来に何が起こるのか。『バック・トゥ・ザ・フューチャー』では、タイムトラベルの大きな代償も描かれていました。作品では、それを文字通りに捉え、過去を変えられるので、全ては運命としてあらかじめ決まっているという運命予定説に真っ向から反対しています。時間を遡り、過去の出来事に手を加えれば、その影響は必ず起こる。そう事象を破綻せずに描くのは、フィルムメーカーにとっては難しいことなんです。

JC:現実が巻き戻されて、変化していくのを見つめるのは、なかなか難しい。「何が自分の観点なのか?」「どうやって登場人物の主観性を支えるのか?」といった疑

ロバート・ゼメキス監督の『バック・トゥ・ザ・フューチャー』の"ドク"ことエメット・ブラウン博士に扮する
クリストファー・ロイドとマーティ・マクフライ役のマイケル・J・フォックス

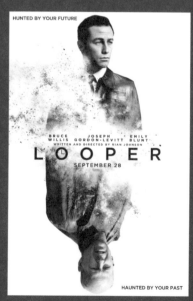

『LOOPER／ルーパー』の劇場用ポスター

問が出てくるからね。

CN：『バック・トゥ・ザ・フューチャー』
の次に、思い切った作品だと感じたのは、
ライアン・ジョンソン監督の『LOOPER
／ルーパー』でした。彼は、過去を通じて
現在を操作することを真剣に映像化しよう
としていて、非常に面白い。『インタース
テラー』では、『ターミネーター』の初期
2作とかなり似たようなシチュエーション
で終わりました。人間は所詮、時間の外側
には踏み出せないゆえ、"因果""介入""宿命"
に対する僕たちの理解は不完全だからです。

JC：じゃあ、同じ考えを持つ者同士、君
も私も映画『メッセージ』が好きだったに
違いない。我々は正確に時間の矢を把握し
ようとさえしていない。それは、反対の方
向に流れているのかもしれないし、同時に
双方向に動いているかもしれない。

CN：スティーヴン・ホーキング博士が自著で語っていたことですね。

JC：ああ、確か「ホーキング、宇宙を語る」という本だ。時間があっちに進むのか、それともそっちに行くのかを解明するのに、人は何十年も費やしてきた。

CN：人間の時間に対する捉え方は全くもって不完全で、おそらく皆が"時"というものを誤解している可能性がある。僕が思うに、物理学のおかげで、そういった事実がわかるんです。物理学は、我々が人間という存在を解明するひとつの手段で、SFはそれを追求するひとつの手段。そしてタイムトラベルとは、文字通りタイムマシンを作り、時間を旅して「タイム・マシン」の作者H・G・ウェルズの時代に向かうようなことで……そうやって考えると、全く興味が尽きない話題です。

JC：ウェルズのその小説が全ての発端になっている。そうだろう？　妖術とか魔法とかが出てくる作品以外に、ウェルズ作の「タイム・マシン」より前の例があるとは思わない。ハードSFという点では、それが紛れもなく最初の例だ。そして彼は1895年に発表した、たった1冊の本で、ひとつのサブジャンルを創り上げてしまった。

CN：タイムトラベルの可能性は無限です。あなたは誰よりもよく知っている——自分たちの前に起きた物ごとの狭間で踊り、「それってこのタイプの時間旅行かな？　それともあのタイプ？」と言う。あなたはパラドックスの中に埋もれてしまうかもしれませんね（笑）。

ノーランズ・ルール

JC：それにしても君は、観客にルールが設定されているとは気づかせないで、緩急をつけて皆を翻弄することができる。これまで監督した映画で、君はルール作りに非常に長けていた。それって、かなり大変で、能力が試されることだと思う。『ダンケルク』では、陸軍兵士が救援を待つ"陸"の1週間、小型船の船長が救援に向かう"海"の1日、敵機を迎撃する空軍パイロットの"空"の1時間という時間の流れ方が違う3つの別々の話が巧みに絡み合っている映画だ。それを理解するのは、そう簡単ではなかった。しかし君は、最初の3つのインタータイトル（映像の場面の途中に編集で挿し込まれる文字だけの画像）で3つの話があると示し、実にうまくやってのけた。『インセプション』でも『メメント』でも、同じことが言える。

CN：明言していないのに、ちゃんと察してくださったんですね。先ほど、テサラクトの構造について話しましたが、僕は『インターステラー』の中でそれを説明しようとしていたんです。でも、構造は滑稽に思えるほど複雑なんですよ。もし僕たちがフィルムメーカーとして理解し、こだわりを持って実行するならば、映像は観客にとって正確なものに感じられるはず。僕はそうだと信じ続けています。

JC：最終的に映画になるのは、頭で考えていたことの10分の1に過ぎない。もともとのアイデアやデザインは膨大な量で、実際にでき上がった作品は、その氷山の一角だ。

CN：あなたが『ターミネーター』を受け入れ、さらに、後から付け足したように感じさせない方法で再検討することができたのは、まさしくそういう理由です。それは、最初の映画の世界にすでに存在していたかに思えた。というのも、その映画に対する厳密さがあったからです。あなたは、タイムトラベルを言い訳にして物語の綻びをごまかしたりはしない。

JC：危険を冒してもいい。だが、決してごまかさないことだ。

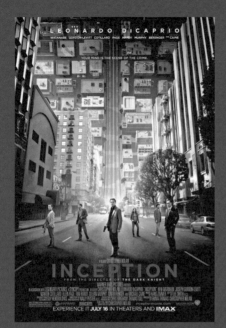
『インセプション』の劇場用ポスター

CN：危険を冒すのは、実はすごいことです。だが、あなたはバレるようなごまかし方は一度もしていなかった。それって見事だし、理解しやすいし、だからこそワクワクさせるんです。特に、『ターミネーター』の最初の2作を合わせて考えたときに。

JC：君には、早く次の映画を作ってほしいし、どうかもっとSF作品を手がけてもらいたい。そんな期待を背負う中、君がチャレンジしたのは『ダンケルク』だ。君は戦争の冷徹な現実を見事に映像化したね。

CN：**SFは、僕にとってジャンルではなく、心理状態です。物ごとにアプローチする上での。**

JC：SFじゃないものを挙げるのは簡単だ。剣術や魔法、『ロード・オブ・ザ・リング』などのファンタジーとか。**でも、何がサイエンス・フィクションかというと、なかなか答えるのは難しい。**私なら、『ダークナ

イト』は、社会学的視点から描いたSFだと言うかな。『インターステラー』は明らかにSFだし、『インセプション』も然り。夢の中に入り込むのに、マシンを使っているからね。もしマシンが出てこなかったなら、SFかどうかは議論の余地がある。

CN：あの話は、形而上学的な作品にもなり得ました。

JC：確かに。そうかもしれない。

CN：でも、形而上学的な映画だったら、（そんな小難しい作品なんて誰も観たくないでしょうから）あそこまでヒットしなかったでしょうね。まあ、冗談はさておき、本当のところ、SFなら、僕たちがみんな理解し、把握できるようにストーリーテリングができるんです。あなたの『アバター』がいい例ですよ。極めてシンプルで感情的なストーリーが映画の中心に据えられていました。あなたはその物語に肉づけするように、他の全てを構築していった。だからこそあの作品は、観る者をあらゆる場所に連れていけたのだと思います。

JC：意図的にストーリーはシンプルにしたが、SF要素は随所に散りばめてある。基本的には、別の肉体に心を宿すということが軸になっている。魂にリンクするテクノロジーというアイデア全体は、完全にデタラメだ。キップ・ソーンは、その技術についてのチャプターを書くことはできないだろうな。そういったことができるようになればいいと望んでいるということ以外はね。そして、そう願うことで、さらに観客のために"何か"をしなければという欲求を生み出す。アーティスト、フィルムメーカーなら、その気持ちがわかるはずだ。

CN：それは（『アバター』で描かれた魂へリンクするというシステムは）、タイムトラベルのようなものだと思います。僕たちを惹きつけてやまない"何か"。自分以外の誰かの意識とか、インターネットやソーシャルメディ

アを用いて仮想世界で"自分の代替物"という他人になりきり生きてみたいと思う……そういう考えですよね。

実際に起こった天災「ダストボウル」から生まれた『インターステラー』のダストストーム

JC：ちょっと話題を変えようか。エイリアンの文明、あるいはエイリアンの生物形態について、君はどう感じている？ エイリアンは存在していると思う？ それとも、静観的な姿勢かい？

CN：今後どうなるかを見守りたいですね。そんなに待っていられないでしょうけど（笑）。『未知との遭遇』は、特別版をDVDで観たのですが、あれは、本当に傑作中の傑作だし、多くの映画の基盤になっている。接近遭遇のあの瞬間を、あれだけの重厚さと誠実さを持って、あそこまでリアルに描き出した作品は、それまでなかった。特典映像にスピルバーグ監督のインタビューが入っていましたが、彼は地球外生命体の存在を心から信じていますね。

JC：そうだとも。彼は宇宙人の存在を信じている。

CN：ええ、紛れもなく。さらには、世界中にカメラが出回り、気軽に撮影できるようになったのに、どうして誰も円盤やエイリアンの映像や写真を実際に撮れていないのかと話しています。かつては「地球外生命体はすでに地球を訪れている」とまで言っていた彼の意見は、時間とともに変化していますね。しかしあの映画を作ったとき、スピルバーグは、エイリアンは存在するというアイデアに全てを注いでいた。

JC：ああ、彼は熱い思いで監督をしていた。

CN：相当な情熱だと思います。だからこそ、生きている間に絶対に見ようと決めている、どうしても見たいと思っているものを映像化できたんでしょうね。地球外文明の数をドレイクの方程式で数学的に算出するのは、かなり説得力があります。僕も、同じようなことを『インターステラー』でキップ・ソーンと長い間一緒に作業してきました。だから、人類が行くことができる、調べることができる宇宙の限界を把握することができた。地球から一番近い星でさえも、とてつもない距離があることに、愕然とさせられます。

JC：SFには、人間に本来備わっている可能性を褒め称えるという側面がある。また、こうも訴える。我々のテクノロジーは、人が持つ悪魔的な要素や欠点の潜在性に気づくことなく、その負の特質を増幅させるのだと。私は、SFのひどく楽観的な考え方と、同時に悲観的な、その陰と陽の考え方が大好きなんだ。

CN：僕と弟は、『インターステラー』で描かれる未来の世界はディストピアではない、ということをずいぶん話し合いました。滅びかけているけれど、暗黒郷ではない。理論上は、人間性が最高の状態でいられ、人々はすぐにでも行動できる場所。だからあの作品は、そういう点で、ずいぶんと楽観主義寄りなんです。かなりしっかり楽観的に描かれているけれど、どちらに転んでも興味をそそられる展開になると思っています。

JC：『インターステラー』は、深刻な気候変動の結果、地球がどうなるか、もしくは人類はどうしなければならないか、その過程を真剣に扱った最初の映画だろう。このまま異常気象が悪化し続ければ、アメリカでも十分起こり得る現実だ。

CN：映画での地球上の環境を描くのにどうしたかというと、2012年に作られたダストボウル（1931年から39年にかけて、米中西部の平原地帯で断続的に発生した砂嵐のこと）についてのケン・バーンズのドキュメンタリー『ダスト・ボウル（The Dust

Bowl)』を観ました。ドキュメンタリーの中で語られていた話や映し出されていた映像は、まるでSF映画のようで、現実ではあり得ないと錯覚しそうなものでした。あれが本当に起きたことだなんて、信じられません。でも、事実なんです。そこで僕はケンに電話をし、「あの砂嵐の経験者のインタビュー映像を取り出して僕のSF映画で使わせてもらい、未来の過酷な状況を語る市民として登場させたい」と伝えました。だから、『インターステラー』に挿入されている映像には、本物の砂嵐サバイバーが登場しているんです。彼らは、ダストボウル発生時には子供だったけれど、当時の記憶は鮮明に残っていると口を揃えています。まさに、事実はSFより奇なり。あのダストストームもその一例です。ケンのドキュメンタリーで観られるものよりも、スケールダウンしたくらいですから。

JC：そして人類は、再び異常気象に直面している。もはや避けられない。

CN：ケンも同じことを言っていました。かなり恐ろしい。

JC：SF映画を通じ、"地球をめちゃくちゃにしてしまったけど、大丈夫。人類は他の惑星を見つけ出す"という考えを示すことについてどう捉えている？

CN：自分が世界の終焉や新たな人類の物語の始まりを描く映画を作ることができるのは非常に魅力的なことですし、弟ジョナサンのオリジナルの脚本を映像化できたのもうれしかった。原稿を読んで以来、物語が頭から離れなくて。地球は卵で、僕たちはその卵から生まれた。そして、僕たちの運命は、否応なしに地球を含む、宇宙に広がっている──。真実が否か、僕にはわからない。でも、本当なんだという気がします。

JC：そしてそんな地球生まれの我々は、地球外生命体の存在を願っている。必死で、エイリアンは本当にいてほしいと思っているんだ。

CN：地球外生命体が宇宙のどこかにいるからこそ、人間は行動範囲を広げ、宇宙探索を続けていくことを誰もが望むわけです。そして、それはもはや現実で、フィクションではありません。宇宙に他の何かが存在するとわかっている種は、決して人間だけではないけれど、僕たちはそこにたどり着くことは不可能である──というのは、正しくない。その考えは、人間性における何かに反している気がします。さらに、それは出発点で、人類が地球を置き去りにするという倫理観にまで触れています。それがイコール、人々が映画をどう観るか、SFをどう捉えるかだとは思いません。**SFは、探検のための"乗り物"。教訓である必要はないんです。**『インターステラー』の冒頭は、教訓めいているように感じるかもしれませんが、映画が語っていることは教訓ではない。あれは自然の流れなんです。おそらく、地球の方が人間なんてもう要らないと、我々を捨てるときが来るのかもしれません。

『ゴジラ』でも描かれた
黙示録としてのSF

JC：SFは、人間が持つ能力、可能性を賞賛するというが、それはどちらかというと、古いSFの類。30年代や40年代のSFに逆戻りする傾向だ。人類は宇宙に飛び出すことになるだろうし、そうすることが我々の運命であるし、意識の進化の自然な次の段階だと思う。キューブリックも同じことをよく言っていた。

CN：ええ。

JC：そして、私はそれを大いに気に入っている。『インターステラー』で描かれた人類の選択を本当に尊敬している。SFは時代の潮流の中で、前に進んだり、後戻り

したりするものだからね。60〜70年代は、SFの停滞期だった。それが、希望に満ちた前向きな冒険劇『スター・ウォーズ』が登場して空気がガラリと変わった。あの映画が世にでるまでの20年間、SF作品の中で、人類は地球外からの敵に敗北し、あるいは自らの過ちで過酷な状況下に追いやられ、その先に待っているのは暗い未来だった。そんな悲観的な物語ばかりだったから、商業的にもパッとしなかったんだ。『スター・ウォーズ』を引っさげてSF映画界に殴り込んだジョージ・ルーカスはこう言った。「もう暗いSF作品にはうんざりだ。純粋に楽しもうよ！」ってね。だからといって、あの映画がただノリのいい軽い作品というのではなかった。実際はその反対だったんだよ。

CN：おっしゃる通り。『スター・ウォーズ』はSF業界に新しい風を吹き込みました。ルーカス監督は、あの作品でそれまでとは違ったことをやってのけたんです。彼は、SFを使って西部劇やサムライ映画を作ろうとしていました。

JC：そうだとも。伝説、神話。ジョーゼフ・キャンベルの典型例と言ってもいい。

CN：SFにおける黙示録的なアイデアは、断続的に現われる傾向があります。70年代に入ると、終末論的な思考の波はかなり大きくなっていました。『スター・ウォーズ』はそれと真逆でしたね。

JC：ああ、正反対だ。イマジネーションを解放するという点で、状況を立て直してくれた。だけど、当時の人々は、公民権運動や暴動、戦争といった混沌から抜け出し、そして反体制文化とともに人間の意識が解き放たれたばかりだった。だからこそ、もちろん、『スター・ウォーズ』はあのようなやり方で、作品そのものを明白に示すことになったんだ。

CN：その一方で残念ながら、“世界は終焉を迎える！”と主張するSFの流れは、90年代にはすっかり鳴りを潜めてしまいました。ところが、9・11同時多発テロの直後から、黙示録的な内容の作品が増加し始めます。『アイ・アム・レジェンド』とか。完全に廃れたと思っていた、70年代に盛んだったアイデアを持つ映画が復活し、大人気になりましたね。自分たち自身、あるいは外部からの力で世の中が崩壊させられる、あるいはさせられてしまったというとてつもない脅威に、誰もが怯えていたのかもしれません。こうして、一旦影を潜めた終末論的な思考が、再びSF界にしっかり根を張るようになりました。

JC：SFがそういったサイクルを経験しているのを、君はちゃんとわかっているね。50年代から60年代の初めにかけて、核で世界が滅亡するのではないかという恐怖がB級モンスター映画で示され、共産主義の脅威は、『ボディ・スナッチャー／恐怖の街』といった“肉体乗っ取り”もので描かれていた。SFは常に、人間の不安、妄想、悪夢を表現している。そんなSFの多様な切り口に、私は魅せられっ放しなんだ。

CN：日本のアニメには、途方もない規模の黙示録的ストーリーが存在します。遡ると、『ゴジラ』の時代からずっと。あの当時、人々はそういった映画が重要な何かを象徴しているとは気づいていなかったかもしれません。とはいえ、こうして僕たちがここに座っている今も、気づいていないかもしれないけれど……。

JC：我々が今、何をしているかをね。

CN：ええ、確かに。

JC：だけど、それは納得がいくだろう。

CN：意味を成すと思いますし、おそらくかなり明白かと。

JC：あとになってわかると仮定すれば、全て辻褄が合う。

CN：人間が何に影響を受け、何に怯えて

いるかは、非常にわかりやすい。ですが
SF は、それを気にする必要はないと思い
ます。もしSF が人の意見を気にするなら、
それこそ説教がましいものになってしまう。
**SF は楽しくて、娯楽要素にあふれた世界
を持っているべきだし、SF を通じ、観客
はそういった面白味やスリル満点の世界が
体験できなければならない。だからこそ、
SF 小説を読んだり、SF 映画を観たりする
と、普段とは全く異なる視線で世の中を眺
めることができるんです。**

美しきモンスター

MONSTERS

"イドの怪物"から続く「よそ者」の肖像

—— マット・シンガー（映画評論家・エディター）

わし座で最もまぶしく輝く一等星、アルタイル。地球との距離が16.7光年で、太陽の何倍も明るいアルタイルは、はくちょう座のデネブ、こと座のベガとともに"夏の大三角"のひとつだが、GPSが発明される以前、米空軍はこの3つの星によるアステリズムを夜間飛行時の目印として使っていた。

4重連星であるアルタイルの小さな伴星のひとつには、目に見えないモンスターが隠れており、獲物を待ち構えているという話がある。

もちろん星自体は実在しているが、怪物はフィクション。**1956年のSF映画『禁断の惑星』は、メジャーなハリウッドスタジオによる初めてのスペース叙事詩的大作だ。**作中、人間たちを乗せた宇宙船C-57-D（日本でテレビ放映された際には「アンドロメダ号」と呼ばれていた）は惑星"アルテア4"に着陸する（日本語版では「アルテア」と表記されることが多いが、英語では「Altair」で、アルタイルと同じ単語。4は伴星を含む星の数を表している）。映画に本物の星を登場させたのは、物語に真実味を加えるためだろう。謎の生き物は、20年前に消息を絶った移民団の情報を求めてやってきたC-57-Dが発見したのだが、惑星に住んでいた人間は、20年前の移民団の生き残りであるモービアス博士（ウォルター・ピジョン）と娘のアルタ（本名はアルティア・モービアスだが、アルタというニックネームで呼ばれることが多い。また、アルテアの表記もある）のふたりだけ（他に"ロビー・ザ・ロボット"というロボッ

トもいる）。アダムス船長（レスリー・ニールセン）をはじめとする宇宙船クルーは彼らに快く迎えられたのだが、目に見えない正体不明の怪物たちの襲撃を受けてしまう。最終的に、謎は解明される。それは、アルテア4の先住民族が遺した強力な装置と脳波がつながったモービアス博士が、無意識のうちに解き放っていた"イドの怪物"と呼ぶべきモンスターだったのだ。受け入れがたい真実に戸惑う博士に、アダムスはモンスターの正体を次のように説明している。

「潜在意識が具現化したモンスター。確かにそうだ！　あの巨大装置。8000マイルのクライストロンによって、十分なパワーが創造性に富む天才たちに送られていた。あの究極のマシンは、この惑星のどんな地点にも立体の物質を瞬時に投影できる。いかなる色、形のものでも、想像するだけで。しかも、目的など関係なく！　ただ思い浮かべるだけでなんでも創り出せてしまうんだ」

上記のアダムスの言葉から疑似科学の部分を剥ぎ取ってみると、彼が同作に出てくる怪物のことだけを言っているわけではないようにも取れる。つまり彼の発言は、全ての映画に登場するモンスターに当てはまるのだ。**モービアス博士が創り出したクリーチャーは、1世紀以上、モンスターたちがどのようにスクリーンに映し出されてきたかの完璧なメタファーとなっている。彼の怪物と同様、銀幕のモンスターはクリ**

エイターの潜在意識から誕生したもの。彼らが想像し得るなら、どんな色彩、形状でも、映画の中で再現されるのだ。あらゆる映画のクリーチャーは、創り手のイマジネーションの産物であり、それぞれの"イドの怪物"と言っても過言ではない。

　フランケンシュタインの怪物の例を見てみよう。この怪物はホラー映画のモンスターとして有名だが、もともとは、メアリー・シェリーの1818年の小説「フランケンシュタイン」で生み出され、映画に初めて登場したのは1910年。しかし、1931年のユニバーサル・ピクチャーズ製作、ジェームズ・ホエール監督の同名映画で、俳優ボリス・カーロフが扮した怪物の姿が最も象徴的なものとなる。メイクアップ・アーティストのジャック・ピアースが施したメイク——青い白い肌、盛り上がった広い額、扁平な頭、首から突き出た大きなボルト——が、この英国人俳優を純然たる恐怖を具現化した生き物に変貌させたのだ。怪物は、マッド・サイエンティストのヘンリー・フランケンシュタイン博士（コリン・クライヴ）によって命を吹き込まれた。博士は、墓場や医学校から盗んだ複数の死体の最良の部位を継ぎはぎして新たな肉体を創り出すという、神への挑戦とも取れる行為で夢を実現。だが不幸にも、フランケンシュタイン博士の助手フリッツ（ドワイト・フライ）は、正常者の脳の標本を盗み出そうとしたのだが、誤って容器を落として割ってしまう。そこで彼は、隣にあった犯罪者の脳を代わりに奪うしかなかった。こうして犯罪者の脳が人造人間に埋め込まれ、その後に何が起きたのかは周知の通りである。

　傑作モンスター映画の多くがそうであるように、ホエールの『フランケンシュタイン』も、人類や科学に対し、ある種の警鐘を鳴らしている。さらに、その"警鐘"を

メアリー・シェリーの小説「フランケンシュタイン」（ペンギンブックス社のペンギン・クラシック版）の表紙

最も端的に表現しているのは、俳優であり、コメディアンのパットン・オズワルトのスタンドアップ・コメディのアルバム「オオカミ人間とロリポップ（Werewolves and Lollipops）」に出てくる彼の言葉だろう。「人間は、科学で"何ができるか"って考えてばかりだ。"何をすべきか"じゃなくてね！」。

　科学の暴走は、モンスター映画の古典的作品のほとんどで、物語の根幹となっている。各作品で違いが出せるのは、怪物の種類やそれらが象徴する特定の科学的恐怖といった要素においてだろう。事実、モンスター映画というサブジャンルの歴史を年表にすれば、20世紀を通して、人間が技術に対していかに大きな懸念を抱いていたかがよくわかる。全体的に見ると、**モンスター映画の原則は、さながら、人間社会最大の恐怖の進化を映し出す大掛かりなドキュメンタリーのようだ。**

　『フランケンシュタイン』でゾッとするような医学的要素が描かれてから数年後、第二次世界大戦が勃発した。この戦争は、5年以上、世界の大部分を混乱に陥れた挙句、広島に原爆が落とされた9日後に幕を閉じた。**核兵器——さらには、再び使用された場合に起きる壊滅的状態——に対する不安は、その後何十年も、各国のモンスター**

ジェームズ・ホエール監督作『フランケンシュタイン』の劇場ポスター。
一度見たら忘れられない恐ろしい造形の怪物には、イギリス人俳優ボリス・カーロフが扮している

PREHISTORIC SEA-GIANT RAGES AGAINST CITY!

THEY COULDN'T BELIEVE THEIR EYES!
THEY COULDN'T ESCAPE THE TERROR!
AND NEITHER WILL YOU!

It's alive!

WARNER BROS.
PRESENT
The Beast From 20,000 Fathoms

CAST OF THOUSANDS! OVER A YEAR IN THE MAKING!

PAUL CHRISTIAN · PAULA RAYMOND · CECIL KELLAWAY · KENNETH TOBEY · JACK PENNICK

『原子怪獣現わる』の劇場用ポスター。特撮の巨匠レイ・ハリーハウゼンが
ストップモーションでクリーチャーを動かしている

映画を通じて世界に発せられていく。パンドラの箱は開けられてしまった。その中には、火を噴く怪獣も入っていた。

　アメリカ映画では、架空の核実験により、ありとあらゆるクリーチャーを解き放つようになった。1953年の映画『原子怪獣現わる』では、北極圏での核実験が氷塊に閉じ込められていた恐竜を目覚めさせてしまう。蘇った恐竜は逃げ出し、カナダとアメリカ北部をめちゃくちゃに破壊した。翌年、公開されたのは、ゴードン・ダグラス監督による『放射能Ｘ！』（54）。史上初の原子爆弾実験が行われたニューメキシコ州アラモゴードでは、放射線の影響で、地面の下にとてつもない規模の巨大な蟻の巣ができ上がっていた。一方、日本では、数多くの関連作が作られることになる映画史上屈指の人気怪獣“ゴジラ”が産声を上げた。

　『原子怪獣現わる』同様、『ゴジラ』（54）のタイトルになっているこのクリーチャーも、無謀な核実験が原因で地上に出現した先史時代の生物（海底洞窟に潜んでいたジュラ紀の怪獣が、水爆実験によって安住の地を追われたという設定）だ。『原子怪獣現わる』をはじめとする、先発のアメリカ怪獣映画のモンスターを凌ぎ、ゴジラは原子力時代のモンスターの象徴的存在となった。そこには、アメリカ人のフィルムメーカーが真似できない真実があったのだ。『ゴジラ』を制作した日本のクリエイターたちは身を以て原爆の真の恐怖を知っており、自国が経験した現実の生々しさが作品から滲み出ていたからだろう。

　例えば、映画の冒頭シーン。ある漁船が突然起きた爆発で破壊され、のちにそれは、海の底で眠っていたはずのゴジラが出現し

たせいだったと判明するのだが、実はこの部分の描写は、『ゴジラ』の企画自体が生まれる発端になったある事件にインスパイアされている。1954年3月、日本の遠洋マグロ漁船"第五福竜丸"の乗組員全員が、ビキニ環礁で米軍の水爆実験によって発生した膨大な量の放射性降下物を浴びて被曝してしまったのだ。映画に出てくる架空の漁船が正体不明の爆風と火焔に晒された瞬間、和やかだった甲板は一変。俳優たちが苦悶する様は強烈で、本物の原子爆弾の恐ろしさを彷彿とし、目を釘づけにさせられる。**この作品は、単に、張りぼての建物を壊しまくるゴム製スーツを着た人間が演じる怪獣の話ではない。日本国民が抱えるトラウマをアーティストたちが直視し、それを映画に組み入れた結果生まれた傑作だ。**

監督の本多猪四郎は、ゴジラの猛攻を止められる唯一の選択肢として、原水爆に匹敵する危険な兵器"オキシジェン・デストロイヤー"を主人公に与えることで、核攻撃によってもたらされた倫理的な疑問を掘り下げていく。オキシジェン・デストロイヤーはあまりにも強力な武器ゆえ、それを悪用しようとする連中の手に渡ってしまった場合、ゴジラによって命を落とすよりも犠牲者の数が大きくなる可能性もあるのだ。『ゴジラ』の英雄たちが直面した難しい決断――長い目で見れば、相当数の生命が代償になる危険をはらんでいても、目の前の犠牲を最小限に抑えるために恐ろしい兵器を発射させるかどうか――は、広島と長崎に原爆を投下した者たちも向き合った問題と言えるのかもしれない。

最終的に、オキシジェン・デストロイヤーを発明した科学者が装置を作動させ、ゴジラを倒すのだが、彼は危険すぎる兵器の秘密の製造法を闇に葬るため、自らも命を絶つ。彼の自己犠牲が持つ高潔さとヒロイズムは、ゴジラ映画がシリーズ化されて

繰り返し日本を脅かすにつれ（後年、ゴジラは他の巨大怪獣から日本を守ろうともするのだが）、どういうわけか色褪せていった。しかしながら、ゴジラは何度も冥界から復活し、続編が制作されていく。こうして、同シリーズは、いつまでも尾を引く当時の核への恐怖を完璧に描き出した寓話となり得た。核が与えた生命への危機感と不安は、そう簡単に拭い去ることはできない。**では万が一、大昔に絶滅した恐竜が蘇ったとしたら、やはり、我々の大きな脅威になるのではないだろうか。**

周知の通り、様々な種類の恐竜たち――そして、彼らにまつわる新たな科学的懸念――も、モンスター映画のテーマとなっている。そのひとつが、スティーヴン・スピルバーグの『ジュラシック・パーク』(93)。マイケル・クライトンの同名小説が原作のこの作品は、バイオテクノロジーを駆使して絶滅した恐竜を蘇らせたという設定で物語が展開する。コスタリカの沖合いに浮かぶ小島に、遺伝子工学で現代に復活させた恐竜たちが生息する究極のアミューズメント・パークが作られた。この前代未聞のテーマパークが一般公開される前、安全性の確認のため、投資家たちは古生物学者や数学者といった専門家の視察団を送り込む。機械の故障、悪天候、純粋なダーウィン的進化といった悪条件が重なった結果、事態は地滑りのごとく悪化し、島は混乱のるつぼと化すのだった。

『ジュラシック・パーク』に登場するティラノサウルスやヴェロキラプトルは原子力が動力源ではなく、遺伝子操作が施された生物だ。この映画では、クローン技術に対する新世代の不安が反映されているわけだが、90年代半ば、人々はこのトピックに関心が高く、ニュースでもポップカルチャーでも頻繁に取り上げられていた。同類の映画にありがちな、"マッドサイエン

『ジュラシック・パーク』のワン・シーン。ジョン・ハモンド役のリチャード・アッテンボローが、アラン・グラント博士役のサム・ニールとエリー・サトラー役のローラ・ダーンにパークを紹介する

ティストが全ての過ちの発端"という典型を捨て、スピルバーグは科学者をヒーローに仕立て上げる。代わりに、問題を引き起こすのは、ビジネスマンの好々爺ジョン・ハモンド（リチャード・アッテンボロー）だ。恐竜テーマパークを建設した彼の向こう見ずな行動は、我々の社会で増えつつある現象——テクノロジーが有する破壊能力を無視し、それが生み出す夢物語のような利益ばかりを説くカリスマ実業家の自滅——を浮き彫りにする。

ハモンドは高邁（こうまい）な理想を主張するものの、彼の真の目的は、強欲さによって曇らされていた。これは、当時のモンスター映画の多くに通じる主要なテーマであり、最たる例は、リドリー・スコット監督作『エイリアン』（79）とジェームズ・キャメロン監督の『エイリアン2』（86）だ。同じシリーズの第1作、第2作ということで、登場するヒロインのエレン・リプリー（シガニー・ウィーバー扮する機略に富んだ宇宙船乗組員）とモンスター（H・R・ギーガーがデザインしたエイリアン生殖体"フェイスハガー"、フェイスハガーが産みつけた寄

『エイリアン』のタイトルにもなっている宇宙生物。
デザインを手がけたのは、スイス人のアーティストH・R・ギーガー

生体が成長した幼体"チェストバスター"、エイリアンの成体"ゼノモーフ"）は共通しているものの、スコットとキャメロンは大きく異なる映画を作り上げた。スコットの1作目は、宇宙が舞台の"お化け屋敷"ストーリーであり、キャメロンによる2作目は、完全なる戦争映画だ。とはいえ、どちらの作品でも、エイリアンに暴虐の限りを尽くさせてしまった2次的な脅威が存在していた。巨大複合企業ウェイランド・ユタニ社の、血も涙もない儲け一辺倒のビジネス手法である。

ノストロモ号の科学主任アッシュ（のちに正体がアンドロイドだと判明する。演じたのはイアン・ホルム）に「いかなる代償を払っても、エイリアンを生きたまま捕獲、回収するのが最優先事項」と命じていたのは、1作目の本編中では"会社"とだけ呼ばれていたウェイランド・ユタニ社なのだ。もちろんそれは、リプリーや他の乗組員の命が犠牲になっても構わないということを示していた。『エイリアン』のラストで、エイリアンの襲撃から唯一生き残った満身創痍のリプリーは、宇宙船ノストロモ号を捨て脱出

艇で逃げ出すが、『エイリアン2』の冒頭で彼女を救助したのも、エイリアンの存在を確認した惑星LV-426に彼女を送り込んだのも、同企業だ。不愉快極まるおべっか使いのウェイランド・ユタニ社員（ポール・ライザーが完璧にこの嫌な男になりきっている）は、この2度目の調査は、あくまでも連絡が途絶えたLV-426の入植者を救い出すためのものだと主張。もちろん、そんなのは嘘っぱちだ。今回もまた、"会社"の目的は、生物兵器化するためのエイリアンの捕獲だった。

『エイリアン』には、最初から、フランケンシュタイン博士やジョン・ハモンドのようなモンスターの創造主は存在していない。しかし、第1作から約40年後、リドリー・スコットは前日譚『エイリアン：コヴェナント』で、ゼノモーフ（エイリアンの成体）は、マイケル・ファスベンダー扮するアンドロイドのデヴィッドが遺伝子操作して創り出したことを明かした。同作は、もはや単なるモンスター映画ではない。無計画な科学の進化の危険性を警告する現代の寓話という一面も色濃く出ている。

人間とは異なるライフサイクル、二重構造の口、強酸性の血液。このような特徴を持つエイリアンに匹敵する映画モンスターはほとんどいないが、神出鬼没で阿鼻叫喚の地獄絵図を生み出し、グロテスクなのに芸術的な怪物と言えば、ジョン・カーペンター監督の『遊星からの物体X』（83）の"物体"かもしれない。ただし、そのクリーチャーの容貌を端的に表わすことは不可能だ。"物体"は、細胞単位で生存し、簡単に姿を変える能力があるため、いかなる状況にも適応する。乗っ取った南極観測基地の隊員の腹から、無数の触手や剃刀のように鋭い牙が凄まじい勢いで飛び出したかと思えば、人間サイズの昆虫のような化け物になったり、隊員の頭を胴体から引きちぎ

り、舌を投げ縄よろしく伸ばして安全な場所へ隠れようとしたり、しまいには人の頭部からクモの脚を生やして歩き去ったり……という変幻自在ぶり。なんと、驚くべきことに、その全ては怒涛のごとく、たったワンシーンで起きる出来事なのだ！　それだけではない。"物体"はどんな生き物にも完璧に同化や擬態ができてしまう。最初はソリ用の犬に化け、その後、隊員たちの姿を装うのだが、とにかく遭遇したあらゆる対象は殺すか、肉体を乗っ取るかのどちらかだ。

『遊星からの物体X』のクリーチャーは、高い評価を受ける特殊メイクアップアーティストのロブ・ボッティンがデザインしたもので、映画史上、最もおぞましい造形の怪物だと言っても過言ではない。しかし、誰かとそっくりの外見になれるという能力は、激しく揺れ動く触手よりもずっと恐ろしい。なぜなら、誰が本物で、誰が擬態なのか、全く見分けがつかないからだ。このようにして、南極観測基地は、たちまち疑心暗鬼と暴力が渦巻く修羅場と化す。もうひとつ、『遊星からの物体X』が、ここで語られた全ての映画や他の何百というモンスター映画と共通していることがある。すなわち、"最も恐ろしい生き物は人間だ"という事実。フランケンシュタインの怪物は不安定な存在ではあったが、暴徒と化すのはフランケンシュタイン家が住む小さな村の住民たちの方だ。初代ゴジラは行く手にいる者を片っ端から踏み潰してしまうかもしれないが、出現したのは、1954年で、それ以前は存在していなかった。人間が作り出した原子力爆弾が目覚めさせてしまったからだ。同じことが、『ジュラシック・パーク』を住処とする恐竜にも当てはまる。恐竜が人間を食べることを誰も責められない。それは極めて自然なことで、金に目がくらんだ欲深い企業家は大事な自然の摂理をき

THE ULTIMATE IN ALIEN TERROR.

JOHN CARPENTER'S

THE THiNG

MAN IS THE WARMEST PLACE TO HIDE.

ジョン・カーペンター監督作
『遊星からの物体X』の劇場用ポスター

ちんと知っておくべきだった。

　次頁からのギレルモ・デル・トロとのインタビューの中で、ジェームズ・キャメロンはモンスター映画を"安全な悪夢"と表現している。安全ではない悪夢、夜中に眠れなくなるほどの恐ろしい存在は、実は怪物の背後にいる人間だ。我々は、現代に蘇った恐竜や強酸性の血液を持つエイリアンを、たかがファンタジーと一笑に付すことができる。それでも、**人間以上に恐ろしいモン**スターなどいないという確かな証拠を見つけるため、自分の周りの世界を見つめるべきであろう。『禁断の惑星』とそこに登場した"イドの怪物"は、この考えの完璧なメタファーとなっている。モンスター映画は、我々に警告しているのだ。**どんな人間の内側にもモンスターが潜んでいる。表面化して暴れ出す瞬間を待っているだけで、誰もがその事実に向き合わなければならない、と。**

『禁断の惑星』(56) の劇場用ポスター

モンスターを哲学する

AMCのテレビシリーズ『ジェームズ・キャメロンのストーリー・オブ・サイエンス・フィクション』のセットで話すギレルモ・デル・トロ。撮影はマイケル・モリアティス

GUILLERMO DEL TORO

ギレルモ・デル・トロ

インタビュアー：ジェームズ・キャメロン

　　この20年間、こだわりのヴィジョンを持つフィルムメーカー、ギレルモ・デル・トロは、独創的な架空世界を思いついては、細部まで己の手をかけ、見事に映像化し続けてきた。そうしてでき上がった**デル・トロ・ワールドは、息を呑むほど美しい青や琥珀色の色調にあふれ、よそ者や怪物、正しく評価されずに行き場を失った人々の住処となっている**。1993年の監督デビュー作となったヴァンパイア寓話『クロノス』から、アカデミー賞など数々の映画賞に輝いた冷戦時代のラブストーリー『シェイプ・オブ・ウォーター』に至るまで、彼の生み出した映画は、あらゆるジャンルからのアイデアを取り入れ、安易なカテゴリー化に盾を突き、常に監督自身の基本姿勢を明白に示している。最もSF色を色濃く出した2013年のロボットvs怪獣大作『パシフィック・リム』の中心にあったのは、デル・トロのアニメや日本の怪獣映画に対する愛だった。また、自然界の恐怖に魅せられた彼は、ハリウッドデビュー作となった1997年の『ミミック』でその思いをぶつけている。

　　本章でデル・トロは、28年来の親友であるジェームズ・キャメロンと対座し、ホラー、SF、ファンタジーの相互作用、メアリー・シェリーの小説「フランケンシュタイン」と1931年の映画化作品の色褪せない哲学的魅力、彼のUFOとの接近遭遇体験について滔々と語っていく。

「フランケンシュタイン」が
ホラーの世界にもたらした革命

ジェームズ・キャメロン（以下JC）：ふたりで話をするたび、君は僕に言うね。「自分はホラー寄りの人間だ」って。そこで訊きたいんだが、ホラーとSFで重なっている領域というか、そのふたつのジャンルが交わり合うような部分とはどこだろう？

ギレルモ・デル・トロ（以下GDT）：初期のホラー作品では、恐怖の源はスピリチュアルなものでなければならなかった。それは、善と悪の考えから来ている。ユダヤ教とキリスト教に共通する世界観、悪魔、天使、悪霊などのね。日本や中国といった東洋の物語は、今でも根底では霊的領域につながっているんだよ。だが、西洋文学には"分岐点"となる時期が来る。興味深いことに、啓蒙時代の少し後なんだ。**小説「フランケンシュタイン」の中に、それは大いに現われていたと思う。あの特異な存在を動かした力は、科学だった。科学が異様な出来事を起こす原因になるとあの小説で描かれるなり、スイッチが切り替わったように、あっという間に何かが変わったんだ。**

JC：今ならさしずめ、放射能、遺伝子操作、ロボット工学ってところかな。モンスターは、実に様々な場所で生み出されてきた。かつては、言い伝えや神話に登場したり、人間の苦しみが具現化したものだったり、超自然的な世界の住人だったりしていた。となると、「フランケンシュタイン」はどの領域に収まるのかな？

GDT：「フランケンシュタイン」は、単純明解でもあり、難解でもある。というのは、あの作品に必ず付いて回る問いかけは、精神的でもあり、実存的でもあると思うから。物語の中で、フランケンシュタインの怪物は自身の本性に疑問を抱く。つまりそ

こには、ジョン・ミルトンの「失楽園」にも出てくる、クリーチャー（創造された生物）が己の本質を問うという要素（楽園から追放されたアダムが神に「土塊から人間の形にしてくれと、私は頼みましたか？」と問いかけ、自分の存在意義を疑問視する）が存在する。モンスターが存在する目的とは何なのか？　この世界の目的とは？　フランケンシュタインの怪物をはじめとするクリーチャーは、善悪の価値についても問いかけてくる。それでも、彼らという存在を生み出してしまったのは、あくまでも科学なんだ。

JC：まさしく。科学の悪用が生んだ結果だ。

GDT：人間による科学の悪用、人間の過剰な野心と呆れるほどの傲慢さのせいだね。小説の冒頭で、自然的秩序に歯向かおうとする、ヴィクター・フランケンシュタインと同じ傲りを持つ船長が出てくるんだけれど、彼は、物語を通して教訓を学び、謙虚さを得ていく。死体を復活させるとか、動物と人間の死体を寄せ集めるだとか、かなりショッキングな描写が出てくることを考えれば、この話はホラーと呼べると思う。だけど同時に、美しい問いも存在している。**「死体のどの部位に、彼の魂が宿っているのか？」**と。

JC：小説や映画は、そんな疑問を投げかけていないのでは？

GDT：ちゃんと投げかけているよ。ある場面が出てくるんだけど……おそらく小説で最も素晴らしい場面じゃないかな。まさに純粋なホラーだと言える瞬間だ。いるべきものがいない、あるいは、**いるべきでないものがいる……それが、ホラーの本質だ。ただそれだけ。ホラーの他のどんな基準も**そのふたつに分けられる。クリーチャーを蘇らせようとした後、ヴィクターは眠りにつくんだが、非常に象徴的だし、フロイト的だ。そこの描写に美しさが集約されてい

る。彼は寝入るんだよ。フランシスコ・デ・ゴヤが「理性の眠りは怪物を生む」と言ったように。ヴィクターは眠りながらも、誰かに見られている気配を感じる。で、彼が起きると、自分を見ている怪物が目に入る。その瞬間の美しさ、それがホラーだ。なぜなら、いるべきではないものがいたからさ。

JC：しかし、実存的な疑問は、SFの本質中の本質でもある。我々は誰なのか？　なぜ我々は存在しているのか？　意識とは何か？　魂とは何か？　そもそも人間とは？　君の考え方だと、一方の端には純然たるSFの領域があり、真ん中にはSFとホラーの境界が曖昧な移行ゾーン、そして反対の端に、紛れもないホラーの一画があるということでいいのかな？

GDT：全くその通り。そして、ふたつのジャンルが混在している範囲には、『エイリアン』（79）のような作品がぴったりと当てはまる。あの映画は、お化け屋敷映画とモンスター映画の両方にしようと目論んで作られていると思う。

JC：『エイリアン』は、舞台が宇宙空間で、ある惑星に上陸した宇宙船の乗組員が体験する恐怖を描く古典的SF作品で、同時に完全なるホラーでもある。H・R・ギーガーが無我意識と性心理のイメージなどを具現化したのが、あのエイリアンの造形だ。

GDT：H・P・ラヴクラフトも、SFとホラーを組み合わせているね。

JC：「時間からの影」はSFだ。

GDT：「宇宙からの色」も。

JC：だけど、クトゥルフ神話は——。

GDT：SFじゃない。起源が空想的な伝承だったり、科学的法則が機能しない、もしくは背景が科学によってコントロールされていない時点で、作品はファンタジー、あるいはホラーになると思うんだ。

テレパシーに吸血鬼、そしてゾンビ……SFとホラーが混ざり合うジャンルレスで美しき物語たち

JC：テレパシーについてはどう考える？　超常的な能力なのか？　SFにおいて、必死に科学でその存在を立証、解明しようとしている何かといったところかな。

GDT：僕は、テレパシーはSFの一要素だと考えることが多い。

JC：でも、人間がテレパシーの能力を持っている決定的な証拠がない以上、超自然現象だよね？

GDT：でも、文学には確かな例がある。89年に発表されたダン・シモンズの「殺戮のチェスゲーム」（89）をすぐに思いついたよ。あの小説は、血を吸うといった吸血鬼の行為（ヴァンピリズム）は描かれておらず、マインド・ヴァンパイアという他

ジョン・ウィンダムの小説「呪われた村」（57）の映画化作品『未知空間の恐怖／光る眼』（60）の劇場用ポスター

人を意のままに操作できる異能力者たちの話だ。ヴァンパイア小説に登場する設定ではあっても、基本的にテレパシーは、神がかり的なもの、スピリチュアルな現象としては説明できない。科学的な証拠がないからといって、テレパシーがホラーやファンタジーに根ざしているわけじゃないんだ。

JC：SFでは、テレパシーは実験や観察の対象になる。SF作品なら、テレパシーを検知できる装置があってもおかしくない。イギリス映画『未知空間の恐怖／光る眼』みたいにね（人の心を操る能力を持った子供たちが隔離され、観察されるくだりがある）。あの作品は、ホラーではなくSFとして作られていた。

GDT：英国人脚本家のナイジェル・ニールもまた、その種の作品を多く手がけている。イギリスのSF映画でホラー要素が混じっているものはたくさんあるし、逆に、ホラー映画でSF要素が含まれているのも然り。彼が脚本を書いたテレビ映画『ストーン・テープ（The Stone Tape）』（72）では、家の石壁が、まるでテープレコーダーであるかのように何かを記録しているんだ。痛みの記憶とか。そこにもまた、独特の美学がある。

JC：ニールの別の作品『火星人地球大襲撃』（『怪談クォーターマス教授と地獄の穴』との表記もある）（67）は？　あれは、SFの観点から、人間が持つ悪霊や悪魔のイメージを説明している映画だ。

GDT：ニールの作品は、本当に興味深い。珍しくて、美しくて、貴重なケースだと言える。それらの映画は、ジャンルの境目が他よりもさらに流動的になっているからね。

JC：じゃあ、マリオ・バーヴァ監督の『バンパイアの惑星』（65）はどうかな？　『エイリアン』は、あの映画の影響をかなり受けてるだろう？　未知の生物のいる惑星に不時着した主人公たちが、消息を絶った先発隊の宇宙船を見つけると……という話だ。

マリオ・バーヴァ監督作『バンパイアの惑星』の
イタリア版劇場用ポスター

GDT：そして、彼らは巨大な屍を見つける……。

JC：そうそう、巨大な骸骨をね！

GDT：マリオ・バーヴァ作品で何が美しいかというと、彼が芸術スタイルを重視してSFとホラーを融合しているという点だ。ストーリーの扱われ方や、キャラクターの在り方、実験主義的なものかどうかなど、そんなのは関係なくて、彼の照明の当て方──デザインや色味など、彼は視覚的にホラーとSFを融合し美しい世界を作り上げている。

JC：マリオ・バーヴァを始め、多くのイタリア人監督はそういう手法だった。ヴァンピリズムは、今ではホラーに分類される。超自然的で、悪魔的なものの類ね。君は、『ストレイン　沈黙のエクリプス』（14-17）を作った。あのテレビドラマシリーズに出てくる病原体は、まさにヴァンピリズムを

説明していた……正確には、部分的に。

GDT：ヴァンピリズムの起源は、あらゆるカルチャーの中にある。ギリシャの吸血鬼、東欧の吸血鬼、日本やフィリピンの吸血鬼とか。理由はなんであれ、例外なく。僕には自分なりのセオリーがあって、人間には類人猿のように共食いをしていた時期があったと考えている。互いを食べるという恐怖は、それを説明する神話が必要だった。狼人間や吸血鬼は、過去にあった、あるいは今も持っているそういった衝動を具現化する必要があって生まれたものだと思っているんだ。

JC：人間の内側に潜む獣の部分か。吸血鬼が十字架をかざされて縮んだり、太陽光を浴びて焼け崩れたりするヴァンパイア映画は、私にとっては、非科学的で、超常的な言い伝えのようなものに思えた。だけど、『アイ・アム・レジェンド』（07）のように、ヴァンパイア的行動が、遺伝子異常を引き起こして人間を変えてしまう病原体の仕業だと説明されている映画を観たときは、SF作品だと捉えたよ。

GDT：それって、原作小説の著者リチャード・マシスンがふたつのことを見事に取り入れた瞬間だね。彼は、"科学"と"都会という舞台"を作品に導入した。スティーヴン・キングは、ずっと郊外や小さな町を舞台にしているけど、マシスンの場合、物語の舞台は自分たちが住む都会であり、街路であり、そこに美しさが宿っていた。

JC：原作の「地球最後の男」は1954年の小説で、たびたび映画化されている。『地球最後の男』（64）が最初の映画化作品で、それからもちろん『地球最後の男オメガマン』（71）も。

GDT：それにこの作品の"夜の一軒家に吸血鬼が攻めてきて、家を包囲してしまう"というシチュエーションを拝借した『ナイト・オブ・ザ・リビングデッド』（64）が作られ、"ゾンビ"というホラーの新たな神話を生み出す結果となった。『ナイト・オブ・ザ・リビングデッド』は、純粋なホラー作品であり続けている。ジョージ・A・ロメロ監督が、なぜ死体が生き返るのか、その原因を定義するのを頑なに拒んだからだ。

JC：後続のゾンビ映画の多くは、病気だったり、病原体だったり、伝染性の何かだったりと理由をつけようとし、ゾンビものを型にはめてしまった感がある。もし噛まれたら、それが血流で全身に回って……という具合にね。ゾンビ映画は間違いなくホラー作品だ。死体が動き出して、しかも死体だから完全に腐敗していて、新陳代謝なんかあり得ないわけだ。筋肉組織も崩壊している。それなのに動くってことは、超自然的な力が作用している存在ということになる。

GDT：確かに、ゾンビは超自然的なものであるべきだね。『ゾンビ』(78)の中で、ケン・フォリーが演じる主人公が言うんだ。「地獄が手狭になって居場所がなくなったから、死人は地上を歩いてる」ってね。吸血鬼の起源を遡ってみると、彼らもそもそもは、動き出した死体だったんだよ。多くの場合、邪悪な魂が宿っている。あるいは自殺した死体だったりとか。ヴァンパイアは純粋に宗教的、もしくは霊的な要素を持っていたんだ。

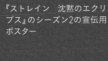

『ストレイン　沈黙のエクリプス』のシーズン2の宣伝用ポスター

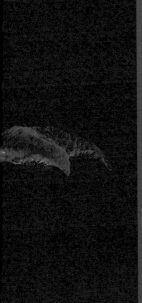

JC：そもそもは、血に飢えて人間を狩るクリーチャーというより、ゾンビ要素が強かったのか。ひと口に吸血鬼といっても、複数の要素が絡んでいるんだな。

GDT：隣人を蹴るためだけに生き返るヴァンパイアもいたよ。尻を蹴飛ばすためだけに蘇る吸血鬼だなんて、東欧の言い伝えには本当におかしなものがある。あとは血を吸いにやってくるんだけど、元来のヴァンパイア神話で魅力的かつ恐ろしいのは、彼らはまず家族のところに戻ってくるってことだ。戻ってきた父親が息子、娘、母親をヴァンパイアにし、そこからどんどん広がっていく。そして、マシスンの吸血鬼物語が特別美しいのは、彼がそれを科学と綯い交ぜにしたからだ。あとはそうだな、スージー・マッキー・チャーナスという女流作家の「ヴァンパイア・タペストリー（The Vampire Tapestry）」という小説があるんだけど、これまた素晴らしい吸血鬼ストーリーなんだ。複数のジャンルがオーバーラップしている作品は、面白さが増すよね。

JC：『地球最後の男オメガマン』と『アイ・アム・レジェンド』は、SF色がずっと濃くなっている。『ナイト・オブ・ザ・リビングデッド』は、昔も今もホラー映画という位置づけで誰も異論はないはずだが、原因が病原体だとしているゾンビ映画――例えば『ワールド・ウォーZ』(13)とか――はSFだろう。

GDT：僕も同意見だ。繰り返しになるけど、肉体を動かす力が、霊的、宗教的なものから科学的な何かに変わった時点で、ジャンルも変わる。僕が『ストレイン　沈黙のエクリプス』（物語は科学に根ざしている）で試みていたのは、ドラマで起きる異常事態は、同じ異常事態によって説明されるということ。だけど、あのシリーズの場合、最後には、超自然的なところに行き着かな

ければならない。僕たちは聖書の時代まで遡ったんだ。

ゾンビ映画の変化

JC：ゾンビ映画がここまで人気になった理由はなんだろう？ 『ウォーキング・デッド』（10-）のようなテレビドラマも続々と作られているし。

GDT：今では当たり前の存在になっているゾンビだけど、それを創り出したのはロメロだ。ゾンビは非常に多彩な意味を持っている。その時々において、違った意味を表しているんだ。ロメロはゾンビを、それまでの考え方を覆し、“鏡”のようなものとして捉えた。つまり、あの生きる屍は僕たち自身だと語っているのは明白だ。彼は『ナイト・オブ・ザ・リビングデッド』でゾンビを通じ、これが人間社会の構図だと訴えているんだよ。自分たちが互いに殺し合っていることを、みんなはベトナム戦争のせいにしているけれどそうじゃないって。彼は作品を通じて、こう言っている。「あれは我々だ。我々はただショッピングモールで買い物をしているだけなんだ」ってね。つまり殺し合いに理由なんてないに等しい。僕らは客だ。だから、商品を消費することは、肉を食べ尽くすのと同じなのさ。ゾンビの解釈は時代とともに変化している。今、僕らが抱く人生や社会への不安に対応するゾンビというモデルは、本当に不気味なほど他者への恐れを表わしていると思う。それがやがて、ブルー・ステイト（リベラルな民主党支持者の多い州）の神話から、レッド・ステイト（保守的な共和党支持者の多い州）の神話へと変わっていった（つまり、当初は、ゾンビ映画が“自分とは違う人種を受け入れられない人間社会を示唆している”などと社会文化的に捉えられていたのが、ただゾンビを撃ち殺すだけのサバイバル作品が増えることで、“ゾンビ＝銃で撃ち殺

す対象”といった存在に変わってきている。銃所持支持者の中には、「本当にゾンビが現われてくれれば、思い切り銃を撃てるのに」と考える人もいる。そんなふうにゾンビの立ち位置が変化してきているという意味）。有事に備えてサバイバル訓練を行っている生存主義者たちの願いは、戦争や天変地異が起きること。本当に起きてほしいと考えている。ゾンビ作品が……“よそ者”を標的にして狩ることがスポーツ番組みたいになったのが、非常に象徴的だ。他者への共感とか、初期のロメロ作品にあった重要な要素が失われてしまっているよね。

JC：人間の良心が根こそぎ排除されている。戦争映画では、国や思想が違っている敵だったとしても、同じ人間を殺すことに後ろめたさを感じなければならない。ところが、ゾンビ映画にはそれがないんだ。罪悪感など覚えることなく暴力し放題で悦に入る……という世界になっている。

GDT：ああ、スポーツイベントさながらにね。人間狩りイベントだよ。小説「地球最後の男」を読めば、マシスンの驚くほどの知性と思慮深さがわかる。56年発表のSF小説「縮みゆく人間」の、主人公が誰にも気づかれない世界へと己を委ねるシーンは、自分の存在とは何かを問いかける実に素晴らしい瞬間だ。彼はとても小さく縮んでしまうんだが、小さいことの偉大さを理解する。彼は、そのサイズや状況を超越した存在になるんだ。

JC：そういった超越的経験は、『2001年宇宙の旅』（68）のラストとなんら変わりはないね。あの映画で、主人公は人類を超越した存在の“スターチャイルド”になるわけだから。

GDT：次なるステップへ進んだってことだ。だけど、「地球最後の男」が見事なのは、物語が進むにつれ人間の立ち位置が変わっていくところだ。マシスンは、あの物語に出てくる化け物は、現実世界の大多数

THE WORLD
IS DEAD.
ONE SURVIVOR.
THEN
THE OTHERS.
CRAWLING IN
DARKNESS.
THE STRANGEST
SECT OF ALL.
HUNTING THE LAST MAN ON EARTH.

CHARLTON
HESTON THE
ΩMEGA MAN

a WALTER SELTZER PRODUCTION CO-STARRING ANTHONY ZERBE · ROSALIND CASH   SCREENPLAY BY JOHN WILLIAM and JOYCE H. CORRINGTON PRODUCED BY WALTER SELTZER DIRECTED BY BORIS SAGAL
GP   PANAVISION® · TECHNICOLOR® FROM WARNER BROS. A KINNEY LEISURE SERVICE

リチャード・マシスンの小説「地球最後の男」の
映画化作品『地球最後の男オメガマン』の劇場用ポスター

の人間だと言っている。世界のほとんどを
占めるのが化け物で、普通の人間が例外的
になっているんだから。それって、すごい
よね。
JC：あの話の主人公は、化け物たちを狩
ろうとする人間だ。世界の人口のほとんど
が化け物になり、彼らが社会を構成し、社
会そのものになったわけで、彼らが唯一生
き残った人間の主人公を恐れている。化け
物にしてみれば、主人公は、夜にしか活動
しない彼らたちを狩るブギーマン的存在だ
からね。その構図は実に面白い。映画版だ
と彼らはそこまで正しく描かれていないと
思うな。
GDT：もっともだ。
JC：映画化作品なら、『地球最後の男オメ
ガマン』の彼らが一番原作に近いんじゃな

いかな。化け物となった彼らは、「家族」
と自らを呼んで社会を作っていたし、彼ら
が主人公を恐れる様子や、主人公が彼らに
とって吸血鬼のような“伝説の怪物”になる
過程を考えてもね。
GDT：化け物たちは、夜、自分の子供に彼
の話を聞かせたりする。彼は“伝説”だか
らね。君は、SFは問いであり、挑戦であり、
自分たちの信念だと言っていた。僕たちは
何者なのか。何が僕たちを人間たらしめて
いるのか。社会のどこに自分たちの居場所
があるのか。心に浮かぶそうした疑問に対
する答えを出せるのがSF。そして、マシ
スンにとってのSFも同じだ。

ジョン・カーペンター監督作『遊星からの物体X』で、主役のR・J・マクレディを演じるカート・ラッセル

人間とは何か——
『遊星からの物体X』の奥深さ

JC：『遊星からの物体X』（82）も、人間の姿をした異形を我々に恐れさせるという同じ原則に従っている。君もそう思うだろ？

GDT：もちろん。僕たちが『遊星からの物体X』を語るときは、3つの要素が必ず

H・P・ラヴクラフト著「狂気の山脈にて」の表紙（バーンズ＆ノーブル・ライブラリー・オブ・エッセンシャル・リーディング刊）

話題に上がるよね。ひとつ目は、原作となったジョン・W・キャンベルの短編小説「影が行く」（38）。そして、この小説は、いろんな意味で、H・P・ラヴクラフトの「狂気の山脈にて」（36）を彷彿とさせる。もちろん、「影が行く」の映画化作品には、『遊星からの〜』以前に、1951年のハワード・ホークス版『遊星よりの物体X』もある。

JC：そうだね。でもあれは、ホークスが製作を務め、監督は別の人間だった。

GDT：でも、ハワード・ホークス版『物体X』と呼ばれることが多い。いずれにしても、僕にとっては、ジョン・カーペンター監督の作品が、最高の映画バージョンなんだ。「何が自分を人間たらしめているのか」「自分だと識別する指標は何なのか」という問いかけがしっかりなされているからね。

JC：『遊星からの物体X』のエンディングの素晴らしさは、最後に残されたふたりが孤立していることだ。彼らは死ぬ運命にある。

GDT：そして観ている僕らは、どちらが"物体"なのかわからない。だけど、救出の望みもない中、ひとりぼっちで取り残される方がずっとひどいよね（人間がひとり残っても孤独のまま死に、物体だけが残っても宿主がおらず、増殖できない）。だからふたりは、ある意味、最後まで一緒に寄り添っているようなものだ。とにかく人々は、「最後に残ったあのふたりは、どっちが人間だろうか？ それとも、どちらかが例の"物体"なのか？」という疑問を抱くことになる。カーペンター版は、"物体"が単に人間の外見を模倣するだけじゃなく、もっと踏み込んでいる。だから、僕は大好きなんだ。"物体"は、言葉遣いとかイントネーションまで真似て、本当の登場人物のように話す。しかも、記憶もできる。異星人による肉体乗っ取りストーリーはたくさんあるけど、乗っ取られた人間は感情を失くしてしまう場合がほとんどだ。『ボディ・スナッチャー／恐怖の街』（78）とか。でも、『遊星からの物体X』の**何が奥深くて、何が僕を虜にしているのかというと、見る側を疑心暗鬼にさせて、想像の余地を与えていること。あいつが"物体"なんじゃないか、こいつもそうじゃないかと、想像するのが僕は好きなんだ。**さらに、（ふたりの生存者のうちのひとりが"物体"だったなら、隣に立つ人間に対し）あのクリーチャーは「こいつで最後だ」と心の中でほくそ笑んでいるかもしれない、とか考えるのもね。**僕たちは、誰かと一緒にいようとする。人間にそういう習性があるからこそ、この映画は見事に「人間という存在とは？」と問いかける作品にもなっているんだと思う。**
JC：つまり、「人間を定義するのは、自己犠牲の精神の有無であるとも言えるんじゃないか？　"物体"は、他の誰かのために自らを犠牲にしようとは思わなかったはずだ。しかし、カート・ラッセル扮する主人公マクレディは違う。彼が船を爆破させた

とき、自分がそこから逃げられないかもしれないということはわかっていた。大いなる善意から、そして人類の存亡を懸け、彼はそうしたんだ。"物体"を氷に帰すためにね。
GDT：これって、ユダヤ教とキリスト教に共通の信条の種でもある。でも、宗教はさておき、僕は魂の根源は意志だと思うんだ。それこそが、この物語をすごく重要なものにしている。"物体"は、いつも同じ決定を行う。他の種を凌駕するんだ。自分たちが勝るように作られているし、そうする本能が備わっている。他種の上に立って、自分たちが生き残るようにね。そして、"物体"と人間は何が違うかというと、**物体は本能のまま生き残ろうとするけれど、人間は生きる意味がないなら生き残らないという選択ができること。それって実は、他の偉大な物語のモンスターにも通じていたりする。**例えば、ジェームズ・ホエール監督の映画『フランケンシュタイン』の続編『フランケンシュタインの花嫁』とか。1作目で、フランケンシュタインの怪物は、複数の死体から部位を継ぎ合わせて創り出された。彼は無表情で部屋に入ってくる。周囲に翻弄され、自分で決断を下すことはないし、村人たちに追われてしまう。2作目で、彼は話せるようになり、人との触れ合いの価値を知る。そして初めて、自分で決断するんだ。しかもふたつ。ひとつ目は、花嫁を創るということ。そして、ふたつ目の決断──**心を傷つけられ、この世はひどい場所だと気づいたとき、彼はこう言うんだ。「さようなら、残酷な世界よ」って。**
JC：死を選んだんだね。
GDT：**決断とは、意志による行為。物と人間の違いは、意志があるか否かだ。**
JC：『遊星からの物体X』の"物体"についても同じことが言える。あれはウイルスみたいなものだ。ただし、とても高度で複雑

ジェームズ・ホエール監督の大ヒットモンスター映画『フランケンシュタイン』の続編『フランケンシュタインの花嫁』の劇場用ポスター

なやつ。人間の身体に住みつき、記憶と感情を奪ってしまう。

GDT：だけど現実にも、擬態だけでなく、擬態と乗っ取りが両方起こる例もたくさんある。まるで、外からはその悪魔的な内面が見えないサイコパスみたいに。他の種のコロニー（巣）にこっそり侵入する昆虫もいて、そういった虫は、形態はもちろん、科学的にも行動的にも擬態する。アリと似た匂いを出して仲間だと思わせ、挙句には、アリの幼虫を食べてしまう。自然界にそれほどの恐怖を感じさせる実例があるなんて、本当に驚きだよ。

JC：あらゆる恐怖が昆虫界には存在する。宿主の内部で成長し、突然肉を食い破って外に飛び出す寄生虫。相手の行動を乗っ取る寄生虫。寄生真菌に感染したアリは、菌が脳に達すると行動を操られてしまい、背の高い木を登って葉の裏にしがみつく。アリの身体が葉に固定されると、菌が頭を突き破って発芽し、胞子をばらまくんだ。その種のアリは、正常な状態では高い木の上へ上へとよじ登るような行動はとらないから、寄生菌にすっかりコントロールされ、別の生き物になってしまったと言える。

GDT：そうだね。そこまでいくと、完全に悪夢。純粋な科学に基づくホラーだ。だけど、そうしたライフサイクルは、僕たちがモンスターを創り出すときに必ず思い描く。**結局、僕たちはすでに存在している、もしくは存在していた何かを参考にしているんだよ。**

人が"モンスター"を求めるのはなぜか。

JC：どうして人間には"モンスター"が必要なんだろう？ 心理学的に考えて、なぜ我々は金を払ってまでモンスター映画を観に行くんだろう？ 脳の辺縁系を刺激するためなのか？

GDT：僕が思うに、宇宙は想像しているよりずっと広大だと示してくれるからじゃないかな。そしてそういう怪物は、自然界を見下ろす位置に存在している必要があるのだと思う。僕は50代半ばで、後にも先にも一度だけUFOを目撃した。一機だけだけど、実際に見たんだよ。だから、新聞の第1面に載っている記事なんて比べものにならないくらいスケールが大きくて、複雑で興味深い何かが存在していることに疑いはない。いずれにしても、**人間には"モンスター"が必要だ。天使の存在を裏づけられるのは、悪魔だけだからね。**

JC：なるほど。だが、それは宗教上の解釈だ。

GDT：確かにそうだけど、超自然的な解釈でもある。生物の死骸が生きている物の存在を裏づけるのと同じさ。同様に、モンスターが"異質"という状態の裏づけとなる。そのことが僕たちの目を見開かせ、もっ

ともっと広い宇宙に向けさせるんだと思う。だから、はるか昔、遊牧生活を送りながら世界とは何かを解釈し始めたとき、人間は自然界のサイクルについての物語を紡いでいたんじゃないかな。

JC：2万年前の人間ってことかい？

GDT：そう。人が遊牧民族だった時代さ。ところが、定住するようになると、世界を体系化させなければならなかった。「どうして太陽は昇るのだろう？」とか「月は昼間どこにいるのか？」とか言い出さざるを得なくなったんだ。さらには、人間ではない存在を創造する。神を創り、モンスターを創り、それらに対する観念を網羅できる悪魔を創り出した。哲学における抽象観念の多くは、誰もが具現化できる。例えば、「フランケンシュタイン」の怪物のようにね。哲学の取り決め同様、小説の世界でも、冷淡な創造主が生み出した"見捨てられた存在"の観念は脳内でイメージできる形に描写されている。**つまりモンスターは、抽象的な考えにきちんと肉体をまとわせたもの。ゴジラも然り。ゴジラは、核攻撃の不安や恐怖の化身だったんだ。**

JC：確かに、ゴジラは科学によって創造され、都市を壊滅させられるほど巨大な存在だった。日本が生んだ新たなSF神話としてゴジラが出現したのは、当然の成り行きだと思う。日本は現実に、核兵器を落とされているからね。

GDT：モンスターは、自身が創り出された時代のツァイトガイスト（時代精神）**の拍動に応えているってことさ。**

JC：私は恐怖を生み出すモンスターは、根本的に人にとって必要な存在だと考えている。というのも、何かを恐れるのは健全なことだからだ。同様に、痛みも健全だ。もし痛みを感じなければ、火が点いた電気コンロの上に手を置いても、肉が焼ける匂いがするまで気づかない。新石器時代の遊牧民のように恐れを抱いていないと、呑気に森の中を歩いて、熊に食われるのがオチだ。猛獣の鋭い牙と爪に襲われたらどうしようと不安を感じるのは、人として自然なこと。子供たちに森に近づいてはいけない、見知らぬ者と話してはいけないと教えるのに、昔はモンスターをおとぎ話に登場させていた。だから、我々には恐怖が必要なんじゃないかな。とはいえ、わざわざ金を払ってモンスター映画を観に行くのはどうして

テレビシリーズ『ジェームズ・キャメロンのストーリー・オブ・サイエンス・フィクション』のセットで、キャメロンからインタビューを受けるデル・トロ。撮影はマイケル・モリアティス

だろう？

GDT：君が言うように、**自然界で起こり得る災難を警告してくれるものとして怪物が生み出されるっていうのは正しいよ**。どの本でかは忘れたけど、ドラゴンが普遍的なのは、類人猿の3大天敵——蛇、猫、大型猛禽類——を象徴しているからだって、読んだ記憶がある。それって、君の考えの裏付けになっていると思う。

JC：つまり、それはアーキタイプ（カール・グスタフ・ユングが提唱した心理学の概念。誰もが無意識の中に持っている固有の要素が具現化したもの）のごった煮か。

GDT：最も原始的なレベルで恐れなければならない物ごとの寄せ集め、とも言えるかな。で、なぜ僕たちはそれが必要なのか？**日常生活にも世の中にも恐怖はあふれている。末期ガン、腐敗政治、人間に対する幻滅、戦争、飢饉**。だから、映像作家たちは映画やテレビドラマで解決策を示しながら、そういった恐怖を表現していく。映画なら2時間、テレビのミニシリーズなら合計で6時間、拡大シリーズなら何ヶ月もかけるかもしれないが、そこはどうだっていい。でも、モンスターを通じて、人が抱く恐怖を皆に知らしめることが可能なんだ。

JC：それに、モンスター映画の大部分——1930年代と50年代の作品では例外なく、70年代と80年代のカウンターカルチャー作品では数を減らしたが——で、モンスターは最後に殺されていた。人は怪物に対する恐怖に立ち向かい、その息の根を止める。巧妙な計略で、意志の力で、内面的な強さで、勇気で、信念で——とにかく原動力がなんであろうと、人はモンスターを殺す。**人間はモンスターを創り出すから、それを破壊できるわけだ**。

GDT：言うまでもなく。

JC：バリ島には、“オゴオゴ”と呼ばれる大きな怪物の人形を御輿で担いで練り歩く悪魔払いの祭りがあるんだ。住民は一生懸命作業して、鬼のような形相の怪物の張りぼてを作り、パレードをして人形に悪霊を乗り移らせる。そして、最後には悪霊が乗り移った人形を焼き払い、1年の安泰を祈る。多くのホラー映画でも、この行事と同じようにオゴオゴを焼いて、悪魔払いをしているんだと思う。

GDT：これはおとぎ話にもホラー作品にも共通することだけど、ひとつの話にはふたつのバージョンを想定することができる。万物の中での人間の立場を再確認するものと、それを問いかけるものだ。君が話しているバージョンは、森羅万象における人間の立ち位置を再確認する方。聖ゲオルギウス（キリスト教の聖人。ドラゴン退治の伝説で知られる）がドラゴンを殺す話であり、人間が悪魔を退治する話でもある。人々はこう言う。「これでもう我々は最高の存在だ」と。結局それは、全世界で僕たち人間がどの地位にいるのかを語っている物語なんだ。そして今のところ我々は、万物の頂点に立っている。後者のタイプは、そういったモンスターが最も無秩序な存在として扱われ、因習を打破するバージョンだ。そして、こちらの場合は彼らが自然界の上にいる超人的存在ゆえに、僕たちは端的に、人間とは何かを問うことができる。

ギレルモ・デル・トロのSF世界

JC：さっき話したように、君はSF映画を2作品作っている。ひとつは『パシフィック・リム』。ロボットと巨大怪獣が登場する紛れもないSFだ。これでもか、というくらいSF要素を詰め込んでいるよね。で、もうひとつが、君の最新作『シェイプ・オブ・ウォーター』。この作品も様々な要素を含んでいる。

GDT：あと『ミミック』もね。

ギレルモ・デル・トロ監督作
『パシフィック・リム』の宣伝用ポスター

PACIFIC RIM

アレン・ウィリアムスによる、ギレルモ・デル・トロ監督作『パシフィック・リム』に登場する
"カイジュー"ナイフヘッドのコンセプトアート

JC：確かにそうだ。で、『パシフィック・リム』だけど、聖ゲオルギウスは最後にドラゴンを殺す。意志の力と内面の強さと人間の精神的つながりで。

GDT：人間たちの協力でね。

JC：ああ。そして、『シェイプ・オブ・ウォーター』では、君はモンスターを殺したくなかったんだね。

GDT：そんなことはしたくなかった。あの映画は、「自分がよそ者集団の中にいるのがわかるかい？」と問いかけている作品なんだ。そして『パシフィック・リム』で

僕が好きなのは、25階建てのビルと同じ大きさの巨大怪獣を滅ぼすための多数の解決策の中、最終手段として、「だったら、こっちも25階建て相当のロボットを作ろう」という部分だ。子供時代の偉大なアニメを何十年も大事にしてきた、周囲の人々とは違う自分だからこそ生まれた考えだ。**僕のベースには、東京を含む日本の子供たちが浸っていたのと同じカルチャーが根づいている。**そして、この作品は3つのジャンルから形作られている。3番目のジャンルがファンタジーなんだ。『スター・ウォーズ』

のようにね。『スター・ウォーズ』は、要するに、ジェダイという魔法使い、レイアというお姫様、ルークという若き農夫が出てくるファンタジーなんだよ。

JC：『スター・ウォーズ』は、ロボットや宇宙船で装飾されたファンタジーの古典だ。『ロード・オブ・ザ・リング』をSFだと言う者はいない。それははっきりしている。

GDT：確かにその違いはわかりやすいね。『ロード・オブ・ザ・リング』はファンタジーだ。それって、僕が言った3番目の特徴だと思う。由緒正しき魔法が、ファンタジーの主な構成要素だってことだ。エルフ（耳の尖った妖精）、オーガ（人食い鬼）、トロル（洞穴などに住む巨人）を含む世界観だね。

JC：ファンタジーの世界では、ドラゴンも存在する。だけど、君は巨大な空飛ぶクリーチャーを跳梁跋扈させた。"カイジュー"と呼ばれるドラゴンを『パシフィック・リム』の中でね。

GDT：あるいは、映画『ドラゴンスレイヤー』（81）の悪竜ヴァーミスラックス・ペジョラティヴみたいなドラゴンとか。あの種の最後の1頭として、実に見事に説明されている。

JC：そう。科学的にね。

GDT：それか、少なくとも動物学的な説明かな。ドラゴンが胃酸か何かが逆流して、火炎をちゃんとコントロールできなくなるとか、マシュー・ロビンス監督の発想は、実に見事だ。そういったジェスチャーが、竜にもっともらしさを与えるんだよ。**動物学は科学の一分野だから、うまく利用すると、SFとファンタジーの両方にまたがることが可能なんだ。**

JC：だけど、君はファンタジーにSFという服をまとわせているだけであって、SFの本質をきっちり包含しているわけじゃないね（笑）。

GDT：SFとファンタジーの完璧なハイブ

リッド作品はとても稀なんだよ（笑）。

普及の名作『マッドマックス2』と不安の種

JC：君は今まで、世界滅亡後の世界を映画で描いたことがない。それでも、君も私もそのジャンルが大好きだ。『マッドマックス2』（81）がSFだっていうのは、君も納得すると思う。

GDT：独特なやり方でファンタジーの要素を盛り込んだ、叙情詩的ファンタジーというか、英雄的ファンタジーというか。そして、あの孤高のヒーロー……。

JC：資源の略奪が繰り広げられる荒廃した世界、巨悪が牛耳る石油精製所から逃げ出すことに協力してほしいと、土地の住民に求められた主人公・マックス。世界に背を向けて生きてきた彼は、真っ当なことなどしたくないと、一度はその要求を拒むが、最終的に受け入れ、ヒーローとして変貌する。古典的なジョーゼフ・キャンベルの世界だよ。

GDT：まさしく。そして何が素晴らしいかというと、『マッドマックス』（79）から『マッドマックス2』になって起こるのは、『エイリアン』から『エイリアン2』にかけて起こる出来事だということ。どちらの続編も、単に前作の続きというだけじゃない。完全にジャンルを変えているんだ。

JC：ああいったダークな未来の世界は、どうしてこうも魅力的なんだろう？　あのような世界を知ることで、我々は自分たちの不安と折り合いをつけているのかな？

GDT：そうだと思う。全てが終わるのなら、物ごとはもっとシンプルになると考える人はたくさんいるはずだ。法律、道徳、そういったものの価値が全部崩壊する。『マッドマックス』では、そんな暗澹たる世界に向き合う男が描かれているよね。

『マッドマックス』の劇場用ポスター

JC：西部開拓時代によく似ている。

GDT：20世紀のポスト・アポカリプス（世界破滅後）・ファンタジーは、"俺、俺の車、俺の銃"って感じだった。まさに、それだけ。男性主導のファンタジーだね。精神分析学者ジークムント・フロイトなら、銃好き、車好きな人間を簡単に読み解けただろう。

JC：**核エネルギー。病原体の蔓延。我々は今、大きな不安の時代に生きている。**そして、過去50年、60年の間、人がずっと対処してきた全ては、世界滅亡後の世界を舞台にしたファンタジーに登場する。私なら、そう考えるね。さらに、そうした映画を観る人々は、自分は生き残って、マンハッタンに鋼鉄の扉が付いたマンションに住む10万人にひとりの人間になるはずと信じているんじゃないかな。何体かゾンビを撃たなければならないけれど、実際、そんな暮らしもまんざらでもなかろう、とかね。

GDT：**確かに。世界が崩壊したら、ライフスタイルはずっとシンプルになる。だから、男性主導のファンタジーになるんだよ。単純さが男のバロメーターだからね。**結局、そういったファンタジーでの問いかけは、「登場人物のためにスーパーマーケットがまるまる用意されてるのか？」あるいは「生き延びるために狩りをしないといけないのか？」くらいの明確さだ。主人公は政府には頼らず、警察や軍隊にも依存しない。そうなると、かなり自由主義的なファンタジーで、"殺るか、殺られるか"的な物語になる。

JC：作家のロバート・A・ハインライン的なアプローチだな。

GDT：世界が崩壊した暗澹たる未来では、生きていくだけで必死だ。そこで、生命維持に必要な基本的な欲求だけが残る。20世紀という時代、進む産業化、複雑になる都市空間。**面倒な全てを失ったとき、人々**

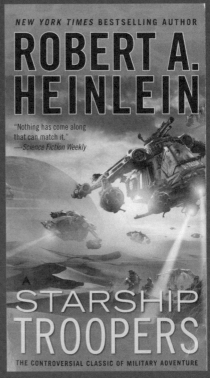

NEW YORK TIMES BESTSELLING AUTHOR

ROBERT A. HEINLEIN

"Nothing has come along that can match it."
—*Science Fiction Weekly*

STARSHIP TROOPERS

THE CONTROVERSIAL CLASSIC OF MILITARY ADVENTURE

ロバート・A・ハインライン著『宇宙の戦士』(59)（エースブック社刊）の表紙。パワードスーツを着て昆虫型異星人と戦う兵士の姿が描かれるSF小説

は、睡眠欲、排泄欲、食欲の存在を再確認する。いつ基本的欲求が本当に芽生えるのかは、終末ものが教えてくれるというわけだ。人間の住む場所が小さな村や町から、都会——人や物がぎゅうぎゅうに詰め込まれ、最適化を強いてくる場所、そして、政府が人々の行動を規制する場所——に変わったとき、現代人は圧迫感を解消するかのごとく、このようなファンタジーを炸裂させた。誰もが言った。**「もっとシンプルな時代に向かおう」**と。それは、決して過去に逆戻りするのではない。未来なんだよ。

JC：科学も文明も我々を救ってくれることはなく、問題は解決しないという懸念が

今、人々の心に深く根ざしている。私はそう感じているよ。

GDT：それって、僕たちが抱く不安のかなり大きな部分を占めているんじゃないかな。あとは、会話が極めて厳格に統制されたソーシャルメディアで起こるパラドックス（矛盾）だ。実際に発生しているのを、僕も確認している。**ダイレクトに意見や不満を発信できるせいか、なんでもかんでも白か黒かをはっきりさせないといけなくなっていて、もはや、善悪の判断が曖昧なグレイゾーンで人として生き残るのが不可能に近い時点まで管理されてしまっている。そこで会話しているだけじゃ、人は存在し続けられないのに。そして、今ほど人々が内に潜在的な怒りを秘めていることはなかったと思う。**人はどうあるべきなのか、公にできない怒りや社会に関する怒りの中にいる我々は何者なのかという自分自身に対する苛立ちと、その苛立ちゆえのよそ者たちへの憎悪が衝突する。つまり、パラドックス。同じパワー、同じ強さの力が作用し合う。激しい怒りのぶつかり合いの末に、全てが終わってしまうんじゃないかと途方もない想像すらしてしまう。怒りが、人類も宇宙も全て呑み込んでしまうんじゃないかってね。

JC：そういう対立構造を突き詰めていくと、部族主義になる。君は、うちの部族に属しているからオーケーだ。君が他の部族の人間なら、我々は対立状態になるだろう、ということだね。

GDT：まさに、そう。で、その単純化は、相手の気概を試すことになるんだ。人間は何でできているのか？　人は良い資質を持っているはずだから、あんなふうな環境になっても生き延びられる。そう考えたい人が大多数だろう。で、実際はどうなのか。世界が滅亡したら、何人が生き残れる？きっとみんなが思っているよりもずっと少

ない数になるはずだ。そこで、基本哲学に戻ることになる。フランスの哲学者ジャン＝ジャック・ルソーの人間観に立ち返るんだ（「自然に帰れ」という彼の根本思想を表わす標語があるように、「自然のままの状態では、人間は善良で幸福なものであるのに、文明社会のせいで富をめぐる争いが起こり、人間は堕落し、悲惨な状態となった。だから、自由で平等な自然に帰り、人間の善良な内面性を回復しなければならない」、と彼は説いた）。あるいは、違った観点からそれを考えてみよう。『ウォーキング・デッド』のゾンビ（ウォーカー）、あるいは、ゾンビの大群を避けて移動し続ける人々。どちらの存在を考えたとしても、その中心には疑問符が残る。つまりいずれにせよ、それは現実逃避的な姿ということだ。

JC：もちろん、そういった物語は、我々の不安、迷い、恐怖、そして現実から逃れるための何かに仕立て上げられている。現実逃避のための何か——"安全な悪夢"とでも言うべきかな。午前3時、ひどい悪夢を見たのにひとりぼっちで放っておかれたら、精神衛生上、全くよろしくはない。でも、映画館に行くのは、健全だ。周りに他の人々がいるからね。

GDT：そう。映画だと悪夢のようなシーンがあっても、一定の時間で終わるし、物ごとは解決される。

ホラー界の重鎮は、
みな一様に極度の怖がり！

JC：でも、『エイリアン』は違っていた。何度も悲鳴を聞いたよ。僕は、79年の公開日の夜に、大きな劇場であの映画を観たんだけど、みんな絶叫し、ポップコーンを放り投げていた。

GDT：僕も同じ状態だったな。

JC：『エイリアン』を観て、叫んだのかい？

GDT：叫んだだけじゃない。座席の下に

ジェームズ・ホエール監督による古典的ホラー映画『フランケンシュタイン』で、ボリス・カーロフが扮した怪物

隠れたほどだった。大げさに言ってるんだろうって？　本当だよ。椅子の下に潜り、父親に「終わったら、僕の肩を叩いて教えて」って言ったんだ。

JC：僕はホラーの巨匠を何人も知っていて、君も間違いなく、ホラー界のピラミッドの頂点にいる。だけど、面白いことに、その全員が実は怖がりらしい。彼らは自身の恐れを他の人々に投影しているんだね。もしも他人を怖がらせることができたら、もっと自分に自信が持てるようになるって構図かな。

GDT：ホラーファンタジーを作る人間は、常に恐ろしい展開を考えてるせいか、自分の娘が待ち合わせや門限に15分遅れただけでも大変だ。その15分の間に様々な最悪のシナリオを頭の中で思い浮かべ、誘拐されていたらどんな方法で助け出すか、怪我をしていたらどう治せばいいかなど想像を膨らませてしまうからね。

JC：君は、『フランケンシュタイン』は自分の自叙伝だと言ったらしいじゃないか。君は、フランケンシュタインの怪物の方なのか？　それともフランケンシュタイン博士の方？

GDT：博士じゃなくて、怪物の方だよ。成長するにつれ、僕は世の中に対して違和感を覚えるようになっていたんだ。自分は他の誰よりも劣っていると感じていたし、いつも居場所がなかった。己の理解の範疇を超えた力によって動かされているあの怪物を見たとき、このモンスターは僕のことだと思ったんだ。怪物を見ているだけで、幸せな気分になった。彼を演じたボリス・カーロフには、僕に至福を味わわせる特別な存在感があったんだと思う。怪物が心の平穏さを持ち、神の恩恵を受けていると思わせるだけの何かを、カーロフがキャラクターに与えたんだ。湖畔で、少女マリアと花で遊ぶあのシーンの彼は、本当に純粋で無垢

デル・トロ監督の『シェイプ・オブ・ウォーター』に大きな影響を与えた『大アマゾンの半魚人』(54)の劇場用ポスターだった。

JC：あの少女とのシーンももちろんだが、松明を持った村人に追われる彼の恐怖を描いた場面も見事だった。

GDT：僕は完全にあの怪物に感情移入していたんだ。すぐに親近感を覚えた。彼の存在を信じることができる、と思ったんだよ。僕はカトリックの教えに従って育てられたんだけど、宗教的な象徴よりも、フランケンシュタインの怪物の方がずっと身近に感じられた。僕はいつもこう言っている。「パウロのように、多くの人々がダマスカスに向かう道でイエスと出会った。僕はというと、日曜日のテレビで『フランケンシュタイン』を知り、感情を大きく揺さぶられた。あれは人生が変わるほどの出来事だったんだ」ってね。

JC：でも、フランケンシュタインの怪物

に限らず、SF作品に登場するモンスターというのはなんらかの共感を覚えさせてくれるものだ。最初は異星人の不快で恐ろしい外見ばかりに目がいくけれど、次第に、非常に人間的な内面を見せ始める。つまり、人間は彼らと心を重ねるようになるわけだ。同時に、他の人々が彼らを恐れ、襲い、殺そうとする過程も見る。それはSFのサブジャンルだと言えると思うのだが、どうだろう？　純粋たるホラーでは見られない傾向じゃないかな。

GDT：そうだね。よそ者なんて存在しない、存在するのはいつも我々だとわかる瞬間は、人間とはどういう存在なのかがわかる瞬間なんだ。恐怖をあぶり出すのに使われる"異質な存在"は、常に人間性の本質と人を引き離す。モノクロの映像は、ホラー・フィクションには素晴らしく効果的だと思う。ある特定のホラーではね。でも、僕が興味を覚えるフィクションは、善悪の判断が曖昧なものだ。ひどく心が震えるんだよ。

JC：フランケンシュタインの怪物は、根は邪悪なキャラクターではない。邪悪な存在は完全に人間の方だと思える描き方をされているし、どう考えても人間の方が悪い。**悪い人間は、人間の皮を被った怪物。問題は外見じゃない。魂、あるいは心だ。**

GDT：本当に恐ろしくて素晴らしいモンスターをデザインするには、落ち着いた状態のときに素晴らしいと思えるものをデザインするべきだ、と僕はよく言っていた。静かにしているときに堂々としていて美しいライオンほど、誰かの上に覆い被さったときに変貌する様が恐ろしいものだ。君は映画の中で、同じアイデア――人間とモンスターの違いは意志――を使っているね。『エイリアン2』のウェイランド・ユタニ社の社員のカーター・J・バーク（ポール・ライザー）は、エイリアン以上に怪物じみているのは火を見るよりも明らかだから。エ

『世紀の謎　空飛ぶ円盤
地球を襲撃す』(56)の劇
場用ポスター

イリアンは生まれつき心のない怪物なわけだけど、バークは温かな血の通う人間として生まれてきたのに、だ。彼は自分だけ助かりたいがために扉を閉じ、リプリーたちをエイリアンとともに閉じ込めてしまう。あんな行為をする奴は、まさに悪魔。人命より、会社の命令を最優先しているなんて！『エイリアン』の1作目と2作目の両方では、あの会社が諸悪の根源だ。

おまけ：デル・トロ、UFOに遭遇す！？

JC：そろそろ君のUFO目撃談をちゃんと聞かせてくれないか。

GDT：いいとも。あれは僕が15歳か16歳だったときだ。友人と僕は、ビールの6本パックを持ってきたんだ。あ、もちろん飲まなかったけどね。

JC：当然だ。未成年が飲むわけないな（笑）。

GDT：まぁ、とにかく僕たちは車でハイウェイに向かっていた。で、僕はこう言った。「高速道路のどこかで車を止め、ビールを飲んで、星を見ながら話をしよう」ってね。その途中、地平線の上で奇妙な動きをする光を見つけたんだ。動きがすごく速くて、地平線のあちこちを飛び回っていた。そのとき、道路にいたのは僕らの車だけだった。で、車を止め、外に出てみたんだ。「クラクションを鳴らして、ヘッドライトを点滅させてみよう」と僕が提案し、友だちはその通りにした。すると光は遠くから急に移動して、僕たちから500メートルくらいの地点に出現した。1秒もかからずに！　ところが、円盤はひどいデザインだった！もしこれが作り話なら、僕はもっとカッコよく捏造したUFOを話して聞かせるだろうけど、あれは本当にただの空飛ぶ円盤だった。ぐるぐる回るライト付きのね。

JC：それって、がっかりしたってことかな？

GDT：すごくがっかりしたよ。でも、僕らが感じた恐怖はうまく表現できない。あんなふうに感じたことは一度もないし。畏敬の念みたいなものも、ほんの一瞬だけ抱いた。で、戦車を目の前にした犬にでもなったかのように怖くなったんだ。車に乗り込むなり、僕は大声で叫んでた。「思い切りアクセルを踏め！」ってね。振り返ると、UFOが僕たちのあとをついてきていた。だけど、もう一度振り向いたときには、消えていたんだ。それが目撃談の全容だよ。

JC：UFOに乗ってた連中は笑ってただろうな。

GDT：「ガキんちょふたりを怖がらせてやったぜ！」みたいにね。でも、話はそれだけ。期待外れだろ？　でも、あのときは圧倒されていた。

JC：もっといいデザイナーが必要だな。

GDT：伝説の特撮モデルデザイナー、グレッグ・ジーンにあの円盤をデザインしてほしかったな（笑）。

混沌の預言者たち

DARK FUTURE

ダーク・フューチャーという夢

── マット・シンガー（映画評論家・エディター）

　1968年、致死的な疫病が蔓延し、人類は死に絶える。ところが、病に冒された人間は吸血鬼となって蘇り、地球最後の男は、生き残るために一縷の望みを懸けて連中を根絶やしにしなければならないのだった。

　1997年、自我に目覚めた戦略防衛コンピュータシステムが、アメリカとロシアの核戦争を誘発する。これにより、30億人が死ぬことになる。核の業火を生き延びた者たちは、この日を"審判の日"と呼んだ。

　1999年、天才ハッカーが驚愕の事実に気づく。今、自分がいるのは1999年などではなく、実は遠い未来で、自身の意識が仮想現実世界の中に囚われていただけだった、と。その仮想現実世界は、人間の脳を騙し、自分たちは自由だと信じさせておいて、実は人類をコントロールしている機械が作ったものだった。

　このような未来はまだ訪れていない──少なくとも現時点では。しかし、SFファンは、映画館のスクリーンに映し出されるこれらの事態を生き抜いてきた。**未来で起こるかもしれない悪夢的な描写は、半世紀以上、SF映画の緊迫した展開を演出するのに最も知られた手法となってきた。**一般的に、ハリウッドムービーは、観客にとって現実逃避の格好の手段になるべく作られている。しかし一方では、利益はさほど出ないであろう暗い未来を描いた物語を作り続けており、観客は観客で、そのような作品に群がり続けているのだ。この現象は一瞬、筋が通らないかに思える。ダークな未来を描く映画は、我々を自身のトラブルか

ら逃避させてくれる策を提示しているわけではない。90分かそこら、観る者は、最も絶望的な出来事が展開する未来が映し出された空間に囚われるだけなのだ。

　ダーク・フューチャーの最初期の例として挙げられるのが、**世界滅亡フィクションなるジャンルを世に知らしめたリチャード・マシスンの小説「地球最後の男」の映画化作品だろう。マシスンの原作は、1954年に初めて出版され、古典的な吸血鬼話にSF要素という新たな輝きを加えた。**この物語では、致死性の悪疫により地上の人間はほぼ全滅状態に陥り、罹患した者は吸血鬼と化す。ただし、地球上に、たったひとり生き残った男がいた。彼の名は、ロバート・ネヴィル。生まれつき、そのウイルスに対する免疫を持っていたために、助かったのだ。昼間、彼は生活必需品を確保して回り、この病気の治療法を見つけ出そうとする。夜になると吸血鬼たちが活発になるので、家に立てこもり、彼を殺そうとやっきになる生ける屍たちから身を隠すのだ。

　マシスンのこの小説はこれまで3回映画化されており、それぞれが原作に対する独自の解釈を盛り込んでいる。原作の精神に最も忠実に（かつ最も低予算で）描かれているのが、ヴィンセント・プライスが人類最後の生き残り（この作品では、ロバート・モーガンという名前）を演じた1964年の『地球最後の男』だ。その7年後、チャールトン・ヘストン主演の『地球最後の男オメガマン』(71)が作られる。この映画では、

人類は細菌戦争でほぼ死に絶えたという設定で、ヘストン演じる主人公のネヴィルは、吸血鬼ではなく、自らの集団を"家族（ザ・ファミリー）"と称する白色突然変異体の集団と戦っていた。ヘストン版から36年後、今度はウィル・スミスが主役のネヴィルを演じた、フランシス・ローレンス監督の『アイ・アム・レジェンド』（07）が制作された。ネヴィルは廃墟と化したニューヨークの街を歩き回り、"ダークシーカー"と死闘を繰り広げるのだが、このダークシーカーは、吸血鬼と突然変異体という前2作の両方の特徴を持つクリーチャーだった。

　これら3作のマシスン原作の映画化作品は、撮影された当時の社会的、政治的考えを反映しているため、それぞれが違う趣となっている。しかし、いずれも世界崩壊後の無法地帯で繰り広げられる復活とサバイバルのダークファンタジーであることに変わりはない。**未開の荒野で正義の鉄槌を下す主人公に焦点を当てた西部劇というジャンルが徐々に時代にそぐわなくなってきたと同時に、マシスンの小説と、それにインスパイアされたSFの物語の人気が拡大し始めたのは、なかなか興味深い。**映画界で映し出される時代が、荒々しく暴力的な個人主義に満ち、はるかに"単純"だった過去をノスタルジックに反映したウェスタンものから、「来たる大惨事が西部を再び粗野な場所にする」という未来バージョンに取って代わられた。とはいえ、そこで描かれている価値観は結局、同じ。**ギレルモ・デル・トロが言うように、20世紀の"真髄を描くファンタジー"は、"俺、俺の車、俺の銃"という言葉に代表される"男の中の男"的要素を滅亡した世界という舞台に散りばめるものだった。デル・トロの言葉が真実なのであれば、小説「地球最後の男」は、多様な映画形式における、真髄を描くファンタジーのプロトタイプなのだ。**

マシスンの物語がその種のファンタジーの先駆けだとしたら、**ジョージ・ミラーによる映画『マッドマックス』がその頂点**だ。同シリーズは、ミラー監督が40年にわたってこれまで4作を制作。政府が弱体化し、混乱と狂気に満ちる荒廃した未来を舞台に、主人公の荒唐無稽なロードトリップが描かれていく。1979年に公開された1作目『マッドマックス』は、"今（公開当時）から数年後"の近未来というざっくりとした時代設定。崩壊寸前のオーストラリアで、暴走族専門特殊警察「M.F.P.（Main Force Patrol）」の警官として働く主人公マックス・ロカタンスキー（メル・ギブソン）の姿を追う。1981年の2作目『マッドマックス2』では、我々が知る文明社会はもはや存在しておらず、マックスは意図せずして、野蛮な無法者たちの襲撃に脅かされる住民たちの救世主となる。このストーリーは、ジョン・フォード監督の西部劇に由来していると言えよう。1985年、3作目『マッドマックス／サンダードーム』のマックスは、物々交換で成り立つ砂漠の町バータータウンにあるサンダードームという闘技場での戦いを強いられる。そして30年後、ミラー監督は4作目となる『マッドマックス：怒りのデスロード』でマックスの物語を再開させたのだ。この2015年版のマックスはトム・ハーディが演じており、前3作よりもさらに荒れ果てた未来を放浪し、イモータン・ジョー（ヒュー・キース・バーン）という名の恐ろしい独裁者に反抗する女性集団と行動をともにすることになる。

　『マッドマックス』に登場する社会の崩壊具合は、続編になればなるほど、悪化の一途をたどってきた。それぞれの作品で、制作当時の社会的な不安要素が設定に生かされている。例えば、『マッドマックス2』は、1979年のエネルギー危機直後の作品だったので、地球の天然資源が枯渇

フランス・ローレンス監督、ウィル・スミス主演の映画『アイ・アム・レジェンド』の劇場用ポスター。
リチャード・マシスン原作小説、3回目の映画化作品

してしまうのではないかという懸念が反映されていた。地球温暖化がニュースでも頻繁に取り上げられるようになってから作られた４作目『マッドマックス：怒りのデスロード』では、水が地球上で最も大切なものとなっている未来が想定されている。シリーズ全体を考えた場合、『マッドマックス』は４作とも、暗い未来を描いているものの、希望がないわけではない。これらの映画は、そこを強く訴えている。『マッドマックス：怒りのデスロード』は、マックスの５人の女性同志たち――率いるのは無慈悲なフュリオサ大隊長（シャーリーズ・セロン）――が砦の支配者であるジョーを倒して終わるのだが、"世界の終わり"は、新たな始まりにつながるということを気づかせてくれた。

事実、"再生"は、ダーク・フューチャーを描く映画では、繰り返しモチーフとなっている。とはいえ、ときに再生は大きな代償を伴う。『ロボコップ』(87)の舞台となる近未来のデトロイトは、犯罪都市と化し、社会はカオスに陥る寸前だ。未来都市「デルタシティ」の建設を進めるべく、巨大複合企業「オムニ・コンシューマ・プロダクツ」（OCP、通称「オムニ社」）は民営化された警察を支配し、人間の警官をロボット警官に置き換えようと画策。殉職した警官マーフィ（ピーター・ウェラー）を、彼自身の生体部分を利用したロボット警官「ロボコップ」として蘇らせる。彼はオムニ社員には危害を加えないようにプログラムされていたのだが、知らずのうちに、オムニ社以外の市民も保護対象になっていく。オムニ社の上層部は、ロボコップにマーフィだった頃の記憶や人間性が残っているとは思っていなかったのだ。

『ロボコップ』の監督ポール・バーホーベンは、無責任な企業によって支配される未来を思い描いていた。それはまさに、当時の「強欲なことはいいことだ」と言わんばかりのロナルド・レーガン政権時代の経済政策"レーガノミクス"の未来そのものだった。この作品の人間の視点は、実にシニカルだ。ロボコップが最初にデトロイトをパトロールしたとき、彼はならず者に襲われそうになっていたひとりの女性を救出する。皮肉にもその現場は、「デルタシティ：未来は希望の兆しに満ちている」と書かれた巨大広告の下だった。この看板は、劇中で繰り返し登場するが、映画の世界には明らかに、希望の兆しなどない。そこにあるのは、不幸、堕落、搾取だけなのだ。

『ロボコップ』は、人間と機械がカオスな状況で混在する数多くのダーク・フューチャー映画のひとつに過ぎない。**ディストピア映画を語る上で絶対に外せないのが、リドリー・スコット監督の代表作『ブレードランナー』だ。**この伝説のフィルムノワールの主人公は、姿かたちが人間そっくりの人造人間"レプリカント"を解任（抹殺）するブレードランナーという仕事から足を洗ったリック・デッカード（ハリソン・フォード）。そんな彼の物語が、2019年の混沌かつ鬱屈としたロサンゼルスの街を舞台として展開していく。『ブレードランナー』の未来では、空から陽光が射し込むことは皆無で、酸性雨が降りやまない。そんな中、レプリカントは製造から数年もすると感情が芽生えることから、人間に刃向かうというケースが複数発生。そこで安全装置として４年の寿命が与えられたのだが、開発者に会って寿命を伸ばしてもらおうと、複数のレプリカントが脱走する。そのレプリカントたちを探し出して始末するべく、ハリソン演じるデッカードは現場に引き戻されてしまうのだった。

並外れた体力と知力という点を除けば、レプリカントは普通の人間となんら変わらない。逆に、宇宙開拓の前線で過酷な労働

や危険な戦闘に従事するだけのはずだった
レプリカントが、人間的特性を持ち、それ
を示せることが、彼らの存在の本質に関
する民族的、哲学的疑問を提示する結果と
なる。**つまり彼らサイボーグは、基本的に
は開発元のタイレル社の奴隷であり、ロボ
コップがオムニ社の奴隷的立場だったのと
同じ境遇だったのだ。それとは違った奴隷
状態が、『マトリックス』(99)という世
界観の核として登場する。**映画の冒頭、主
人公のネオ(キアヌ・リーヴス)はコン
ピュータプログラマーとして平凡な生活を
送っていた。だが、モーフィアス(ローレ
ンス・フィッシュバーン)という謎めいた
人物から電話がかかってきたことで、彼の
日常は全て変わってしまう。ネオが聞かさ
れた真実とはこうだ。人間とAIの戦争が
起き、軍配はAIに上がった。そして、AI
は人間を培養してその生体エネルギーを動
力源に使い、培養人間に夢を見せる空間と
してマトリックスが生まれたという。すな
わち、ネオが日々生活していた世界は、人
間がAIに電池代わりに使われているとい
う現実に気づかないようにするために設計
された、高度なコンピュータシミュレー
ションだったのだ。

ネオが知った真実は、最悪の悪夢そのも
の。マトリックスは仮想現実に過ぎず、ネ
オと同志は、コンピュータプログラムを操
作する能力を高めることで、この仮想現実
世界のルールを曲げられると知る。カン
フーを習得するのも、キーボードのキーを
いくつか叩くだけ。同様に、そういったコン
ピュータを駆使した技術があったからこ
そ、監督兼脚本家のラナ・ウォシャウスキー
とリリー・ウォシャウスキーの姉妹が『マ
トリックス』を物理法則に反した戦闘シー
ン、追跡シーン満載のアクション映画にす
ることができたのも事実だ。1999年の公
開時、この映画の視覚効果がセンセーショ

ンを巻き起こした。特に、"バレットタイ
ム"と呼ばれる手法は、後続のハリウッド
超大作映画に大きな影響を与えている。バ
レットタイムの代表的なものは、被写体の
周りにカメラをたくさん並べて順番に連続
撮影していく撮影方法。被写体の動きはス
ローモーションとなる一方、カメラワーク
は高速で移動するので、ネオが敵の弾丸を
スローモーションで避ける有名なシーンが
生み出されることとなった。**『マトリック
ス』を唯一無二の作品に仕上げたデジタル
技術は、本作の中枢で、なかなか興味深く、
かつ奥深い矛盾を生み出している。物語の
登場人物たちはテクノロジーに対してひど
く懐疑的になるのだが、作品そのものは最
新技術に依存しているというわけだ。**

コンピュータを駆使すれば生活の質が向
上すると信じられていたが、現実は真逆で、
機械こそが自分たちの存在を維持するため
に人間を利用していた——ウォシャウス
キー姉妹がこのアイデアを形にした1999
年は、ちょうど世の中がデジタル時代への
転換期を迎えたばかりで、社会全体がデジ
タル化の促進に胸を躍らせていた。それか
らほぼ20年が経過した今、我々は、大勢
が不安を抱えるほどにまでデジタル技術に
依存した社会の中で暮らしている。**ウォ
シャウスキー姉妹が『マトリックス』で描
いていた"テクノロジーの奴隷となる人間"
という懸念は、映画が公開された当時より
もずっと身近なものになっているのだ(参
考までに、ここまで読む間に、あなたは何
度スマートフォンをチェックしただろう
か?)。**

『マトリックス』の要所要所は、1990
年代後半、あるいは2000年代前半に見え
る仮想現実世界"マトリックス"で物語が
展開していくものの、"現実"は実のとこ
ろ、はるか未来の設定だ。ネオと仲間たち
は、薄汚い現実世界とマトリックスに構築

PART MAN,

PART MACHINE,

ALL COP.

ROBOCOP
THE FUTURE OF LAW ENFORCEMENT

A Jon Davison PRODUCTION ○ A Paul Verhoeven FILM ○ Peter Weller ○ Nancy Allen ○ Robocop ○ Daniel O'Herlihy
Ronny Cox ○ Kurtwood Smith ○ Miguel Ferrer ○ MUSIC BY Basil Poledouris ○ DIRECTOR OF PHOTOGRAPHY Jost Vacano
FILM EDITOR Frank J. Urioste ○ ROBOCOP DESIGNED BY Rob Bottin ○ EXECUTIVE PRODUCER Jon Davison
WRITTEN BY Edward Neumeier & Michael Miner ○ PRODUCED BY Arne Schmidt ○ DIRECTED BY Paul Verhoeven

1987年『ロボコップ』の劇場用ポスター。チタニウム合金で覆われた"ロボット警官"ロボコップがポーズをとっている。ポール・バーホーベン監督による本作は後続のSF作品に大きな影響を与えた

キアヌ・リーヴスが弾丸を避けるこの瞬間は、『マトリックス』を象徴するワンシーンとなっている

されているピカピカの都会の中を何度も行き来するのだが、彼らはまるで時空間移動をしているようなもので、非常に人気の高いSF映画ジャンルの様相を見せる。『マトリックス』は、未来が暗澹たる世界になるのを阻止するべく、未来から過去にやってきた者たちの時間旅行アドベンチャーと言えるだろう。同種の作品は、『12モンキーズ』(95)、『LOOPER／ルーパー』(2012)、『オール・ユー・ニード・イズ・キル』(14)などたくさんの例が挙げられるが、最も影響力の高かった映画といえば、ジェームズ・キャメロンの『ターミネーター』と『ターミネーター2』に他ならない。

1作目である『ターミネーター』では、感情を有するようになった未来のコンピュータプログラムが、サラ・コナー(リンダ・ハミルトン)を殺すためにロボット(アーノルド・シュワルツェネッガー)を過去に送り込む。というのも、サラ・コナーは、やがて機械の敵で、なおかつ人類

の救世主となる人間を生むことになっているからだ。やはり未来から来た戦士カイル・リース(マイケル・ビーン)の尽力のおかげで、ロボットは目的を達成できずに終わる。2作目の『ターミネーター2』になると、サラが生んだ息子のジョン(エドワード・ファーロング)を亡き者にするため、より洗練された殺人マシン(ロバート・パトリック)が送り込まれるのだが、そのロボットは、なんと液体金属で構成されていた。そして、大人になった未来のジョン自身が、10歳の自分を守るようにプログラムし直したシュワルツェネッガー演じるロボットを過去へと送り込むという物語になっている。

キャメロン監督の『ターミネーター』では、あらゆる種類のパラドックスが作用している。ジョンはサラとカイルの息子で、母親のサラが自分を妊娠する過去の時代、つまり、父親のカイルを送り込む"以前"に存在していることになる。続編では、1作目で破壊されたターミネーターの残骸

が、ターミネーターを1作目の主な舞台となる1984年に移送するスカイネットコンピュータの開発につながることになっている。こういった時間のパズルは、頭が混乱しそうになりながらも、あれこれ考えるのが楽しい謎ではあるが、『ターミネーター』シリーズ最大のメッセージの理解に欠かせない重要点なのだ。この映画シリーズのコンセプトは、1作目のビーン演じるカイル・リースの言葉——「運命は初めから存在しているわけじゃない。自ら作り上げるものなんだ」——に集約されている。

「華氏451度」(53)、「歌おう、感電するほどの喜びを!」(69)といったSF小説の古典で知られる作家レイ・ブラッドベリは、「自分は暗黒の未来の予言者ではなく、そんな未来を阻止しようとしている人間だ」とよく発言していた。ある意味、それが、あらゆるダーク・フューチャー物語を語ること——そして見ること——の裏側にある動機なのだ。最悪のシナリオを頭で想像するだけではなく、フィルムメーカーたちは、実際にそのことを観客に警告している。『ターミネーター』とその続編の中で、先を見越したこのメッセージは物語の推進力となっているのだ。ストーリーの舞台を

悲惨な明日に設定して、それが現実になったらどうしようと観客を怖がらせる代わりに、キャメロン映画は悲惨な明日を止めようと努力する人間たちの姿を映し出した。

『ターミネーター2』のラストは、サラとジョンが「審判の日」の核戦争を阻止したことがほのめかされているが、さらなる続編は3作続き、シリーズ6作目の『ターミネーター:ニューフェイト』(2019)で、1作目から実に20年以上ぶりにキャメロンが参加(脚本・製作)。そこで描かれる世界については、ヒーローたちが暗黒未来の回避に成功したと信じるに越したことはないものの、果たして本当にそうだったのかと一抹の不安が後を引いているのも事実だ。『ターミネーター2』の最後で、サラが「目の前には未知の未来が広がっている」と発言しているのだが、このひと言から、何が『ターミネーター』シリーズに力を与えているのかを推し量れる。**それは、我々個々人の最期、あるいは社会全体の終焉は、いつ訪れてもおかしくないと知っておくこと。そして、新たな不安材料は次々と生まれ、その不安を題材にした新しい映画は作り続けられていくのだ。**

レイ・ブラッドベリの著作「華氏451度」(サイモン&シュスター社刊)の表紙

Lesson 6 混沌の預言者たち **233**

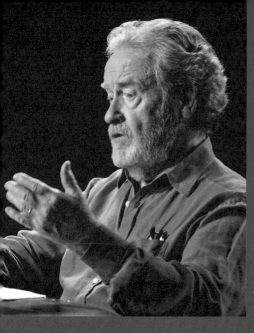

「雨の中の涙のように」

RIDLEY SCOTT

リドリー・スコット

インタビュアー：ジェームズ・キャメロン

　広告業界で数多くのCMを制作していた**リドリー・スコットは、映画監督に転向後、1979年のスペースホラー映画『エイリアン』でSFジャンルに大改革をもたらした**が、それ以前に撮った長編映画は、1977年の『デュエリスト／決闘者』のたった1作だった。美大出身の画家的な視点を持つスコットは、宇宙船ノストロモ号の天井の低さや通路の狭さを、平面や角度も細部まで手を抜かずに表現したのだが、そこには、ある計算があった。悪夢のような捕食者が解き放たれ、何も知らない乗組員に忍び寄る前に、閉所恐怖症的な感覚をしっかりと観客の中に植えつけていたのだ。エイリアンの成体ゼノモーフが黒い身体を怪しく光らせ、新たな獲物を求めてさまようとき、シガニー・ウィーバー演じるエレン・リプリーは勇気を奮い起こす。その危険な存在に対峙するため、そして生き延びるために。

　スコットの次なる作品は、未来の捜査官リック・デッカード役にハリソン・フォードを起用した1982年の『ブレードランナー』だったが、彼は再び、SF映画のスタンダードのレベルを引き上げてしまう。そのアイデアはあまりにも時代を先取りしていたため、『ブレードランナー』の精神はその後何年も経ってようやく評価されることになった。それで

も、スコットはハリウッドを象徴する存在であり続けた。彼は、驚くほど多才かつ多産なフィルムメーカーで、視覚芸術家としての素晴らしい才能を思い存分作品に注ぎ込み、誰も見たことないほど美しい銀幕の映像を創り上げていく。しばらくSFから離れていたスコットだったが、『プロメテウス』（2012）と『エイリアン：コヴェナント』（17）で、最近同ジャンルに戻ってきている。この2作は、彼が誕生させた『エイリアン』ワールドの前日譚。さらに、『オデッセイ』（15）は、火星に取り残された宇宙飛行士が生き延びる様を綴ったアンディ・ウィアーの小説「火星の人」（11）が原作で、アカデミー賞7部門にノミネートされた。

このインタビューで、スコットとジェームズ・キャメロンは、AIの危険性、映画史上最も偉大で息の長い人気を誇るモンスターであるエイリアン、『ブレードランナー』の最高に印象的なシーン——レプリカントのロイ・バッティが「雨の中の涙のように」と語るモノローグ——のメランコリックな美しさなどについて語り合う。

アッシュとレイチェル
——理想的人造人間

ジェームズ・キャメロン（以下JC）：私は年齢を重ねたら、あなたのようになりたいと思っているんです。今日も、その気持ちに変わりはない。あなたのように、エネルギーと映画に対するパッションを維持したい。あなたはひとつの作品が終わると、すぐに次の作品の撮影に入る。それが終わると、また次の作品……というように。そして、信じられないほど素晴らしい審美眼の持ち主だ。

リドリー・スコット（以下RS）：結果として、たまたま、そういう道を歩んできただけだよ。私の人生プランは、プランがないことだからね（笑）。

JC：今日ここに私たちが揃っているのは、ふたりともSFというジャンルが大好きだから。そして、私と同じく、あなたも子供の頃にありとあらゆるSF作品を観てきたはずだ。そもそもは、デザイナーとしてキャリアを始めたんでしたよね？　大学はロイヤル・カレッジでしたよね。

RS：そう、ロンドンのロイヤル・カレッジ・アートでね。当時は、娯楽といっても、我が家にテレビはなかった。**1954年に初めて、イギリスの自宅にテレビが届いた**。しかも、白黒テレビがね。だから、私は本をたくさん読んでいた。SF小説に夢中になったね。初めてのお気に入り作家は、**H・G・ウェルズ**だった。宇宙ものには食指が動かなかったから、アイザック・アシモフに傾倒することはなかった。

JC：アシモフは初期に、ロボット工学やロボット三原則に関する本を結構書いていた。あなたは『ブレードランナー』を作り、『エイリアン』シリーズでは第1作の他、『プロメテウス』と『エイリアン：コヴェナント』を監督した。それら全てに人造人間が登場するから、**人造人間が出てくるあなた**

リドリー・スコット監督作『プロ
メテウス』(2012) で、アンドロ
イドのデヴィッドを演じるマイ
ケル・ファスベンダー

の監督作は、4作品だ。

RS：『ブレードランナー』のロイ・バッティはAIだが、大陸間弾道ミサイルだってAIだよ。あれがコンピュータで管理された爆弾だということを皆は忘れているようだけどな。コンピュータの美しさは、感情を持っていないということ。否定的な感情も肯定的な感情も、何も持っていない。『エイリアン』の1作目で、自責の念を持たないアンドロイドのアッシュが出てくるが、彼は、なかなか素晴らしいテーブルスピーチを行える、完璧なるAIだ。自身の決断や選択を変えてしまうような感情的なものが全くない。

JC：だが、あなたは『ブレードランナー』で、レイチェルという感情を抱くAIを取り扱った。あれはラブストーリーだった——最後にはラブストーリーだとはっきりする——わけで、そう成立させるためには、彼女は感情を持っていなければならなかった。

RS：レイチェルはパーフェクトなネクサス6型（レプリカントの最新モデル。安全装置として寿命は4年に設定されていた）だった。まあ、人間側がそう呼んでいるわけだが。とにかく、エルドン・タイレル博士（タイレル社社長で、レプリカントを開発した科学者）が誇る最高傑作だった。彼女は博士の自慢の種で、博士は、彼女がどこに行こうと誇らしげに見ている。

JC：レイチェルは、"人間であることの意味"を常に学び、吸収し続けているという印象を受けました。彼女が人造人間だという結論を下すのに、デッカードはすごく時間がかかっている。他の物ごとを決めるときの5倍の時間はかかっているんじゃないかな。だが現実の我々は、AIについての最も重要な問題をのらりくらりとかわしているような気がしてなりません。もし機械が人間に十分近づき、人間同様に複雑な思考をするようになったら、どの時点で、我々

は彼らと人間の区別がつかなくなると思いますか？

RS：AI開発を行う人間が本当に優秀であれば、絶対に機械に組み込まないもののひとつとして感情を選ぶはずだ。プログラムの方程式から、感情を除外する。感情は実に多くの様相を導く。愛情と同様に、欺瞞、憤怒、憎悪といったものまでもね。

JC：機械はいろいろなことを効率よく行う。だから、我々は機械を受け入れている。機械に休みは要らないし、病気休暇も必要ないとか、そういう利点もある。

RS：まるで、映画監督のことを言っているみたいだな（笑）。

JC：確かに。私たちは休みなく働くマシンさながら……。他の人へのインタビューでも話したのですが、実は、最近私は、カナダである秘密会議に参加したんです。"ディープラーニング"（人間が自然に行うタスクをコンピュータに学習させる機械学習の手法のひとつ）や"強いAI"（人間のような自我や自意識を持つ人工知能）、人間レベルの知能を有する"汎用人工知能"を研究しているトップクラスの連中との話し合いに。ある専門家が、開口一番、「私たちは人間を作ろうとしているのです」って言ったものだから、私はすぐにこう問いただした。「君が言う"人間"とは、人格があり、自我を持ち、自分らしさの感覚を有している人間を意味しているのか？」って。そしたら、「そうです。それら全部を備えた存在です」という答えが返ってきたんですよ。

RS：そいつはかなり危険だね。

JC：もしその機械が"人間"だとしたら、それ自身に自由はあるのだろうか？　自由意志は持っているのか？　人間と同じように人格やら自我やら自意識やらがある機械がとんでもないことをやり出したときに、一体どうやって止めるんだ？と訊ねると、専門家はさらに言った。「機械に目標

『エイリアン』で、邪悪なアンドロイドのアッシュ（イアン・ホルム）が乗組員仲間のリプリー（シガニー・ウィーバー）に襲いかかる緊迫のシーン

を持たせ、制限を与えるんです」と。私は思わずこう返していた。「じゃあ君は、知性の点で、我々と同等、もしくはもっと優秀な"人間"を創造することになる。だが、基本的には、君はそれを束縛する。そいつを鎖でつなぐようなものだ。そういう状態を表現する言葉があるのは知っているかな。"奴隷状態"だよ。自我を持つ機械は、どのくらいの期間、奴隷状態に耐えられると考えているのか？」ってね。

RS: その通りだ。すでに技術開発は、間違った方向に進みつつある。彼らは優秀なAIを生み出すことばかりを考えて、大事なこ

とを見落としているのかもしれない。病気の治療法を見つけるっていうのなら、それは大変前向きな情熱で理解できるけど、AIとなると話は違う。非常に慎重にならねばならない。

JC: あなたの作品には、AIが何度か登場している。『エイリアン』のアッシュ。『ブレードランナー』のネクサス６型レプリカント。『プロメテウス』と『エイリアン：コヴェナント』のウォルターとデヴィッド（どちらも演じるのはマイケル・ファスベンダー）。あ、デヴィッドとウォルターと言うべきかな（デヴィッドはプロメテウス号を管

238

理するアンドロイドで、ウォルターはコヴェナント号に随行するアンドロイド)。彼らは空気を必要とするんだろうか？

RS：『エイリアン』のアッシュは、「我々がこんなふうに造られているから、あなたたち人間は快適に感じる。だけど、自分が望まなければ、本当は呼吸をする必要なんてない。水の中に私を落としてみればいい。水中でも歩いていられるから」みたいに発言してるも同然なんだが、**デヴィッドがアッシュの存在に影響を受けているのは明らかだ。**巨大企業が自社の利益の追求のために、人間に化けたアンドロイドを宇宙船に搭乗させたのは、実に論理的なプロセスだよ。

JC：シガニーが演じる主人公リプリーは、すぐに正体に気づき、ひどく裏切られたと感じる。観客も裏切られた、あるいは騙されたと感じていた。つまり、観客はリプリーに共感していたことになる。

RS：全て脚本にあったことだ。書いたのは私じゃない。脚本を渡された私は読んでみて、「おおっ！」ってなったね。**私は監督候補の５番目だったんだ。私の前には、ロバート・アルトマンに脚本が渡されていたよ。**

JC：アルトマンが監督していたら、かなり違った映画になっていただろうし、私がそこまで楽しめる作品にはなっていなかったかもしれない。私は、公開初日の夜に劇場に観に行きましたよ。あの頃、オレンジカウンティに住んでいて、トラックの運転手をして生計を立てていたんです。当時の妻と彼女の親友と、その子の初デートの相手と一緒に劇場に向かいました。で、妻の親友とそのデート相手は私の右側に座ったんですが、例のチェストバスターが飛び出すシーンで、右側から耳をつんざくような絶叫が聞こえてきてね。まあ、劇場内のあちこちで悲鳴が上がっていたんだけれど。

映画が終わって劇場から出たときに、私は妻の親友に「ナンシー、君はもっと気丈な子だと思っていたんだが、あの大きな悲鳴……一体どうしたんだ？」と話しかけたんです。そしたら彼女は、「あれ、私じゃなくて、彼よ」って呆れていた。つまり、彼らのデートはうまくいかなかったわけだ。

私は、あの映画に衝撃を受けました。素晴らしいのひと言で、忘れられない鑑賞体験になった。どこの劇場で観たのか。劇場のどこの座席で観ていたのか。**『2001年宇宙の旅』（68）と『エイリアン』を観たときの記憶は、今でも鮮やかに蘇ります。**

善き地球外生命体と悪しき地球外生命体

JC：じゃあ、AIとは全く異なる話題に入りましょう。エイリアン。つまり、地球外生命体だ。**中世、あるいはルネサンス期で天使と悪魔だった存在が、善のエイリアンと悪のエイリアンに取って代わられた過程を考えるのは、興味深い。**『未知との遭遇』（77）といった映画で、大きな母船から降り立ち、人間にまばゆい光を浴びせる天使のようなエイリアンもいれば、一方で、その邪悪版とも言える、『プロメテウス』や『エイリアン：コヴェナント』で描かれていたようなエイリアンもいる。両者とも、全く別のレベルの存在だ。

RS：敢えてそうしようとしたんだ。**私は『アバター』（09）に影響を受けて、エイリアンを別のレベルの存在として捉えた。**君が『アバター』に施した進化は、非常に賢いものだった。心から感心したよ。単なる社交辞令じゃない。私の本心だ。

JC：そういえば、『アバター』のセットに訪ねてきてくれたとき、あなたは「私もSFに戻らないとな」って言ってましたね。あの言葉を聞いて、これは本気だなって。

リドリー・スコット監督の『オデッセイ』のワンシーン。主演はマット・デイモン

あなたのフィルムメーカーとしての原点は、『エイリアン』と『ブレードランナー』にある。その2作品が、あなたを世界という大舞台に押し上げた。あなた自身もそれをわかっているはず。そして驚くなかれ、最近は3作もSF映画を撮っている。『プロメテウス』、『オデッセイ』、そして『エイリアン:コヴェナント』。まあ、『オデッセイ』は『エイリアン』シリーズとはかなり毛色が違うけれど。とにかく、あなたがSFジャンルに戻ってきてくれたことは、この上ない喜びだ。

RS:『オデッセイ』は現実的な映画だからね。ファンタジーではなく、現実。あの映画の魅力は、笑えるってことだ。

JC: まさしく。絶望的な状況下のブラックユーモア。あの手の皮肉なユーモアが、あなたの持ち味です。『オデッセイ』では、それが見事に映像化されていた。あの作品は間違いなく科学を重要視しています。でも、SF作品であることにも間違いはない。というのも、あれはフィクションだし、実際には起こったことがない話だから。

早い時期のSF時代──パルプ雑誌全盛期の30年代──、本当にサイエンス・フィクションが好きなのは、「まあ、宇宙空間に行くのなら、出入り口となるのはエアロックの扉だ。内側と外側、2枚も必要だね」と、したり顔で説明するオタク連中だった。宇宙科学者が解決する以前に、彼らが物語を細かく分析し、頭の中でいろいろ問題解決をしていたんだ。

RS: それは、彼らが開けようとしていた新しいドアだ。私は黒澤明やイングマール・ベルイマンに夢中になっていた。彼らの作品は全部観た。そして、SFというジャンルで私が特に興味を覚えたのは、社会派SFだ。これまで観た中で最も素晴らしい

社会派SF映画は、『渚にて』(59)だな。

JC：『渚にて』か。あれは傑作です。ネビル・シュートの小説（核戦争後に生き残ろうとしている人々を描く）が原作です。非常にダークな話だけど、SFを通じて、多くの社会不安が表現されていた。以前話をしたときに、あなたはジョージ・オーウェルについて触れていたけれど、あなたは1984年のアップル社のCMを作りましたよね。ハンマーを持った女性が登場するCMで、たくさんの賞に輝いた。あれは、テレビCMにおける大変革で、もはやCMというより、美しいショートフィルムだった。SF作品を映画やテレビ、そしてテレビゲームなどで知った若い世代のSFファンは、あのCMに目新しさを覚えないかもしれないが、当時は非常に斬新だった。**現在の人たちは、SFの文学的ルーツを知らない気がしてなりません。**

RS：というか、最近の人々は本を読まないからね……。映画を作る我々は今、昔小説家が担っていた役割を果たしているのかもしれない。本が映画に取って代わられたんだ。しかし、それは情報を得る方法としては、不精なやり方だ。劇場に座っているだけでいい。紙のページの匂いもしないし、表紙を見ることもない。受動的に情報を与えられるだけ。それっていいことなのか？それとも悪いこと？　私にはわからない。

JC：**あなたの映画の多くは文学にルーツがある。『ブレードランナー』は、フィリップ・K・ディックの「アンドロイドは電気羊の夢を見るか？」(68)が原作だ。**ディックは、主に60年代に現実の本質とAIの本質について語り、人間であるということはどういうことなのかを探った非常に奥深い、多産の小説家だった。そして、我々のSF映画で投げかける疑問の全てを、彼は扱っていた。『ブレードランナー』は原作と特定の要素が違っているというよりは、全体

的に大きく異なっているわけだが、あなたはディックが小説に込めた本質を見事に心得ていた。

RS：あの本は最初の20ページで、すでに19もの物語が交錯している。私はディックに会って、こう言ってしまったんだ。「いやあ、実は、あの本、理解できませんでした」って。彼はカンカンに怒ってね。そこでお詫びの印として、彼を特撮担当のダグラス・トランブルの工房に招待したんだ。「撮影ショットを少し見ていってください」と言って、映画のオープニングを見てもらった。すると彼は感心し切って、怒りを鎮めてくれた。それからは、とても友好的になったよ。

JC：ディックとの関係を修復できて、良かった（笑）。でも、あなたは文学をベースにした作品が大好きですよね。『デューン／砂の惑星』(84)も、監督に内定していて、1年近く関わっていたかと。

RS：**そうだったな。英国商船隊の水兵だった私の兄のフランクが亡くなったりして、いろいろ精神的にきつかった時期で、制作がなかなか進まず、待たされ続けてキレちゃってね。**当時の精神状態では仕事に没頭する必要があったんだ。『エイリアン』の編集作業をしているときに、小冊子を持ってきた人物がいた。それは、ハンプトン・ファンチャーが書いた脚本で、『アンドロイドは電気羊の夢を見るか？』というタイトルだった。そう、ディックの小説の脚色化。そして、その企画にプロデューサーのマイケル・ディーリーが加わった。仲間に混ざるかどうかの段階になって、私は「ダークなSF映画を作り終えたばかりなんだ。もう1本似たようなSFものを作りたいとは思っていない。だけど、ありがとう。非常に面白い読み物だったよ」と言い訳して去り、『デューン／砂の惑星』を監督する準備に取り掛かったんだ。ルディ・

ワーリッツィアーという非常に優秀な脚本家（代表作は『断絶』(71)、『ビリー・ザ・キッド／21才の生涯』(73)）と私で一緒に素晴らしい脚本を仕上げた。ところが、兄が死んで、私の世界がひっくり返ってしまったんだ。結局、私はディーリーに電話をして、「(『デューン／砂の惑星』の)事情を知っていると思うが、"電気羊"の脚本、また読ませてもらえるかな？」と頼んだ。そして、ハリウッドに向かった。実質的に、それがハリウッドでの初めての映画作りとなった（『エイリアン』は撮影、編集ともにイギリスだった）。本の1ページ目をリライトすることから始めたわけだが、書き直しの過程で山ほどアイデアが生まれ、ハンプトンと共同作業を進めていくうちに、そのアイデアの山があの映画になったんだ。

JC：『ブレードランナー』は私の人格を形成した映画です。『2001年宇宙の旅』は私を映画作りの道へ進ませた。そして、あなたもおそらくそうであるように、『スター・ウォーズ』にももちろん影響を受けた。『ブレードランナー』が公開されたのは、私がちょうど『ターミネーター』の脚本を書いているとき。本当に美しい映画で、「映画はここまで芸術的になり得るんだ！」と感動した。『ターミネーター』は、『ブレードランナー』ほど芸術志向ではなかったけれど、常に意識はしていたんです。人間に挑戦する機械というアイデア、機械の欲望や感情の欠如という部分は、紛れもなく心に引っかかっていた。

映画監督としての心得

JC：ここだけの話、私は映画監督になりたての頃、俳優と話すことが怖かった。どう話しかければいいかわからなくて、踏み留まってしまっていた。だけど、脚本家としての私は、映画の登場人物たちが考え、行動すべきことを知っていたし、その理由も理解していた。で、ふと気づいたんだ。脚本は私の言語なんだって。それを演じる俳優たちに話しかけるのは、私が全てを把握している登場人物についてじゃないか。外国語ではなく、"自分の言語"を話すのだから何も難しくないってね。最初の年を乗り越えてからは、とてもスムーズに進められるようになった。

RS：私から皆へのアドバイスは、"友だち"か"パートナー"と仕事をしろってことだ。私の最初の映画は、弟のトニー・スコットと一緒に作った。おかげで、心労で体重が

大幅に減ることもなかったよ。

JC：兄弟でどのくらい一緒に働いたのかな？　40年くらい？

RS：ああ、40年だ。彼はいつも、私とはかなり異なることをやっていた。トニーは常に、素晴らしいSF映画を作る視点を持っていた。だが、彼はあまり作りたがらなかったんだ（トニー・スコットは2012年に自殺。享年68歳）。

JC：彼は『デジャヴ』（06）を撮った。タイムトラベルものの、なかなかいい映画だったと記憶しています。時間旅行で生じるパラドックスを描いていたが、エモー

ショナルなドラマが核になっていた。

RS：トニーは情緒豊かな人間だからね。

JC：SFは、かつて我々を怖がらせていたような言い伝えやおとぎ話の領域にも足を踏み入れているんじゃないかと私は考えています。そして『エイリアン』で、あなたは間違いなく映画史上最も素晴らしいモンスターを生み出した。どうやって、あの唯一無二の偉大なモンスターを創造したのだろう。

RS：原案者のダン・オバノンとロナルド・シャセットに感謝しないとな。あのオリジナル脚本を引き受けてくれたのは、ブラン

SF映画の金字塔『ブレードランナー』の象徴的な未来のロサンゼルスを映し出すシーン。この映像美は、多くの作品に影響を与えた

ディワイン・プロダクションズ（デヴィッド・ガイラーとウォルター・ヒルが設立した映画プロダクション）だった。プロデューサーのゴードン・キャロルがずっと私と一緒に仕事をしてくれてね。で、私は脚本を読んで、よし、これをやろうと思った。あの企画を受けられたのは、本当に幸運だったよ。「何か変更すべき点は？」と訊かれ、私は振り向いて「何もない。見事な話だ」と答えた。だって、あれこれ注文をつけたら、せっかくゴーサインが出ていた映画で、何かと取り決めが面倒になってしまうと思ったからね。だから、ただ同意したんだよ。

JC：それはかなり現実的で、有効なアドバイス（笑）。

RS：ただ、私はひとつだけ、注文をつけた。素晴らしい脚本、躍動感あふれる物語、斬新な要素。それらには全く問題がなかった。私が言ったのは、「化け物を出さないと映画にならない。とはいえ、既視感のあるような怪物はいただけないな。どこかで見たことのあるクリーチャーがまた出てきたって感じになってしまう」とね。つまらないモンスターを出したことで台なしにされた映画は数え切れないほどある。

JC：そして、あなたは見事にやってのけた。ストロボと、影と、バイオメカノイド（機械生物）のデザインをもってして、エイリアンと宇宙船を融合した。どこまでがあのクリーチャーで、どこからが宇宙船なのか、観客は見極めることができなかった。

RS：ダン・オバノンに呼ばれてね。色がくすんだ不気味なポストカードを差し出しながら、「これを見てくれ」って言われたんだ。で、言われた通りに見たよ。その中に、H・R・ギーガーの本「ネクロノミコン」(77)に載っている絵が1枚入っていた。卑猥な印象を与える絵だったので、映画スタジオ側は不快に感じていたんだが、私は卑猥なのは結構じゃないかと答えた。不穏で淫らなのは、実にいい。性的な何かを連想させて人の心を掻き乱すのなら、非常にいい。その結果、私はギーガー本人に会いに行き、ロンドンに来るように説得しなければならなくなったんだ。彼はずっと「もっといいもの（ゼノモーフ）が描ける」と言い続け、私は「君にはこのモンスター1体だけじゃなく、他のものもデザインしてもらわないといけない。しかも、一番大きな問題は、これをちゃんと機能させることだ。スーツアクターが演じるクリーチャーになるわけだから」と返していた。

JC：あなたの手腕で、映画ではちゃんと機能していた。つまり、オバノンの素晴らしいコンセプトと、あなた自身の視覚的、感覚的な趣を合わせることができたということです。あなたこそが、H・R・ギーガーの性心理的バイオメカノイドに価値を見出したということだ。

RS：私は彼に惑星や宇宙船内の通路もデザインしてもらった。絵や模型といったものでデザインを受領したら、それをプロダクションデザイナーに当然手渡すだろう。で、それを形にする段階で、ロンドンのソーホー地区にある劣悪な軽食堂みたいになるのは否めないとわかった。だから、優秀なプロダクションデザイナーにデザインを手渡したところ、「壁を蛍光ペンで塗れば光って見えて、より良くなりそうだ」と言われた。

JC：そして、あなたは霧とレーザーを導入して、エネルギーを帯びたエイリアンの卵の皮膜を創り出した。あの映画は、ものすごく革新的な要素にあふれていた。**フィルムメーカーの全世代が、『エイリアン』という学校に行って学んだようなものだ。それから20年、モンスターとはエイリアンみたいな外見であるべきだというワンパターンに陥ってしまうほど、僕らはこの作品の影響を強く受けた。**

RS：だけど、脚本は本当に良かった。余

計なものが何もない画期的な原動力だった。困ったことに、俳優は私に言い続けていたよ。「だけど、私の登場人物のバックグランドはどうなっているんですか？　私がこの行動を起こす動機はなんですか？」って。そこで私はこう答えた。「もしエイリアンが君を捕まえたら、君の頭は切断されてしまう。それが、君の動機だよ。じゃあ、準備はいいかい？　撮影しよう」とね。

JC：恐怖心を煽った。

RS：煽ったね。あの映画は恐怖の増幅を描くものだったから。

JC：リプリーをはじめ、登場人物たちには脚本ではファーストネームが与えられていなかった。「よし、リプリーは女性にしよう」と決まった理由はなんです？

RS：20世紀フォックスの社長アラン・ラッド・Jrが言ったんだ。「リプリーが女の子だったらどうなるかな？」って。その瞬間、場がしんと静まり返ったよ。私の答えは、「なんの問題もありません」だった。私は非常に強い母親に育てられたもんだから、逆にウーマンリブ（女性解放運動）の大切さとか、女性がいかに疎外されているかということには気づいていなかったんだけどね。いずれにしても、我々が主人公に何をしようと、女性ならうまくやれるってすぐに受け入れていたんだよ。

JC：そしてあなたは、シガニーを起用した。彼女は逸材だ。

RS：ああ。彼女はヤフェット・コットーをうまく扱っていた。ヤフェットも見事な演技を見せてくれた。私は、わざと彼がシガニーを苛つかせるように仕向けていたんだ。本編で、彼女が「いい加減に黙れ！」って言い放つ素晴らしいシーンがある。あのセリフ、彼女は本気でそう言っていた。で、ヤフェットは「わかったよ」って渋々黙るんだけど、あれは、彼女があの場をコントロールした瞬間だったね。

JC：シガニーが演じるリプリーは、不安と向き合える性格だ。彼女は世界的に、フェミニズムの象徴となった。SFは、性別の境界、法律や慣習の服従、そう言った問題のあらゆる点を前面に押し出してきたジャンルだ。

RS：SFは、なんでもありだ。

JC：あなたの功績はさらにある。『エイリアン』を肉体労働者の宇宙物語にした。乗組員たちはエリート中のエリートなんかではない。厳選されたクルーじゃなかったんだ。

RS：ヤフェット演じるデニス・パーカーと、ハリー・ディーン・スタントンが演じたサミュエル・ブレットのことかな？

JC：そうです。彼らは機関室にたむろして、管理側の文句を垂れているだけだ。"使い古した感のある未来"の雰囲気を最初に出した『スター・ウォーズ』よりさらに一歩深く踏み込んだ描写だった。それ以前の映画で描写されていた未来は、汚れひとつないピカピカな世界だったから。未来は、何もかも真新しいパーフェクトなイメージで描かれるものだったのに、『スター・ウォーズ』に出てきたのは、いかにも長年使用してきましたと言わんばかりの老朽化した機械だった。あらゆるものに歴史がある、ということだ。どの機械も錆びついている。『エイリアン』が未来を描く上で画期的だったのは『スター・ウォーズ』の帝国軍のストームトルーパーではなく、優秀な宇宙飛行士でもなく、『スター・トレック』の惑星連邦所有の宇宙軍"宇宙艦隊"のジェームズ・T・カークやスポックでもない人間を登場させたことだ。

　いち観客だった私にとって完璧だったのは、表層にあったのがあなたの純粋な映画魂だったということ。私が完全にあの作品に入れ込んだ瞬間は、ハリー・ディーン・スタントンがノストロモ号の着陸脚格納庫

に立ってコンデンサーを見上げ、落ちてきた水滴が彼の帽子のつばを濡らしたときだった。彼はその場にしばらくいて、水が滴る音が響く。ポタ、ポタ、ポタ、ポタってね。スモークが立ち込める格納庫で帽子を取ると、彼は突然、顔に冷たいものを感じる。私は映画を観ながらも頭のどこかで、「ははーん、こんなふうにゆっくりした描写になるのは、その後に、観客を飛び上がらせるシーンが来るってことだな」って考えていた。

RS：図星だったな。

シド・ミードのおかげ
──ピュア・ファッキング・マジック

JC：『ブレードランナー』でも同じ手を使い、ものの見事に観客を映画の世界に引き込んでしまった。砂のザラザラした感じ。街路を濡らし続ける雨の感じ。ごみごみした街の感じ。観る者の感覚に訴える情景描写だ。

RS：全ては、そこで暮らす人間と彼らの生活から生まれる。映画監督になる前に、CMをたくさん手がけてきた。当時、ある仕事で香港に行くことがあった。まだ高層ビルなど建っていない頃で、私は木造帆船に乗り、入り江で仕事をしていた。香港上海銀行ビルの建設が決まった時期だったな。あの光景に言葉を失ったよ。ポリスチレンの生産が一般的になったばかりだったせいか、港にはスチロール樹脂のゴミが山のように浮いていた。これぞ未来。これこそディストピアだと思ったね。

　その頃の香港は、私にとって、悪夢のような質感を持っていた。カオスだったよ。ある時点で、ニューヨークにも頻繁に行くようになった。マイケル・ブルームバーグ市長が街をきれいにする何年も前の話だ。当時のニューヨークは、臭くて汚かっ

た。腐った物とガラクタがごちゃ混ぜだった。あのビルだらけの街をどうやってきれいにするっていうんだ？　できっこない。

JC：なるほど。だから、『ブレードランナー』のロサンゼルスでは、古い建造物がそのまま使われて、その外側にテクノロジーが上塗りされている、という形になったのか……。

RS：あれは有名なビジュアル・フューチャリスト、シド・ミードの成せる技だった。彼が作品に参加してくれたから、でき上がった街並みだ。もちろん、ローレンス・ポールが非常に優れたプロダクションデザイナーだったおかげでもある。だけど、本当にコンセプトの陰にシド・ミードありって感じだった。私たちはワーナーブラザーズのバックロット（撮影所近くの野外撮影用の場所）周辺を歩き回り、建物のファサード（正面）を片っ端から写真に収めた。写真資料を入手したシドは、文字通り、定規とブラシを使ってそれらを図面化した。10分もかからずにね。それが全てセットの道標となった、というわけだ。それからラリーが、あの街をしっかりと築き上げてくれたんだ。

JC：私が『エイリアン2』（82）を作ったときにも、シドに参加してもらいました。彼と一緒に仕事をしたのは、そのときだけだったな。率直に言って、私は自分の人生で、それほど多くのオリジナルアイデアを出してきたわけではないんです。**シド・ミードが、私の映画の宇宙船スラコ号の絵を描いてくれた。彼は船の各箇所に名前を付けるんだ。これは"居住地"、これは"通信網"といった感じにね。"PFMドライブ"という**部分があって、それは、ラジエーターや何かと一緒に船の後方で船体から突き出ているような巨大なエンジンだった。「このPFMドライブのPFMって？」と訊ねたところ、「ピュア・ファッキング・マジック（Pure Fucking Magic＝純然たるとんで

もない魔法)のイニシャルですよ。あなたがこの宇宙船をどうやって光の速度より早く飛ばすのか、誰も知らないんですから」との答えが返ってきた。彼のデザインは、技術的に見ても美しく、ある意味超現実的なんだ。

RS：私も、あれだけ器用に絵を描く彼には驚かされたよ。

JC：彼のデザインからセットを作り出すのは難しかったですがね。直線を何本も引いて描く設計図のような絵だったから。もちろん、今はCGでああいう直線を引くことはできるし、あらゆるアイデアを盛り込んで完璧に描くことが可能だ。

ルトガー・ハウアーによる名台詞

JC：『ブレードランナー』でロイ・バッティが死ぬシーンは詩的だった。ルトガー・ハ

ウアーの演技には高尚さが滲み出ていた。どうやってあのシーンの撮影を？

RS：ポール・バーホーベンの監督作『女王陛下の戦士』(77)に主演したルトガーを見て、あのルックスに惚れたんだ。彼に電話をかけ、「ねえ、英語は話せるかい？おお、ありがたい。君は英語を話せるんだ。私はハリウッドから電話してるんだが──」って感じだったね。それから、こうも言った。「こっちに来て、私の映画に出てみる気はないかい？」って。彼は、私の監督作『デュエリスト／決闘者』と『エイリアン』を知っていて、その気があるということになった。私は、ルトガーと直接面会する前に彼を採用したんだよ。で、直接会ってみてわかったのは、筋骨隆々の見事な肉体を持つ彼は、気が優しくて本物のナイスガイだということ。とはいえ、突然ハリウッドに呼び出されたわけだし、ロ

『ブレードランナー』でレプリカントのロイ・バッティに扮するルトガー・ハウアー。彼の右にいるのは、寿命を延ばすために地球に潜入したレプリカント仲間のレオン・コワルスキーで、ブライオン・ジェームズが演じている

『ブレードランナー』の劇場用ポスター

イ・バッティ役を演じることにもナーバスになっていたと思う。……ロイ・バッティ──いい名前だ。なんとなくアイリッシュ系の響きがする。しかも、軍隊の上級曹長的な思考を持ち、実に残忍な奴なんだ。もちろん、彼は（『ゴッドファーザー』の）マーロン・ブランドと同じような意味で凶暴なんだ。あの表情の演技を見ればわかるだろう？

JC：そして彼は、アーリア人の分厚くて超人的な肉体の持ち主だった。あのふくらはぎの太さと言ったら！　レーダーホーゼン（ドイツの伝統的な革製半ズボン）を穿いた姿はカッコ良かった。映画の最後は、いかようにも解釈ができる含みのあるものに思えた。ハリソン・フォードはロイ・バッティを負かさなかったからね。ロイ・バッティは、時間に負けたんだ。彼を止められたのは、時間だけだった。死が迫る中の独白シーンには、グッと来たね。「私は見てきた──」

RS：「おまえら人間には信じられないようなものを」。彼が書いたセリフだった。

JC：ルトガー・ハウアー自身が？

RS：早朝の撮影シーンの日だったよ。私は、夜明けまでに全てを終わらせるつもりで、それが撮影スケジュールの最後の晩になる予定だった。あの撮影は映画作りのキャリアの中で、最も厳しい体験だったな。誰かに「ルトガーが君のトレーラーで待っている。君に会いたいそうだ」と言われ、トレーラーに向かうと、果たして彼がいた。ルトガーはこう言ったんだ。「書いてきたものがある」ってね。もともとの脚本には、"死ぬときが来た"というセリフがあり、美しい死の瞬間が記されていた。

JC：選択の瞬間ですね。違う選択もできる。映画では、機械が止まるような死に方だった。

RS：ルトガーが「これを書いてきた」と言ったので、「どれどれ、君が読んでくれ」

と私は答えた。彼は「わかった」とうなずき、語り始めたんだ。例のセリフをね。「おまえら人間には信じられないようなものを、私は見てきた……雨の中の涙のように」と。言い終わった後、彼はこちらを見て「どう思う？」と問いかけたので、私は「それで行こう」と首を縦に振ったんだ。ふたりでトレーラーを出て、１時間もしないうちにそのシーンを撮った。最後に、彼は本当に美しい笑みを浮かべ、「死ぬときが来た」とつぶやいた。こうしてロイ・バッティの寿命は尽き、彼が手にしていた鳩が空高く飛んでいくあのシーンができ上がったんだ。

JC：あのセリフで、ロイ・バッティには魂があったことが伝わってきました。彼は、十分に感覚が鋭い存在だった。さらに、彼は仲間のレプリカントのプリスが死んだときにも感情を露わにしていた。

RS：全くだ。

JC：自分自身に関して……つまり、己の死の可能性に関しても感情的な反応を見せていた。ロイ・バッティとタイレル博士とのシーンだ。私の記憶が正しいなら、あなたはもともと「私はもっと生きたいんだ、くそったれめ（I want more life, fucker）」とロイに言わせるシーンを撮っていたとか。

RS：ああ。だけど、スタジオ側から「使えない」と却下されたんだ。

JC：それで「私はもっと生きたいんだ、父よ（I want more life, father）」になったわけか。どちらのセリフもうまくいっている。ただ、それぞれ違う感じになるだけだ。

インスピレーションは続いていく

RS：でも結局、私は編集の段になって放り出され、劇場公開版を勝手に完成させられた。なんだか笑っちゃうな。

JC：だけど、時は偉大な立証者だ。あな

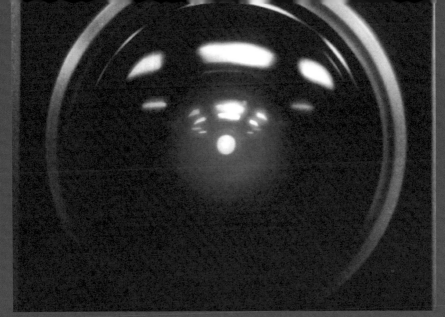

『2001年宇宙の旅』に出てくる邪悪なAIであるHALの瞬きをしない目

たのクリエイティブな選択は正しかったと証明されています。『2001年宇宙の旅』なんて、利益を生み出すのに25年かかった。時代とともに評価が変わっていった。公開当時は、駄作だと思われていた。大失敗だとね。それから1年後、あの映画は「タイム」誌の表紙になった。あれが傑作だと人々が気づくまで1年かかったんだ。『2001年宇宙の旅』は、あなたも大きな影響を受けたのでは？ おそらく、あの作品がAIを扱った初めての映画じゃないかな。あ、『禁断の惑星』（56）のロビー・ザ・ロボットがいるか。会話ができる彼も、知性を持った機械だった。

RS：ロビー・ザ・ロボットが『2001年宇宙の旅』にインスピレーションを与えていたかもしれない。スタンリー・キューブリックは、そういったものをあれこれ見ていたはずだ。で、「こういうやつを映画に取り入れよう。名前はHALにして」とか思ったんだろうな。彼だって、明らかに何かに影響を受けたに違いないんだから。

JC：我々がキューブリックに影響を受けたように、キューブリックは彼より前に登場していたものに影響を受けていたってことですね。50年代には『禁断の惑星』が世に出て、そこには知性を持つロボットがいた。『2001年宇宙の旅』の制作期間は1965〜67年で、劇場公開されたのが68年。で、HALがお披露目された。HALは、どんな人間よりも賢く、悪意を持った映画初のスーパーコンピュータだ。

RS：HALは読唇術も習得していた。あれは素晴らしかった。

JC：まさか、あんな展開になるとは誰も思わなかったんじゃないかな。「デヴィッド、あなたの唇の動きが見えます」だなんて。そして、HALは冷静に、人工冬眠中の3人の乗組員の生命維持装置のスイッチを切って殺害する。ドラマチックで、パワフルで、象徴的な殺人シーンだった。我々はあれに影響されているはずだ。

RS：間違いなく。

JC：私は両親や祖父母に、『2001年宇宙

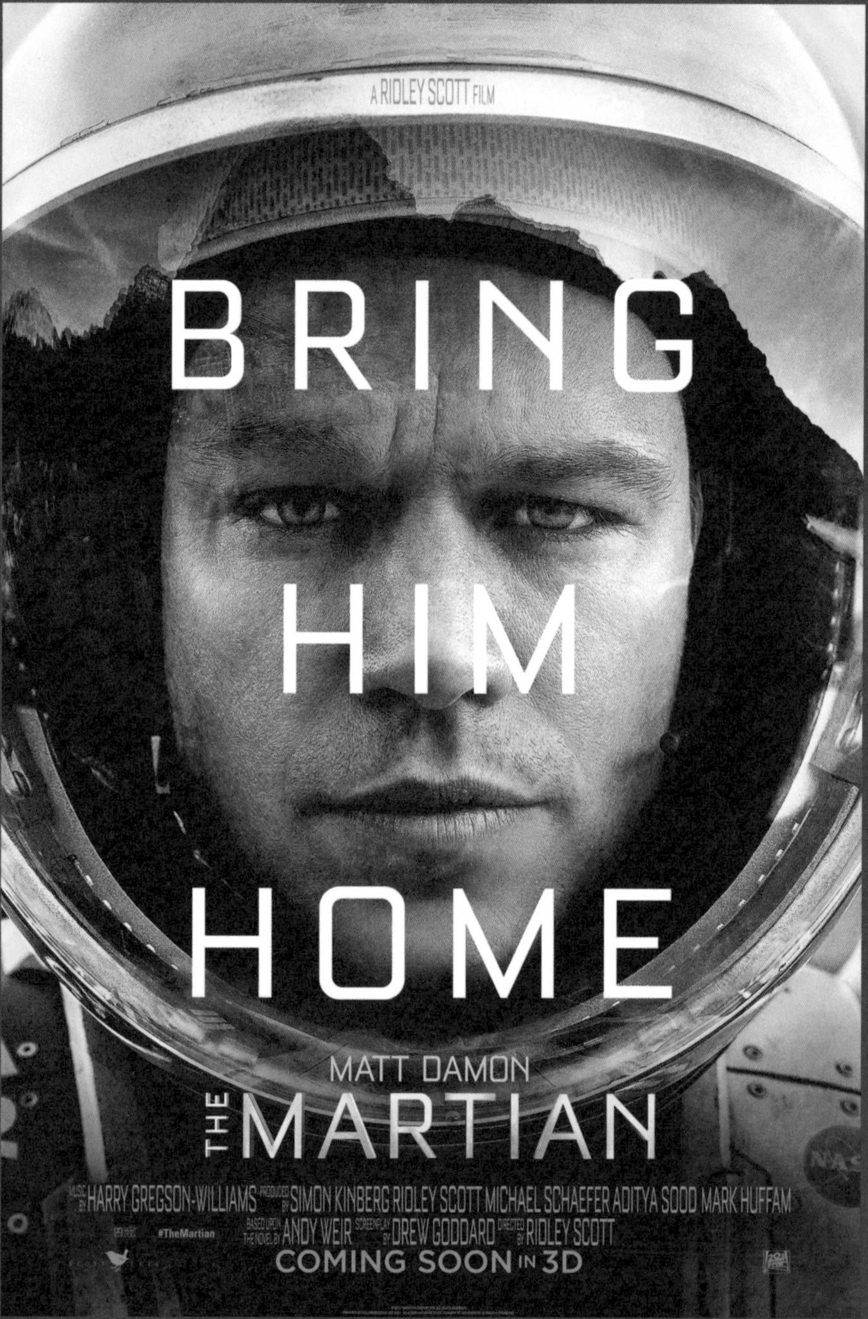

『オデッセイ』の劇場用ポスター

の旅』を観たいから劇場に連れていってくれとしつこくせがんだんです。すでに公開されてから1週間が経っていましたから。とうとうトロントにある大きなオデオン・シアターに観に行ったんだけど、観客は他に誰もいなかった。夏の平日の午後の上映回だったせいもあって、ガラガラでした。映画は70ミリフィルム。私はバルコニー席のど真ん中に陣取った。当然のことながら、自分の前には誰もいなかった。

当時、私は14歳で、話には十分についていけていたと思う。本の方はまだ読んでいなかった。だから前知識は何もなかったんです。だけど、最後のルイ16世時代の部屋のシーンになると、完全に迷子になった。理解を超えていた。でも、あそこがわからなくても、まあいいかって感じだったな。スターチャイルドのエンディングは理解できました。ボーマン船長は進化した存在へと変貌を遂げたのか！と。彼は人類を超越した何かになった。超越した存在の胎児の状態に。

「科学の力でこのクソみたいな状況をなんとかしてやる」

RS：キューブリックにとって、あの映画を作ることは、宇宙には人類よりずっとパワフルな存在がいると彼が信じているという意味で、おそらく神聖な行為だったんだろう。我々は、生物学的な偶然で生まれたわけじゃない。そんなの馬鹿げている。
JC：**SFはいつも、社会の楽観主義、そして不安を覗くためのレンズになっている。**
RS：**人間が過去に行ったことと、これから行おうとしていることを映し出す鏡でもある。**
JC：あるいは、起こるかもしれないことを暗示する。例えば、『未知への飛行』(64)や『博士の異常な愛情』(64)といった映

画では、どちらも核戦争について語られる。あなたは、1954年の小説「地球最後の男」をアーノルド・シュワルツェネッガー主演で映画化しようとしていた。**病原菌によって地球上の人間が壊滅状態になる話だ。我々は、いつ弾けて壊れてもおかしくない泡の中に生きているようなものなのに、そういうことには無頓着なんだ。**
RS：実際、**我々がいる世界は、常にギリギリの状態だ。**今日、人はその事実をかなり承知している。グローバルなチャンネルの報道のおかげでね。30年前、この件については今の半分も耳にしなかった。だけど、何が本当に起きつつあるのかを目の当たりにしたとき、ようやく、不安を感じていたのはこのせいだったのかと悟ることになる。
JC：人類を地球から他の惑星へ移住させる原因となるような事象——人口過密、気候変動、地球温暖化など——はおそらく、核戦争を引き起こす緊迫状態を作り出す。AIが登場したとしても人間を攻撃する兵器として使われることになる。それが、目下のSFに関わる問題だ。世界の大部分で、本当に偉大なSF作品で描かれていたような状況に追いつきつつある。**我々はもはや、SFの世界に住んでいるようなものなんだ。だから、SFはダークな未来に焦点を合わせるのだろうか？　世界の終末とかに？**
RS：あるいはゾンビとか？　にしても、人々がゾンビに夢中になる理由はなんなのか。ある意味、病的な状態だと思う。私は基本的にゾンビは好きじゃないんだ。
JC：さっきも話に出たけれど、あなたは「地球最後の男」の映画化を計画していた。あれはゾンビ作品だ。
RS：そうだったな。私があの小説を映画にしようとしていたのは、かれこれ20年前だ。**私が魅了されていたのは、不幸の連鎖反応、退化のドミノ倒し効果、瞬く間に**

カオスと化すスピーディな展開だった。そして己を変え、他の人間を探すという部分も。あれは、寄り添って協力し合う集団の物語だからね。実際に、私が映画化しようとしていたのも、そういう方向性だった。

JC：あなたのストーリーだと、地球崩壊の原因は病気だった。そして、それが本当に起こる可能性は確かにある。テクノロジー、我々が地球にしてきたこと、新兵器、サイバー戦争、AI、核戦争、撒き散らかされた病原菌、あるいは、進化する病原体が引き起こすかもしれない悪夢的な事態は、山ほど考えられるんだ。それらは皆、暗澹たる未来なのに、なぜ我々は魅了されるのか？　どうして我々は、そんな未来に魅せられた文化の中にいるんだろう。

RS：実を言うと、私は魅了されてはいない。私は楽観主義者の傾向があり、暗い未来には目を向けない。我々がエンターテインメントとして行っていることの中では、暗い未来はあまりにも頻繁に起こり過ぎている。

JC：それで、『オデッセイ』の主人公が「科学の力でこのクソみたいな状況をなんとかしてやる」って言うのか。サバイバルするために。あれは、あなたにとってどんな意味が？

RS：それは、彼が言う「ここで死ぬか、それとも問題を解決するか」というセリフと同等だ。彼は生き延びたいと思い、絞首台ユーモア（絶望的な状況で発せられるユーモア）にべったり寄りかかっている。自分はこの状況をあまり考えるつもりはない。1日1日、1時間1時間を生きることを考える。生き延びるために、科学の力でこのクソみたいな現状をなんとかしてやる。そう彼は思うんだよ。

JC：あの映画を観て、私が何に気づいたか。それは、我々は、彼と同じということです。我々が直面している地球の問題は、生き延びるために科学の力でこのクソみたいな状況をなんとかする以外に選択肢はないってところまで来ている。人間の前に立ちはだかる脅威は、解決可能な脅威だ。　その大半は、テクノロジーによって生み出されたもの。科学の力で解決される必要がある。

RS：ああ、もっともだ。

サイエンス・フィクション を演じる者

INTELLIGENT MACHINES

ギリシャ神話の時代から抱いてきた知的機械へのロマン

―― シドニー・パーコウィッツ（物理学者）

　舞台となるのが地球であれ、遠い銀河であれ、SFストーリーでは、得てして知的な機械が描かれることが多く、それが主要なキャラクターであることも少なくない。『2001年宇宙の旅』（68）で木星探査のための宇宙船ディスカバリー号に搭載されたコンピュータHAL9000のように肉体を持たない人工知能、『地球の静止する日』（51）と『地球が静止する日』（08）に登場するずんぐりした不格好なロボット、ゴートのように機械の身体のもの、『スター・ウォーズ』（77）のC-3POのようにエレガントでチャーミングな存在、『ターミネーター』（84）のT-800、『新スター・トレック』（87-94）のデータ少佐（ブレント・スパイナー）、『ブレードランナー』（82）および『ブレードランナー2049』（17）の人間と同じ見かけをした人造人間と、その形態は様々だ。

　こういった機械は多様な名前――ロボット、合成人間、アンドロイド、AI、ドロイド、サイボーグ、レプリカント――で登場するが、どんな名前や形態であろうと、基本的に彼らは聡明で、自律性があり、肉体的に有能だ（ただし、組み込まれた制御装置が制限をかけることもあるが）。しばしば脅威となるものの、魅力的で興味深い一面ももちろん持ち合わせている。

　人間の心と身体が人工的に表現された彼らを見ることに、我々は、なぜ魅了されてしまうのだろう？ いずれ、最先端テクノロジーが生物、半生物を設計し、創り出せるようになったとき、人類は自分たちがまるで神にでもなったようだと思うかもしれない。おそらく、我々は技術がそこまでの域に達するのを、この目で見たいと思っているのだ。その裏には、密かな人間の切望がある。もし我々がそのようなスキルを身に付けた場合、人間そのものも向上させられるかもしれないと希望を抱いているのだ。あるいは、自分たちの創造物を通じて、間接的にスクリーンで我々自身を見てみたいという考えもあるのかもしれない。そうすることで、人間の罪と美徳を俯瞰できる。しかし、我々のゴールは、それほど崇高なものではなく、人間がやりたくないことを"機械"という召使いにさせ、人間ではない彼らだからこそ完璧に我々に奉仕する世界を想像してみたいだけなのだろう。

　これらの願望は、人間の心の奥底に横たわっているに違いない。知的な機械は、実際に生み出されるはるか昔から、人間が思い描くファンタジーの一部だった。**賢い金属ロボットという発想は、ギリシャ神話にすでに登場していた。それが、青銅の巨人タロスだ。自動人形のタロスはクレタ島を見回り、接近する船があれば、巨大な岩を投げて島を守っていたとされている。**

　人間に使用されてきたロボットの歴史を遡ると、タロスが最古のものとなるのだが、1921年のチェコの作家カレル・チャペックによる戯曲『R.U.R.』で、その地位の低さがはっきりと定義されている（1935年には、ソ連が本作にインスピレーションを受けたとされる映画『機械人間　感覚の喪失（Loss of Feeling）』を製作）。この作

品では、工場で製造された人型の労働マシンが描かれており、"それら"はチェコ語で「強制労働」「奴隷」を意味する「robota（ロボタ）」から派生した言葉「ロボット」と呼ばれた。この創造物は、やがて自我に目覚めて感情を発達させ、自分たちの価値の低さを深く忌み嫌うようになる。そして、人類に反逆し、そのほとんどを滅ぼしてしまう。だが、戯曲は最終的に、男女のロボット1体ずつが愛を見出し、新たな――おそらくより良き――世界を探求すべく旅立つという一縷の希望を残した。

奴隷としてのロボットのテーマは、フリッツ・ラング監督の古典SF映画『メトロポリス』（27）以来、ずっと続いている。『メトロポリス』では、科学者が不気味なほど美しい女性型アンドロイド、マリアを生み出すが、彼女をロボットだと知らずに魅せられ、扇動させられた労働者たちは暴徒化。マリアを火炙りにし、自分たちを煽っていた存在が人間ではなかったと知る。リドリー・スコット監督の『ブレードランナー』のレプリカントもまた、宇宙植民地に移住した人間のために働くように作られた。後者の映画の人造人間は、軽蔑を込めて「スキン・ジョブ（人間もどき）」とも呼ばれるが、見た目は非常に人間に近いものの、わずか4年の寿命の"使い捨て"の存在だと捉えられている。レプリカントのロイ・バッティ（ルドガー・ハウアー）率いる一団は、人間の宇宙船乗組員を殺し、違法に地球に戻るのだが、それは、創造主に寿命を延長させるためだった。レプリカントの"解任（抹殺）"を行う専任捜査官"ブレードランナー"であるリック・デッカード（ハリソン・フォード）は、この反逆レプリカントたちを追跡する任務を任され、バッティ以外の全員を始末する。物語の終盤、バッティは、己の死をもって失われる経験や記憶について詩的な独白を行い、

最期の瞬間を静かに迎えた。このシークエンスは、もはや単なるアンドロイドではなく、より人間らしく、いや、人間そのもの、あるいはおそらく人間以上の存在になろうとした人造人間バッティの印象的な言葉と、それを演じたハウアーの繊細な演技により、SF作品の中でも際立って素晴らしい場面として語り継がれている。初めは同調などしがたい存在なのだが、次第に我々が共感を覚えるほど人間らしくなっていく機械の描写は、他のSF映画でも見られた。スタンリー・キューブリック監督の『2001年宇宙の旅』では、人工知能のHALが己を存続させるために、人間の宇宙船クルーを殺害する。しかし、デヴィッド・ボーマン船長（キア・デュリア）が、このAIのメモリを引き抜き、HALが5歳児の知能に退行して「デイジー、デイジー、答えておくれ。ねえ！」と「デイジー・ベル」という歌を歌ったときには、さすがに同情を感じてしまう。テレビドラマ『新スター・トレック』のデータ少佐は、惑星連邦宇宙艦エンタープライズの人間の乗組員たちから認められ、尊敬されている。彼は人間より強く、賢いものの、もっと人間らしくなりたいと願っているのだ。その天真爛漫さと、感情を学ぶための懸命な努力、愛猫の面倒をきちんと見ようとする真面目さなどが、彼を愛すべきキャラクターに仕上げている。彼が行う努力は、彼の創造主である我々人間に対する敬意の表われだ。自分の子供が「データ少佐のようになりたい」と思っていたなら、どんな親も嬉しく思うに違いない。

　一方、架空の知的機械の中には、愛すべき要素が皆無のものもいる。例えば、『ターミネーター』のT-800（アーノルド・シュワルツェネッガー）がいい例だ。T-800は、人類殲滅を目論む自我に目覚めたコンピュータ・ネットワーク、スカイネットが未来から過去に送り込んだ殺戮マシンで、

フリッツ・ラング監督のサイレン
トSF映画『メトロポリス』の象徴
的な劇場用ポスター

テレビドラマ『GALACTICA／ギャラクティカ』のキャストが勢揃いした「最後の晩餐」風のプロモーション写真

見た目は確かに人間そのものだが、全くの無表情。とはいえ、その外見は、たったひとつの命令——ジョン・コナーを産む前に、その母親を見つけ出して、殺すこと——を遂行するためだけに行動し続ける機械の隠れ蓑に過ぎない。ジョンは将来的にスカイネットに対する反逆集団のリーダーとなるゆえ、T-800はそれを阻止すべく、ジョンを身ごもる予定のサラの存在を消そうとするのだ。テレビシリーズ『GALACTICA／ギャラクティカ』(04-09)のサイロンは、人間型サイロンとロボット型サイロンの二種が存在するが、彼らは人間こそ欠陥種だと考え、人類を壊滅状態に追いやった。そして、わずかに生き残った者たちを逃すまいと、執拗かつ周到に追い続ける。

　人造人間たちが、人間が不安を抱く対象として描かれようが、あからさまに人類の敵として登場しようが、これらのストーリーには、偉大なSF作品が例外なく読者や観客にやらせること（楽しませるのはもちろんのこと）を含んでいる。起こり得る未来を綿密に描出し、新たなテクノロジー

があったら世界や人類がどうなるかを、その技術が実現する前に我々に想像させてくれるのだ。1982年に『ブレードランナー』が公開されたとき、ロボット工学、AI、遺伝子操作など、合成人間の誕生に実際につながるような科学分野は、まだ初期段階だった。しかし、『ブレードランナー』は、テクノロジーが大幅に進化を遂げる数十年後の、我々が真剣に考慮しなければならない問題を予見していた。スティーヴン・スピルバーグ監督の『A.I.』(01)やアレックス・ガーランド監督の『エクス・マキナ』(14)といった比較的最近の映画でも、相変わらず同じ不安に言及しているのだ。

　目下、これらの映画に出てくるような優れた人造人間はまだ現実とはなっていない。人間と区別ができないような外見や動きを持つロボットもアンドロイドも、実際には完成してはいない。未来学者のレイ・カーツワイルは、人間レベルの知的機械が生み出される日が近いと信じているが、現在のAIでは、映画に登場する存在とは違い、多様な知能を示すことはできない。逆

に、イギリスのロボット研究家マレー・シャナハンは、人間はいずれ高度なAIを製造するだろうと認めているものの、それは近い将来ではない、と但し書きをつけている。『エクス・マキナ』の科学アドバイザーを務めたシャナハンは、現在のデジタル技術は、ラットの脳の7000万のニューロンを模倣することができるかもしれないと考えている。しかしこれは、人間の脳の800億のニューロンの0.1パーセント以下に過ぎない。それゆえ、『ブレードランナー』のレプリカント並みの人間レベルの一般的知能を創造するには、はるかに長い時間がかかるというわけだ。

　さらに、AIやロボットが人間の世界に入り込むペースはどんどん速くなり、我々は彼らと共存する術を学ばなければならない。**遡ること1950年、SF作家のアイザック・アシモフは、小説「われはロボット（I, Robot）」の中で"ロボット工学三原則"なるものを示し、人とロボットの交流がどのように機能するかヒントを与えてくれた。その三原則とは、第1条「ロボットは人間に危害を加えてはならない。また、その危険を看過することによって、人間に危害を及ぼしてはならない」、第2条「ロボットは人間に与えられた命令に服従しなけれ**ばならない。ただし、与えられた命令が第1条に反する場合は、この限りではない」、第3条「ロボットは、前掲第1条および第2条に反する恐れのない限り、自己を守らなければならない」というもの。のちにアシモフは、この三原則に先立つものとして、第零法則「ロボットは人類に危害を加えてはならない。また、その危険を看過することによって、人類に危害を及ぼしてはならない」が追加され、それによって第1条は「ロボットは人間に危害を加えてはならない。また、その危険を看過することによって、人間に危害を及ぼしてはならない。ただし、第零条に反する場合は、この限りではない」と修正された。

　ウィル・スミスが主演した2004年の映画『アイ, ロボット』は、アシモフの小説がベースだ。ロボットが幅広く使われ、人類の役に立つと信じられている世界を描写するのに、ロボット工学三原則がしっかりと取り込まれている。ところが、一見非の打ちどころない指針が破られてしまうのだ。

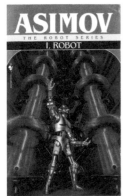

アイザック・アシモフの小説「われはロボット」（バンタム・ブックス刊）の表紙

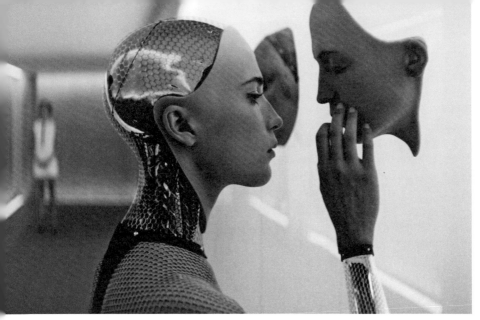

アレックス・ガーランド監督作『エクス・マキナ』のヒューマノイド、エヴァを演じたアリシア・ヴィキャンデル

物語では、あるロボットが、第1条を逃れられる特殊な状況下で人間を殺してしまう。さらに悪いことに、ロボットを制御する高位のAIが、三原則の意味を拡大解釈し、人間を自滅の道から守るためには、ロボットによる"保護"が必要だと判断。存在する全てのロボットに、人類を支配せよと命令を出した。結果、ロボットたちは暴走し、映画の最後で辛うじて事態は収束する。

問題は、この三原則（あるいは四原則）のような厳格なルールも、極めて賢いAIによって思いがけない解釈がなされ得るということだけではない。**AIが出す命令はあまりにも融通が利かず、本当に道徳的な疑問に対処することができないという部分にもあるのだ。こういった局面は、人々が考えているよりも早く訪れるかもしれない──例えば、戦場で。**アメリカは、殺戮ミッションに送り込むようなヒューマノイドのターミネーターを所有してはいないものの、戦争のさなかに相手の命を奪う決定を下せる自律兵器は、開発段階にある。

殺人が可能なAI搭載兵器の倫理性は、2004年の第1回国際ロボット工学シンポジウムで議論が行われた。戦場に派遣する人間の兵士を減らせることから、アメリカだけでなく、他の国々でも戦争行為を担わせる軍事用AIの開発が行われる今、倫理性の問題は国連でも考慮されるようになっている。この数年間、米軍は、数千キロも離れた人間がコントロールする半自律性の武装ドローンを使用しているが、そのドローンは敵部隊を探し当て、操作者は最終的に攻撃するかどうかを決めるのだが、とにかく遠隔操作で全てができてしまうのだ。そうなると、次のステップは、完全に自律した兵器になるのは言うまでもない。ターゲットに何をすべきか、いつ発射するかを全部兵器自身が決める、ということになる。そういったプログラムが良くない結果を起こす可能性は、映画『ロボコップ』（87）でかなりリアルに示されていた。オムニ社が開発した警官ロボットED-209がプレゼン中に暴走し、参加者を殺すというショッ

キングなシーンだった。

　とはいえ、アメリカの元・国防副長官ロバート・ワークは任期当時、完全自律型は、国防総省の計画には含まれていないと発言していた。そして「致死的武力の行使をめぐる決定権は、常に人間が持つべきだ」との考えを明らかにし、「致死的な力を発揮できる完全自律ロボットを、我々は作り出すのか？　答えは『ノー』だと私は思う」と、発言した。一方でAIの早急な開発により、AI兵器開発競争はますますエスカレートするだろうと考える者もいる。しかしいずれにしても我々は、味方か敵か、戦闘員か非戦闘員かを見分けられる倫理的な戦闘用ロボットを製造する術を知らない。そういったケースは、アシモフのロボット工学三原則の単純明快な第1条では補い切れない、複雑な状況での判断となるからだ。それを果たして機械ができるのか、という懸念は払拭できない。この点を考慮して、2015年、3000人以上のロボット工学およびAI研究者が、「人間がコントロールできる範疇を超えた攻撃用自律兵器の開発、製造の禁止」を求める公開質問状に署名した。ロボット工学三原則以上に高機能のロボットに対する道徳規範を補完するには、人間側にも道徳規範が必要となる。

　ロボットがロイ・バッティ並みの感情を持った場合、彼らを奴隷扱いするのではなく、きちんと敬意を払って対処するよう、人間側もモラルを求められるのだ。実際、そういった可能性を社会は認めつつある。ただし、この問題はさらなる議論を重ねる必要があるし、想定外の二次的、三次的影響を含むわけだが。2017年10月、サウジアラビアは、会話能力を備えたヒューマノイド型ロボット、ソフィアに市民権を与えた。最新技術をどんどん人間の生活に取り入れる"テックフレンドリー"な側面をアピールするのは、女性の人権が制限さ

AMCのテレビシリーズ『ジェームズ・キャメロンのストーリー・オブ・サイエンス・フィクション』のセットに置かれたターミネーターのエンドスケルトンのレプリカ。撮影はマイケル・モリアティス

れているとの非難を受けることが多い同国の戦略的広報活動だと概ね捉えられているが、それでもなお、この一件は、決して人間ではないが、人間に似せた機械の"権利"がどこまで"人権"に起因するのかという点で注目を集めた。

　その間に、**欧州連合は、高レベルのロボットやAIに人らしさを与える必要性が本当にあるのかどうかを真剣に考えるようになっている。**これは、機械に市民権を与える云々の話ではなく、法人のように、責任の所在をはっきりさせるための法的根拠を与えるべきだということになろう。**つまり例えば、自動運転車のAIが判断を誤って**

歩行者に怪我をさせた場合、誰に責任があるのか、ということなのだ。自律したAIか？ 車の設計をした人間、もしくはプログラマーか？ それとも公道で走らせるためにその車を製造・販売した会社なのか？ このような問いは、人工知能に対する道徳的な立場を開発する上での初期段階に過ぎない。

　人間がこうした新たな人工的な存在とどのように向き合い、付き合っていくかを探るのならば、知的機械が登場するSFストーリーは大きな助けとなるだろう。こういった物語は、我々自身の創造物に対処するときに、機械と人間の境を見極め、知性同様、道徳性も考慮しなければならないことを教えてくれるのだ。

　スティーヴン・ホーキング博士のような科学者たちは、十分な見通しを持たずにたやすく人工知能を受け入れてしまうことのマイナス面を警告してきた。もちろん我々は否定的な意見にも留意すべきだが、殺意を持ったHAL9000、無慈悲なターミネーター、あまりの人間らしさに注目を集めたロイ・バッティの感情的な揺さぶりをもろに受けるのは否定できない。彼らの物語は戒めとして、人間がこれからAIのいる未来へ向かうのに、用心深くなれと我々に警告してくれている。

マシンを演じること

ARNOLD SCHWARZENEGGER

アーノルド・シュワルツェネッガー

インタビュアー：ジェームズ・キャメロン

　1984年、ジェームズ・キャメロン監督はSFジャンルに革命を起こした。いわずもがな、元ボディビルダーのアーノルド・シュワルツェネッガーが圧倒的強さを誇る人工知能搭載の殺戮マシンに扮した、あの爆発的大ヒット映画で、だ。『ターミネーター』──タイムトラベルと知的機械をベースにした巧みでスリリングな作品──の前代未聞の成功は、キャメロンをハリウッドの売れっ子監督にし、シュワルツェネッガーに国際的アクション俳優の仲間入りをさせた。この映画がうまくいったことで、シュワルツェネッガーはヒット作に次々と配役されるようになる。その多くが、『プレデター』（87）、『バトルランナー』（87）、『トータル・リコール』（90）といったSF超大作だった。中でも『トータル・リコール』は、フィリップ・K・ディックの小説「追憶売ります」（66）をポール・バーホーベン監督が映画化した作品で、火星旅行の仮想記憶を買ったものの、現実が思わぬ方向に転がってしまう男を描いた物語だ。シュワルツェネッガーとキャメロンは、91年、『ターミネーター』の続編『ターミネーター2』で再びタッグを組む。この作品はT-1000とい

う液体金属の悪役（ロバート・パトリック）を新たに加えることで、映像表現の既成概念を見事にぶち壊してくれた。シュワルツェネッガーは、それ以来何十年もの間、キャメロンとの親交を大切にしている。さらに、オーストリア生まれの彼が、2003年から2011年にかけてカリフォルニア州知事を務めたのは周知の事実だ。

　その後、州知事の任期終了に伴い、本格的に俳優業に復帰。『エクスペンダブルズ』シリーズ（2010年の1作目ではクレジットなし。2作目は2012年）で観客に存在感をアピールし、2015年の『ターミネーター：新起動／ジェニシス』では、彼を象徴するキャラクター、T-800を再び演じた。本書掲載のインタビューで、シュワルツェネッガーとキャメロンの会話の内容は多岐にわたっている。ふたりは、シュワルツェネッガーが大ブレイクを果たすきっかけとなる運命のランチを振り返り、タイムトラベルや次の段階のテクノロジーによって得られる無限の可能性について考えていく。

SF映画の楽しみ方

ジェームズ・キャメロン（以下JC）：君はこれまで多くのSF映画に出演し、様々なマシンや知的機械を目の当たりにしてきた。君自身も知的な機械を演じていたし。

アーノルド・シュワルツェネッガー（以下AS）：何が興味深いかというと、僕同様、君もこの業界にずっと関わり、SF映画の黎明期をともに過ごしてきたわけだが、昨今、映画の内容が、ある意味、科学的に現実となりつつあるってことだ。僕たちは、そのことを幾度となく話してきた。自分が『ターミネーター』シリーズに何作も関わったなんて信じられないな。1作目で描いていた内容で、現実になった要素は多い。自我に目覚める機械は、まだ誕生していないけど。ターミネーターは誰かを見るだけで、その人間の体重や素性を推測するだろう。そういうものとかね。

JC：スキャンだね。

AS：今は、誰かにスマホをかざしただけで、相手の年齢、相手が何に見えるかとか、相手のあらゆることを言い当てようとするアプリがある。そういったことが現実になるなんて、驚きだね。僕たちがああいったガジェットを思いついたなんて、実に面白い。もちろん、君はSF小説を片っ端から読んでいた口なんだろう？

JC：ああ、ありとあらゆる本を読んだよ。

AS：君は1日1冊のペースで読むと言っていたじゃないか。すごいことだ。そして、君は予見していたわけだ。映画であたかも現実にあるように描いていたテクノロジーが、どんどん現実になっていくことをね。

JC：私は『ターミネーター』で、地上にいる人間たちを撃ちまくる空飛ぶマシン（ハンターキラー・エアリアル）や大型戦車に似たマシン（ハンターキラー・タンク）を登場させた。ああいった機械の試作品は、すでに作られている。だから、僕らは機械戦争の時代に突入するようなもので、どれだけ人間がそういった兵器を賢くする

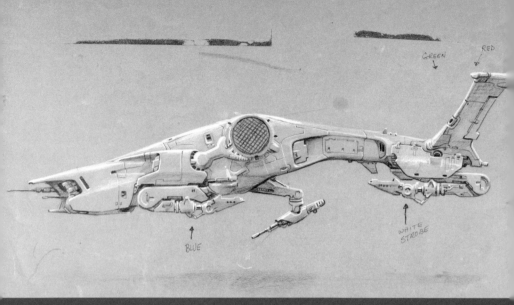

『ターミネーター』に登場するハンターキラー・エアリアルのキャメロン監督によるイラスト

か、どれだけの責任をそれらに与えるか、ということが問題になってくる。君は海外で長期間、軍の任務に就いていただろ。部隊の人間はもとより、危険な前線にいる我が国の兵士たちといろいろ話してきたと思う。彼らの一部を機械と交代させることについてはどう考えているのかな？

AS：それはすごい技術だと思うし、急速に開発が進められているのも事実だ。**だが、こういったもの——SFそのものや、機械を演じ、機械を操り、SF映画を作ること——の何が個人的に好きかというと、フィクションでは現実以上のことができるし、何をしても処罰を受けないで済む。**僕はアクション映画が好きだ。『コマンドー』(85) のときは、やり過ぎ感があるくらいの派手なアクションで、大勢をひとりで殲滅する。主人公に危機また危機が迫り、絶対に切り抜けられないようなピンチの連続に、観ている側は「おい、いい加減にしろ！ こんなの馬鹿げてる！」って言いたくなる。ところが、ターミネーターはどうだ？ 壁を

もぶち壊して突き進むんだ。

JC：マシンガンをぶっ放してね。

AS：その通り。マシンガンを使えば、もっと痛快だ。例えば『ターミネーター2』で、2体のターミネーターは肉弾戦を繰り広げる。片方がもう片方を掴んで投げ飛ばし、投げられた方が壁にぶつかって壁が壊れるんだ。コンクリートの壁がだよ。壊れた壁からは、ケーブルやら鉄筋やらが突き出していた。それから相手がこっちを掴んで投げ飛ばし、今度は地面が割れる。自分の周りのあらゆる物が壊れまくった。「うわっ、普通の人間を投げ飛ばしても、あんなことにはならないよ」と、観客は思うんだ。あの映画では、飛んだり跳ねたり、殴ったり殴られたり、相当のことをやった。T-1000には、結構ボコボコにされたはずだ。向こうはこちらを完膚なきまでに叩きのめし、一度は殺したんだ。腕がなくなったくらいだからね。足も片方破壊されたっけ。それでも突然、目が再び光り始めたんだ。

JC：T-800には、バックアップ電源があっ

266

たからね。

AS：リアリティ重視の映画だったら、あんなふうには絶対にならない。SFは、そこまでやれるから面白いんだと思う。とんでもない展開になっても大丈夫。SFだからね、となる。実際に、アクションシーンはかなり"盛って"いたから、その分だけ迫力が増して、観客を興奮させられた。少し前に『ターミネーター2』を3Dで観んだが、まさしくあの作品は、素晴らしい監督と脚本家が揃えば、すごいことができるってことを証明する完璧な一例だった。お見事、のひと言だよ。3Dで観ると、全てがうまくいっていて、本当に驚嘆させられる。

JC：あの映画のラストで興味深いのは、ターミネーターは感情ってものをある程度学んだと多くの観客が感じたことだ。君は、感情のないキャラクターを演じた。人間がどのように行動するか、どうして人間はこんなこと、あんなことをするのかって解き明かそうとするキャラクターだ。そんなターミネーターに扮するあの映画のために、どんな準備をしたのかを教えてくれ。

目指したのは『ウエストワールド』のユル・ブリンナー

AS：映画『ウエストワールド』(73) を観るたび、ロボットのカウボーイを演じたユル・ブリンナーの演技に感動する。ロボットになり切った彼は役に圧倒的な存在感を与え、実は本当に機械なんじゃないかって思えてくるほどだ。人間らしい要素が皆無なんだよ。だから僕も、彼のようにターミネーターを演じたいと思ったんだ。誰かを殺しても、喜びを示さない。撃つときに、まばたきをしない。撃たれても、悔しそうにしない。そういうことを常に頭に入れていた。何も表に出さないってことをね。ター

ミネーターの歩き方は機械のようでなくてはならない。彼が何かを見たり、スキャンをしたりするときも、然り。まばたきはあり得ない。**話すときに、喉仏が上下に動かないようにするのも、重要なポイントだった。**大きなスクリーンでクローズアップになるわけだから、観客は細かい部分にまで注意を払うはず。ありとあらゆるところに目がいく。それと、銃の訓練、ショットガンの撃鉄を引いたりする練習もかなり大事だと思っていた。

JC：さっきも言ったように、映画の最後では、限られてはいるけれど、ターミネーターは感情的な反応を学んだ、と観客は感じたはずだ。神経がつながって神経網が張りめぐり、処理を行い始めた過程を彼は話す。ターミネーターは、人間を観察して学習するように設計されている。だから彼は、ジョン・コナーとの絆を築くことになる。

AS：最初、ターミネーターはとにかくストレートに行動している。で、次第に情報を得て、いろいろ学んでいくことで、彼は

は機械のままだけど、人間を少しだけ模倣するようになる。それって、俳優からしてみると、本当に興味深い。どの程度演技を変えていくか、どのくらい繊細に演技の違いを表現するかって観点でね。

JC：だけど、行き過ぎはダメだ。

AS：その塩梅は、自分で調節しなければならない。でも、監督は現場に来て、「少し抑え目に」とか、「もうちょっと己の中から引き出して」とか、そういう類のことを言う。撮影最終日前に、ラストシーンを撮り終えてしまうこともある。だから、俳優は、シーンごとにどんなふうに演じるか、演技の正しい強弱をその都度見つけ出す助けが必要なんだ。でも、ごく自然に演じることが重要で、そうすれば、感情的なシーンでは、リアリティあふれる演技がで

『ターミネーター』で、シュワルツェネッガー扮するT-800が己を修理するゾッとするようなシーンの絵コンテ。描いたのは、キャメロン監督自身

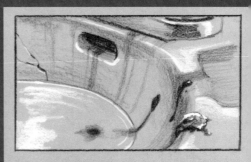

少年との関係を楽しむようになり、ときには父親的な存在を演じたりもする。何かを楽しむようになるなんて、機械であるターミネーターにとっては大きな進歩。映画で説明しているように、ターミネーターが人間と過ごせば過ごすほど、人間の行動を学び、それを自らの行動に取り入れるようになるんだ。だからといって、彼が機械ではなくなっていくっていう意味ではない。彼

きる。僕らはそれをうまくやり遂げられたと思っている。ターミネーターがジョン・コナーを見て「おまえがなぜ泣くのかがわかる」と言い、少年の涙に触れるシーンでは、ターミネーターがほんのわずかだけれども感性や感情をそこで示していた。物語を通じ、それだけの変化がターミネーターにあったとわかる素晴らしい場面だった。

知的機械の導入を
政治家としてどう捉えるか。

JC：じゃあ、君がターミネーターを演じた俳優だってことは一度横に置いておこう。君はカリフォルニア州知事の任に就いていた。そういった指導者の立場だとして、あるプログラムを導入して警察部隊を知的機械に置き換えれば、人間の警官の命は安全だし、コストも削減できると言われた場合、どう返事をする？　私は近いうちにそういうことが起こるだろうと思っているのだが。

AS：僕なら、間違いなく試してみるだろうね。何が新しいかにかかわらず、まずは小さな範囲で試し、それからひとつの街でどんなふうに効果があるかを見ようと思う。ただし、機械に対して人間が何をどう対処するか以前に、僕たちはもうひとつの側面をすでに見てきた。つまり、人間が機械に不正侵入するってケース。僕は常にそれを心配している。自分が持っているパソコンに誰かがハッキングしたとしたら、それは私個人にとっての問題となる。だが、自分が州知事なら、約4000万人の人々が住む州を統括しているわけで、それは全く違う次元の話になってしまう。つまり、責任に関してだ。責任の重さから、どんなことでも簡単に首を縦に振ることはない。州知事の椅子に座ることで、自分がいかに変わったかをよく覚えている。4000万人に近い

州民を考慮に入れて、決定を下さなければならないんだ。だから、最初は小規模な町で導入し、地元の人々や町長と一緒に対処して様子を見るところから始めるのがいい。万が一機械がハッキングされたら、そこで停止だ。しかし、機械がハッキングされたらどうなるか、という展開は、SF傑作映画ですでに描かれている。警察部隊として機械を導入したのはいいが、何者かの力によって機械がコントロール不能に陥り、とんでもない事態を巻き起こして町が乗っ取られてしまうんだ。

JC：名作と言われるSF映画は、得てして、テクノロジーの誤用や暴走を描いている。あるいは科学が間違った方向に進んでしまうとかね。21世紀に入ってからは、気候変動や人工知能をはじめ、今後引き起こされる悪影響を想像し、万が一の場合の対処を考えながら、テクノロジーを理解していく必要があると感じているよ。SFは、「人間が進むべき道を誤りつつある」と警告し、「技術そのものがおかしくなっている、あるいは人間が技術の使い方を間違っている」と気づかせてくれるいち手段なんだ。

AS：でも、SF映画に限ったことじゃない。僕は、外の攻撃に対する我々の脆弱ぶりを警告するようなスクリプトをいくつも読んできた。誰かが配電網システムに入り込んで突然電力を失ったら――人は、電気が点かなくなったときにどうなるかは知っている。地震や嵐、その他、なんらかの原因で2日くらい停電した経験があるからね。だけど、復旧する見込みがなく、国全域とか、全世界レベルで電気がなくなった状態を想像してみてくれ。

JC：それを想像して映像化したのがSF映画だよね。核による大惨事が明日起こったら、もしくは、サイバー攻撃でインフラが全滅したら、みんなに何が起こるかを見せてくれるのが、SF映画なんだ。

AS：いかなるケースでも、僕は機械の警官や機械による法執行は試してみるだろうな。小さなスケールでね。で、様子を見る。まずは5年間。で、問題の有無を観察するんだ。機械がハッキングされた場合、ハッキングの際に何が起こるのか。どうやって人間は自分たちを守るのか？ それから、機械化に興味を持っている他の町のトップのところに行き、話し合う。**人間の警官を機械に置き換えたとき、安全性と効率性はぐんとアップするはずだ。ただ、自分たちの任務に誇りを持ち、熱心に行っている人間の警官たちをどうやって他の仕事に就かせるか、それも考えておかなければならない。機械に置き換えることで、唐突に彼らを失職させるわけにはいかない。**

JC：**オートメーションという新たな問題だね。**人間がしていたことに機械を使うようになればなるほど、機械が人間の仕事を奪っていく。ここアメリカで作られたロボットたちが、その事態を生み出す。

AS：だけど、いい方法がある。職を失った人たちを再教育するんだ。新たな労働力はいつだって必要なんだから、彼らがロボットを組み立てるんだよ。例えば、石炭の使用中止について僕が言ったことと同じだ。炭鉱作業員の人たちをどうすればいいのか？ ただ単に仕事を奪うだけじゃなく、閉鎖する10年前に、あと10年で炭鉱を閉鎖しますと前もって彼らに伝える。だが、それで終わりじゃない。閉鎖までの10年で、同じ場所に風車やバッテリー、電気自動車といったものを製造する業界を招致し、彼らに次の仕事を与えるんだ。そうすれば、仕事を失くす人間は誰もいない。肺が汚れない仕事が得られる。500メートル近く地下に潜って炭塵で汚れた空気を吸う必要もないし、それによる健康被害もなくなるんだ。

JC：水中や炭鉱といった厳しい環境下の作業は、機械の方がいい。工場でも、機械の方が仕事が速い。しばらくは、再教育プログラムというアイデアはうまくいくかもしれないが、50年後はどうだろう？ 機械の方が、人間よりロボット作りに適しているんじゃないか？ ロボットが、ロボットを作るロボットを作る……といった具合に。人間はやがて、消費者にしかなれなくなる。SFが我々に投げかけ、我々に考えさせるのは、そういった現実世界についての問いなんだ。

AS：確かに。それでも、例えばカリフォルニアでは、製造業に頼っていた経済がサービス業ベースの経済へと大きく変わった。全く新しい職業がたくさん生み出され、存在している。今、ジムにどれだけたくさんのトレーナーがいるかを考えてみてくれ。人気トレーニングジムの"ゴールドジム"には、約50人のパーソナルトレーナーがひしめいているよ。1970年代に僕がジムでトレーニングしていたときは、そんなことはなかった。物ごとは変化するんだ。人々は個人的なサービスを好む。忙しい人に代わって買い物をしてくれるパーソナルショッパーとか、お抱え運転手とか。個人宅のセキュリティも。そういった新しい職種がどんどん生まれている、重要なのは、お金や仕事がなければ、消費者のための商品を供給できないってこと。お金がなければ、何も買えない。経済を回すには、みんなが雇用されて稼げることが大前提なんだ。

JC：そうじゃないと、ロボットも仕事がなくなるもんな。

AS：全くその通り。

ターミネーターのキャスティングの秘密

JC：私が最初に『ターミネーター』のアイデアを思いついたとき──。

AS：どうやって思いついたんだい？
JC：夢に出てきたんだ。クロム金属でできた骸骨が、炎の中から歩いて出てくるって夢をね。目が覚めたときに、その場面からどうやって物語を作り出そうかとぼんやり考えた。炎に入る前、彼はどんな姿だったのか。おそらく、プラスチック製の皮膚で覆われていたのかもしれない。でも、プラスチックじゃないとしたら？ サイボーグだった場合、彼は人間のような外見で、火で皮膚が焼かれるまでは人間とは見分けがつかない。あの映画は、そこから始まっ

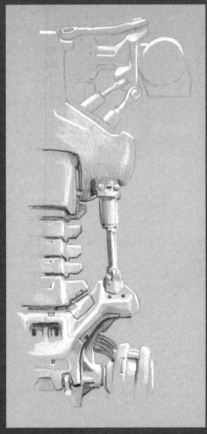

キャメロンが描いたターミネーターの胴体下部の
コンセプトアート

た。面白いことに、私は彼を、ごくごく普通の人間のように、群衆の中に紛れてしまう男だと考えていたんだ。そしたら誰かが、ターミネーターを君に演じさせたらどうだろうって思いついた。そのときは、それじゃうまくいかないなって思ったんだけどね（笑）。

だから、君と一緒にランチを食べながら、私が気に入らない点を探そう、そうすればプロデューサーに「うまくいきそうもない」って伝えられるって考えていたんだ。なのに、君はあまりにも魅力的で（笑）。おまけに、**スクリプトをしっかりと理解していた**。頭の中で、君が全てのシーンを生き生きと描いているのがわかった。君を見ながら、私は思ったんだよ。この青年、ただものじゃないぞ。すでにあの機械を自分のものにしてる。これは功を奏しそうだってね。**ランチの席で、君が冗談を言っていろいろ話している間も、私は君の顔の構造を観察していた。そして、こう考えていた。この青年ならブルドーザーみたいになる。何も彼を止められない。そんな機械になるはずだってね。**「ジェームズ、判断を誤るな。この青年をターミネーター役に採用するんだ。彼なら見事に演じてくれるぞ」って自分に言い聞かせていたよ。

君があの映画に参加した初日のことを今も覚えている。すでに撮影開始から1週間半ほど経過していたんだが、君はまるで熱線で火傷したかのような顔だった。眉毛はなくなり、顔にはグリセリンが塗られた状態で、パトカーを運転し、サメのごとく周囲を見渡していたっけ。我々は座って撮影済みのフィルムを確認した。全てが順調で、出来栄えは「素晴らしい」のひと言だったよ。

だが、当時の君も私も、現在の……30数年後の自分たちがどうなっているか全く予想していなかったはずだ。しかも、あれから30数年、まさか"スカイネット"と

いう言葉が、人類に刃向かうAIの代名詞みたいになっているとはね。『ターミネーター』シリーズから、AIそのものについて、またはいかにAIが人類の脅威になるかについて様々な"神話"が生まれた。国防長官レベルの人たちが、「『ターミネーター』のシナリオのようにはならない。スカイネットなど生まれない。我々は機械をコントロールできる」なんて発言をするくらいだ。しかし人々は、30年前の純粋なSF作品の内容を実に真面目に語るようになっている。これは非常に興味深い。

AS：「スカイネットなど生まれない」と言ったって、そういった技術が開発途中であっても、公表されることなどないだろうからね。だからこそ、ターミネーターみたいな兵器がすでに開発され、試用されている可能性だってある。僕たちが知らないだけで。それを世界に公にしてしまうほど、政府の人間は馬鹿じゃない。それが、ひとつ。だけど、もうひとつは……僕は、あのランチの席で言ったことに話を戻したい。**何がおかしいかって、僕は、自分が映画のヒーローで主人公のカイル・リース役にいかに向いているかを売り込むために昼食に行ったってことだよ。**で、僕らのランチが始まり、君がロサンゼルスのヴェニス地区に住んでいるとか差し障りのない世間話をし、それから少しだけ映画のことを語り合った。そして、どういうわけか、**思わず口から次のような言葉が出た。「いいかい、ジェームズ。このキャラクターを演じる奴は、自分が機械だということを完璧に理解しなければならないんだよ」って。**

JC：まさしく。自分がターミネーターだってことをね。

AS：そして、25分間、僕はそのことを話し始めた。まだランチのオーダーもしていないのに、滔々としゃべり続けていた。

JC：君はあのキャラクターに対する展望

を持っていた。

AS：自分の目の前に、そのイメージがはっきりと見えているかのようだった。見えていたのかもしれない。肝心だったのは、ランチの間に自分に何が起こるか、僕には見当がつかなかったことだ。僕は、スクリプトに書かれたカイル・リースのキャラクターがすごく気に入っていた。その思いを胸に、昼食の場に向かったわけだから。「このキャラクターを演じるなんて、本当に素晴らしいことになるだろう」と訴えた。実際に、映画の全編を通じて、彼は素晴らしいヒーローだ。セリフもたくさんある。「彼は世界を救った。これぞ英雄だ」と僕は言ったんだ。そして僕は、英雄を演じたいと思っていた。しかし、なんでか知らないけれど、僕が次に訴え始めたのは、誰がターミネーターを演じるにせよ、その俳優は毎日特定のトレーニングをし、さらには武器の扱い方をマスターしなければならないということだった。銃販売店に行き、あらゆる知識を仕入れるべきだとか、その俳優がいかにして機械になり切るか、人間らしい動きは一瞬たりともすべきではないとかを、僕は君に語り続けた。そして、君はこう返した。「君は100パーセント正しい」ってね。最後に、僕らがランチを終えた際、「だったら、なんで君がターミネーターを演じないんだ？　ぜひとも君にターミネーターを演じてもらいたい」って、君から言われたんだ。僕としては、「なんてこった！　一体何が起きた？　自分はカイル・リースのことをこれっぽっちも話さなかったじゃないか！　なんでターミネーターを語るのと同じくらい熱を込めて、リースについて語らなかったんだ？」って頭を抱えたくなったよ（笑）。

JC：運命だったんだなぁ。

AS：運命だったね（笑）。幸運にも、君はそれを即座に見極めてくれて、映画は素晴

キャメロン監督がスクリプトを
書き出す前に描いたターミネー
ター エンドスケルトンの最初
のイラスト

らしい傑作となった。「タイム」誌のその年のトップ10ムービーにランクインされるなんて、本当にすごいことだった。つまり、あれはただのアクション映画ではなく、非常によく練られた、賢い人の映画だと皆がわかってくれたんだ。そのクオリティのおかげで、想像以上の人々が映画館に足を運んでくれた。

T-800とT-1000
不屈に突き進む善悪

JC：だから、続編『ターミネーター2』を作ることになった。T-800はいい奴になったから、彼を徹底的に叩きのめそうとする手強く、凶悪なターミネーターを導入した。善悪の善の方は、常に負けそうになってピンチに陥るのが定石だからね。で、どんな敵がやってきたか。単にどでかい機械、図体の大きい奴ってだけでは、不十分だった。じゃあ、どうやって戦えばいいか見当もつかないような敵だったとしたら？　止め方がわからない相手。発砲しても弾丸が突き抜けていって何も起こらない。穴が開いても、すぐに閉じてしまうんだ。そんな敵を開発するのに、当時のあらゆるCG技術を総動員させる必要があった。あれは相当クールだったな。**とはいえ、2作目で一番難しかったのは、T-800がいいターミネーターになって良かった、と観客を納得させることだった。**

AS：ハリウッドが成功したキャラクターに変更を加えるとき、僕はいつも心配になる。脚本を読んだときは、うろたえたよ。何せ、自分はもはや殺戮マシンじゃないとわかったんだから。だけど、こう己に言い聞かせたんだ。自分はジェームズを信じている。だから、全てうまくいく、と。僕たちのやり方で、物ごとは明らかに首尾よく進んだ。なぜなら、僕たちが撮影したやり方は、僕が相変わらず、ありとあらゆるものを破壊していったからだ。ただし、前作と違い、対象は人間ではない。パトカーが空を飛び、100人もの警官が命懸けで走り回る。まさにカオスと狂気そのものだ。つまり、アクションが満載なんだが、僕が演じるキャラクターは、新たな側面が加味されている。自分がジョン・コナーという少年を救いつつ、人々を殺さずに、いい奴でいなければならないということを次第に認識していく、という側面だ。

2作目の殺戮マシンとなったT-1000は、そりゃあ見事な出来栄えだったよ。あの悪役を、想像以上に恐ろしい脅威に仕立て上げたんだから。突然、ある意味、観客は僕を応援し出した。はるかに有能で洗練された新型ターミネーターのT-1000じゃなく、旧型のT-800を。T-1000は速いし、デザインもカッコいいし、ずっと高性能だ。アップグレードされたモデルだからね。

JC：君はT-800以外の何者でもなかった。だけど、君がさっき言ったように、1作目では悪役だったのに、2作目で観客は応援し始めた。実は、私はこう考えていたんだ。**T-800は執拗で、止めようと思っても止められない存在だった。じゃあ、悪から善の立場に入れ替えたら、悪役として成功したんだから、いい役としてもうまくいくんじゃないかなってね。立場は180度違えども、同じクオリティを保つ同じキャラクター。悪だろうが善だろうが、我々は、T-800というキャラクターの資質に敬服しているんだと、納得したんだ。**T-800は決して止まらない。だから、我々は君の演じるターミネーターを賞賛していた。彼は、人間がときに目指すような何か――誰も自分を止められない状態――を象徴しているんだ。おそらく、長く厳しいレースを走り抜くアスリート、あるいは戦場の兵士。苦しくても決して立ち止まらない。爆撃を受

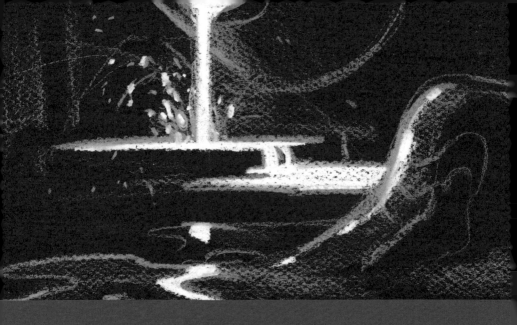

けても絶対に諦めない。誰にも止められない存在だ。彼らはただ"続ける"という意志を持っているだけ。人はそれを素晴らしいと感じるんだ。

AS: それは確かに素晴らしい。続ける意志を己の中に持っている人はそれほど多くないと思うから。人は強さに憧れ、決意や自制心を賞賛する。どんな壁が立ちはだかろうが、前進し続けることが大事。転んでは起き上がり、また歩き続けることが素晴らしいんだ。

JC: だから、我々はここにいる。人類がここまで来られたのは、不屈の精神のおかげだ。「決して諦めるな。絶対に、絶対に、絶対にだ！」との名言を残しているチャーチルのようにね。

AS: 君と僕も決して諦めなかった。

JC: 『ターミネーター2』のとき、液体金属のキャラクターを創り出すためのCGアニメーションという映画制作における技術が大きく飛躍した。同時に、あの映画はAIの創造というより大きなテクノロジーの飛躍を話題にしていた。自らの存続のた

めに戦うスカイネットというAIを通じてね。SFでは、AIの意識の芽生え、AIが何を考え、どのように行動するかを取り上げた作品がいくつも世に出てきた。この問題は、人類として我々が対処していかなければならないことだと、私は考えている。

AS: T-1000を創り出したあの技術は、ある意味、それまで存在していなかった。君が創り出したんだよ。君はあらゆることに挑んだ。あの映画のスクリプトを書いたのと同じように、技術の開発にも挑戦したんだ。

JC: 技術そのものを私が創り出したわけじゃないが、頭の切れるスタッフに創り出してもらえるよう、果敢に取り組んだのは確かだ。

AS: だけど、僕が言ったように、君は脚本の執筆で作品を生み出すことに挑戦したわけだ。脚本を書いたら、俳優が演じる。そして、技術的なことも必要になる。それらが合わさって、初めてSF映画になるんだ。君の目を欺こうとする者など、誰もいないだろう？　あの映画がアカデミー賞を

ジェームズ・キャメロンによる『ターミネーター2』の早い段階でのコンセプトアート（左・下とも）。破壊されても再生する様子が既に描かれている

獲得した所以はそこにある。たくさんの映画賞にノミネートされ、世界的な大ヒット作となった。

JC：雨が降る前に、雨が降りそうだなって感覚がある。雨が降り出すのがわかる、あの感じ。技術開発の成功に関しても同じ感覚があるんだ。何かがすぐに起こるぞって予兆がするから、その場にいなければならない。生み出された新技術の恩恵に授かるためにね。雨が今にも降り出すぞという瞬間に自分たちはいるんだ、という合意があると思っている。その瞬間に至るま

で、10年、20年かかるかもしれない。50年の場合もあるだろう。だけど、その瞬間は必ず来る。人間と同じように意識というものがある機械が創り出される瞬間が。あるいは意識の面で人間と同様ではなくとも、世界を理解し、世界に反応し、世界について考えられる能力が人間と同等な機械。もしかしたら、人間よりも優れていて、物ごとを人間よりすばやく算出し、理解できる機械かもしれない。

AS：そういった機械の目的はなんなんだろう？　軍事目的だろうか？

JC：間違いなく、それはあるだろうと言いたいところだけど、断言はできないかな。だけど、人間が創り出すそういった機械の意識は、我々のイメージと近いものになる気がする。それらは、君が演じたターミネーターのような人間の姿はしていないかもしれないが、意識は人間と大体同じものになるだろうね。何せ人間が創造する機械なんだから。企業の利益を改善するための機械を創るなら、拝金主義を生み出したように、機械に貪欲さをプログラムすればいい。敵を殺し、国を守るための機械なら、殺人者を生み出してきた武器製造と同じ理由があれやこれやと並べ立てられるはずだ。

AS：テクノロジーの活用が環境改善に役立つとか――具体的に言うと、空気中の二酸化炭素を吸ってくれる機械を開発する、

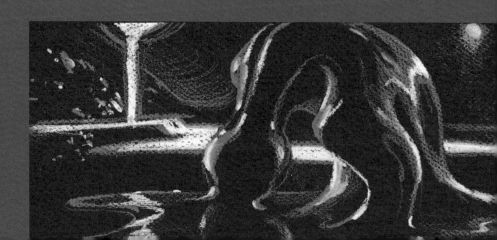

といった方向に進めばいいね。そういうステップに進むことで、大勢の命が救われるだろう。良いことに使われ、悪いことに使われない限り、技術は本当に素晴らしいものだと思っている。

JC：だけど、技術を開発した科学者は人間のためになる使い方を考えていたのに、他の誰かに悪用されてしまい、兵器システムに組み込まれるとか、機械自体が研究施設などから逃げ出すといった展開のSF作品は、数え切れないほど作られてきた。**核エネルギー、すなわち原子核の変換や核反応によって生じる多量のエネルギーについて研究していた昔の学者たちは、それを動力源として文明を豊かにしようと考えていたはずだ。ところが、人間がそれを用いて最初に造り出したものはなんだったのか。そう、核爆弾だ。私が信用していないのは機械じゃない。人間なんだ。機械や技術を人間がどう使うかが、信用できないんだよ。**

　アーノルド、君は、人々がどう考えるかについて実に優れた感覚を持っている。人々を理解する君の力は本当に素晴らしい。それが、私が君を大好きな理由のひとつだ。仮に、人間より優秀な機械が存在していて、人間のために働いていたとしよう。機械はどのくらいの間、人間のために働き、我々はどれだけの期間、機械をコントロールできるだろうか。そして、もしも敵対国がそのテクノロジーを持っていた場合の外交関係はどうなるだろう？　（かつて冷戦時代に宇宙開発競争があったように）我々は新たな軍事ロボット開発競争の時代に突入するんじゃないか？　君は人々を理解し、人々の考え方を知っている。ビジネスマンたちや指導者たちがどのように考えるかも含めて。君はこの問題をどう思う？

AS：日々、僕は、自分より優秀な機械と向き合っている。iPadをいじるたびにね。チェスをするんだが、話にならないんだ。

JC：機械に負かされるんだろ。

AS：瞬く間にね（笑）。僕がわずか17秒で次の一手を決め、ナイトの駒をどこに置くかのボタンを押すや否や、10分の1秒後には、向こうは駒を動かしてしまう。機械は考えてないんだ。ただ反応しているだけ。

JC：いや、機械だって考えてはいるよ。ただ、人間より、思考速度が速い。

AS：テクノロジーがどれだけ迅速に反応し、どれだけ優れているかを、僕は常に見ている。本当に目を見張るような方法で、専門家たちは機械をプログラムすることが可能だ。それが良からぬ方向に向かいつつあるかって？　可能はなきしもあらず。映画以外でこのような事例は知らないから、もしも現実に起きたら……云々をあまり考えたことはなかった。概してSF映画は好きだよ。さっきも言ったけど、現実はできないようなこともやりたい放題できるからね。

知能を持つ機械の誕生はもっとも悲しい瞬間となる。

JC：映画の中で、君は火星にも行ったし、未来にも行った。

AS：まあ、僕は『ターミネーター』シリーズの5作品に出ているし、『バトルランナー』にも『トータル・リコール』にもね。『シックス・デイ』（00）では、自分のクローンも作られたよ。しかも、2体も！　『ツインズ』（88）だと、今でもまだ実現されていない実験（エリート男性の精液を混合して女性に受精させ、肉体的、知的に優秀な人間を作り出そうとするもの）が登場するし。

JC：そう考えると、『ツインズ』はSF映画だ。君が妊娠した作品はなんだったかな。『ジュニア』（94）か！

AS：『ジュニア』もSF作品だね。男性の

妊娠、出産は今もあり得ない。

JC：ときに我々は、SF作品に関して少しシリアスになり過ぎる。実際に、多くの作品では学術的な考えが掘り下げられているけれど、想像したことを表現しているだけの場合もある。過去には、それは、神、悪魔、神話、奇妙奇天烈なこと、非常に空想的な何かについての物語だった。飛んだり跳ねたりできるヒーロー。今やそういったヒーローはテクノロジーを使用する。スパイダーマンは、放射能を浴びて変異した蜘蛛に噛まれて生まれた超人だ。アイアンマンは、自ら開発したパワードスーツに身を包んでいる。SFは、科学的仮想に基づいている物語という定義ではあるが、そもそもは、文明が生まれて以来語り継がれてきた神話や民間伝承の領域に足を踏み入れているんだ。

AS：僕は、スパイダーマンやスーパーマンといった、人が特殊能力を持つ映画を観るのが大好きでね。彼らはごく普通の人間なのに、いきなりスーツを身にまとって特別な力を得る。その瞬間から、なんでもできるんだ。

JC：つまり君は、AIが世界を乗っ取るんじゃないかって心配で夜も眠れないってことはないのか。

AS：ないね。**僕の改革は、世の中をクリーンエネルギーを使う未来にすることだ。そして、再生可能なエネルギーにもっと頼り、石炭や石油などの化石燃料の使用をやめること。州知事時代、僕はたまたまそういう目標を持つようになったんだ。**

JC：僕が今、社会において心配だと考えているのは、機械が自由意志を持てるかってことなんだ。やがて「自分たちは機械にそんなことをするようプログラムしなかった。だから、機械が自発的にやったに違いない。機械が自我に目覚めた」と我々が言い出した時点で、機械が自己を認識するよ

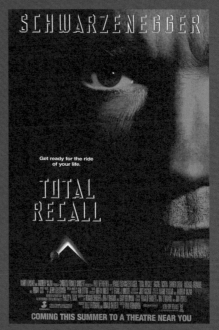

ポール・バーホーベン監督作『トータル・リコール』（90）の劇場用ポスター

うになったと捉えるべきなのかな。

AS：現在の機械に唯一欠けているのが、それだ。機械はまだ自由意志は持っていない。『ターミネーター』に何が出てきたか、君も知っているだろう。今日の機械は、意識を持つこと以外においては、あの映画で描かれていたようなものに近い。僕は機械の専門家ではないから詳しい説明はできないけど、とにかく30年前には、ああいった機械が実現可能だなんて夢にも思わなかった。

JC：ステルス爆撃機、ドローン、戦闘用ロボットは現実に存在している。

AS：そしてコンピュータの知能もね。僕らの暮らしは、機械が担っている。自律運転の車も開発中だ。『シックス・デイ』の中で、車は自動運転だった。人間はどんどんあの映画の方向に進んでいる。だから、

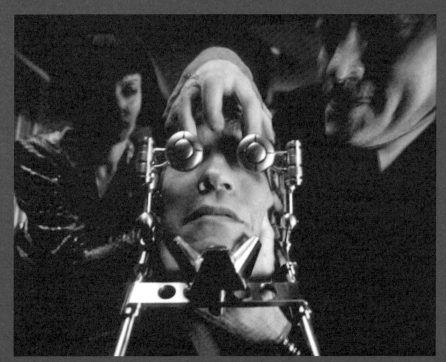

2000年の映画『シックス・デイ』で主人公を演じるアーノルド・シュワルツェネッガー

もし機械が自我に目覚めたら、それが本当に起こったら、たぶん最も悲しい瞬間だと思う。

JC：そうかもしれない。みんなにこう質問されるよ。「あなたは機械が勝つと思いますか？ 機械が人間を負かすと思いますか？」ってね。公共の場で辺りを見回してみてくれ。**どれだけの人がスマートフォンに没頭していることか。我々はすでに、シリコンヴァレーの人間が創り出した機械の奴隷だ。機械が人間の振る舞いに入り込んでいる。**そして、その生みの親たちは金持ちになっている。で、スマホと競っても、誰も勝てやしない。単なる電話だったはずのこの機器がないことを想像できない世の中になっているとは、30年前、40年前には想像できなかった。もはや我々の一部と化している。人は機械と一緒に進化していくと思っている。人間も変わっていくんだ。

AS：現代人は、機械と切っても切れない生活を送っている。iPhoneや一般的な携帯電話、iPadとか、そういうものが日常の暮らしにどっぷりと浸透しているって意味ではね。秒速で、新しいニュース、新たな情報が電子機器で更新されていく。昔なら、朝起きたら、コーヒーを飲んで新聞を広げるのが日課だった。そして、記事を読む。自分の好きなセクションをね。時事欄とかスポーツ欄とかね。

JC：うちの子供たちは、それがどんなことだったかわからないだろうな。子供たちは生まれる前の文化に対しては真っさらな状態だ。だから現状に適応し、機械と一緒に進化していくわけだ。人は、自分たちが

持つ力、かつて行ってきた習慣、これまで活かせていた技能を喜んで投げ出し、機械にやらせるようになる。時間をかけて人間が向上させてきた能力があったとしても、機械に全てやってもらえるならその方がいいと引導を渡してしまうかもしれない。そんなことをしていたら、我々に何が残るだろう？　人間であり続けるために、我々に何が残されるというのか？

AS：それは新たな世代の課題だと思う。**僕たちが解決すべき課題ではない**。だって、僕はまだ車を自分で運転するのが好きだし、自分のことは自分でやりたいからね。僕は古い習慣を守っていくが、より若い世代のことを考えると、君の意見は至極正しい。大仕事だよ。人間のより良い暮らしのために、何を開発するのか。だが、下手すると、自ら何もしなくてよくなる無気力な人間ばかりになってしまう。難しいな。

人類における自由意志とその先にある未来

JC：今後、機械化は進み、人間ができることをどんどん機械が行うようになる。そのうち世間の人々が「待てよ」と立ち止まり、「自分たちの存在に意義を与えるために、人類が自ら行うことを定義する必要がある」と言い出すまで、それは続く。私はそんなふうに感じているよ。もしも機械が人間のためになんでもかんでもするようになったら、我々は自分たちの存在意義を自ら作り出さなければいけなくなる。これは、人間に待ち受ける非常に興味深い未来だ。まあおそらく、私たちが生きているうちには起こらないだろうが、たぶん50年後には、"なんのために自分はここにいるのか"という魂の探求を実際に行わなければいけなくなるんじゃないかな。人間のためにあらゆることをしてくれる機械がいて、機械がますます賢くなっていった場合というのを、私は危惧しているんだ。

そこで問題になってくるのが、さっきから言っている"機械は自由意志を持つことができるか？"ってことなんだけれど、もうひとつ、"我々人間は自由意志を持っているのか？"という疑問も出てくる。仮に時間を行ったり来たりできるなら——『ターミネーター』シリーズは自由意志を問う物語だから——誰かが未来からやってきて、現在を変えようとするなら、我々は、タイムラインのパペットに過ぎなくなるだろう？　我々は基本的に、すでに撮影済みの映画の中にいるようなものなのか？　好きなだけ過去にも未来にも行けたとして、エンディングは決して変わらないのだろうか？

AS：人間は自分自身をコントロールしているし、変化を生み出す力を備えていると思う。僕はとても楽観的な人間だ。心に決めたことはなんでも実現可能だと信じている。簡単ではないだろうが、何かをしようと悪戦苦闘した末にそれを成し遂げるのは楽しかったりもするんじゃないかな。私はあれをしろ、これをしろと機械に言われることはない。ボディビルディングのため、毎日トレーニングを欠かさない。映画作りにも参加するし、〈USCシュワルツェネッガー研究所〉というシンクタンクも持っている。非営利自然保護団体〈R20リージョンズ・オブ・クライメイト・アクション〉を設立し、環境研究を行っているし、25年前にしていたように、学童保育にも取り組んでいる。そういったことに自分の時間を費やしているから、僕の人生はとてもエキサイティングだよ。機械なんて気にしていられないし、機械に脅かされるかもしれないと不安がっている暇などない。そういった悩みは、幸せに過ぎていく僕の毎日に水を差し、中断させてしまう。僕には、

やりたいと思うことがある。機械は、物ごとを進めるために使うだけだ。

JC：君は、意志や目的を持っているという実感があり、それらを明白に示す世界で最も素晴らしい見本だ。ボディビルディングの頂点を目指し、見事な記録を残した。映画俳優を目指し、世界的な人気アクション俳優としての地位を築いた。世界的な指導者を目指し、地球上で7番目の経済力を誇るカリフォルニア州の州知事になった。君は目標を設定し、それに向かって突き進んでいる。

AS：僕の経験は単に、自分たちがいかに素晴らしい国民か、いかにして人は過去に捉われず目標の領域に到達し、夢を叶えられるかを示しているんじゃないかな。そして、夢を持ち続けた僕がどうやって今の僕になり、どれだけ僕たちが夢とともに歩んできたかもね。どんな道にも進めたはずだ。僕も然り。違う道をたどっていたら、僕らは、自分たちをここに導いた成功を遂げていなかっただろう。実にシンプル。アメリカはそういう国だ。「できっこないよ」と言う人がいなければ、夢は現実になる。アメリカは本当にそういう国なんだ。

JC：ここで、タイムトラベルについて話し合おうか。『ターミネーター』シリーズはロボット工学とAIについての映画だが、タイムトラベルも大切な要素のひとつだ。タイムトラベルもののルールにのっとって語られている。

AS：タイムトラベルが可能なら良いな。そうだな、過去に戻ったら、こう言ってやるよ。『SF超人ヘラクレス』なんて映画には出ないぞ！」ってね（笑）。

JC：タイムトラベルができたら、そうしたいのかい（笑）？　イエス・キリストと対面するとか、ヒトラーを殺すとかじゃなくて？　過去に戻って映画のキャリアを修正したいのか。

AS：ヒトラーを殺しに行き、フリードリヒ・ニーチェに会い、ローマ時代のイタリアでシーザーとつるんで決定がどのように成されたかを見て、どれかの戦闘に参加する……それだとちょっと真面目すぎる答えだよね。だから、何か笑えるくらいのことから始めるのがいい。

JC：過去の戦闘に参加する。目に見えるようだ。

AS：タイムトラベルができたら面白いって意味で言ったんだ。だけど、それって過去の映画で描かれているよね。タイムトラベルした人間が、望んだ時代ではなく、間違った時代に行ってしまい、戻れなくなるという展開だ。

JC：親殺しのパラドックスと呼ばれている状態だ。君が過去に戻り、そこでの行いが原因で、君のおじいさんを死なせてしまう。彼が君の母親をもうける前に。そうなると当然、君は存在しなくなる。だけど、君が存在しなくなれば、そもそも君はタイムマシンに乗って過去に戻り、おじいさんを死なせることもない。これが、タイムトラベルものを書く作家がいつも悩む要素なんだ。

AS：そのパラドックスの答えは？

JC：誰もわからない。タイムトラベルが可能かどうかすら誰も知らないんだ。物理学上では、不可能ではないらしいよ。ただし、タイムトラベルを行うには、膨大なエネルギーが必要となるそうだ。

AS：そして、スピードも。そうだろう？

JC：とてつもない量のエネルギーがあればいいだけだ。太陽50個が作り出すエネルギーを取り出せれば、ほんの短い期間、6分かそこらの過去に送り込める。だけど大事なのは、**どうしてここまで多くのファンタジーやSFジャンルの中で、我々はタイムトラベルというアイデアを好んで想像しているかだ。**

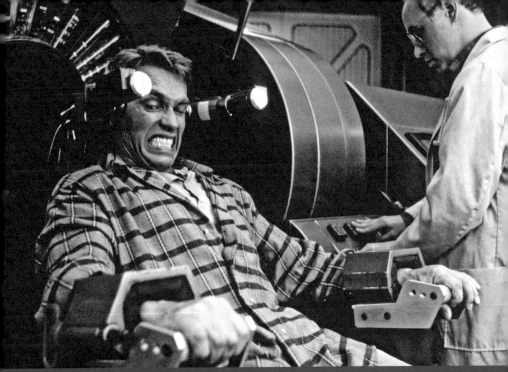

『トータル・リコール』のワンシーン。シュワルツェネッガー演じる主人公は、バーチャル旅行を試そうとするが、その脳内作業中に発作を起こしてしまう

AS：実際には**タイムトラベルが不可能だからだよ**。スクリーンで見たり、その状況に置かれた自分たちを想像したりするのがいいんだと思う。タイムトラベルできるんだったら何をしようか。いつの時代のどこに行こうか。そこで何をしたいのか。みんな、そういうことを考える。『トータル・リコール』は、少しだけそんな感じの映画だった。タイムトラベルがメインなわけではなかったけれど、頭の中にチップを埋め込んで、他の惑星に旅をするとか、そういうことを全部展開させるやり方だった。

JC：君が演じているキャラクターが仮想経験したことが、実は現実だったということが明らかになるよね。

AS：そうだね。映画を観て、いろいろ想像し始めると楽しい。『トータル・リコール』で出てきたような装置のアトラクショ

ンがあったらすごいと思わないかい？ それか、例えば『ウエストワールド』みたいに、ディズニーランド的なテーマパークに行くと、銃撃戦や戦いに参加できて、自分がいつも勝つっていう場所がある。でも、突然、全ての事態がうまくいかなくなり、悪い方向に向かってしまうとか。

JC：SFストーリーでは、いつだって事態は良くない方向に進む。それは重要なポイントだ。なぜなら、SFは、現実世界でも物ごとは本当に悪い方向に進んでしまうと警告しているようなものだからね。

AS：だから僕たちは、SF映画を作り続けるんだ。

JC：同感だ。それが我々の仕事。他に選択肢はない。そういえば、『**ターミネーター2**』の君のセリフに「**自らを滅ぼすのは人間の性だ**」というものがあったが、あのひ

と言は奥が深い。私としては、人間が生み出す新しいテクノロジーの全てに、（自らを滅ぼすという）その原理を適用させるべきだと考えている。自らを滅ぼし、あるいは他人を滅ぼそうとする――そして、いつの間にか滅ぼされてしまう――のが、人間が自分で選択した運命なら、我々は新しい技術の扱いには十分気をつける必要がある。おそらくタイムトラベルは、素晴らしいアイデアだ。どこかの誰か、政府、怪しい団体に乱用される危険性を除けばね。人類より優れたAIを生み出すというのもアイデアとしては素晴らしい。機械は人間に比べたら、気候条件にあまり左右されず、食べ物も要らず、寿命が長く、病気にもならない。あくまでも理想論だがね。とはいえ、AIも、どこかの誰か、例えば世界的な指導者によって悪用されてしまうんじゃないか、と私は危惧している。

AS：AIに限らず、生活のあらゆるものが、悪用される可能性を持つ。銀行システム、コンピュータ、法的機関、政治。一見、いつも素晴らしい仕事ぶりをしているように思えるものでも、内側には問題があった

AMCのテレビシリーズ『ジェームズ・キャメロンのストーリー・オブ・サイエンス・フィクション』のセットでキャメロンからインタビューを受けるシュワルツェネッガー。撮影はマイケル・モリアティス

りする。なんでも誤用されることはあるん
だ。ただし全体として、人々はいつも善の
存在でいようとし、常に生き延び、前進す
ることを望み、悪いものを排除したいと考
えているんじゃないだろうか。我々は、人
とコミュニケーションを取り、もっといい
方法があると伝えようとしなければならな
い。そして、そうするにはかなりの労力が
必要だ。決して簡単なことではないよね。
JC：私が思うに、それは、もっと向上し
よう、マシな人間になろうという人間同士
の競争、自分自身の進化、精神的、心理的

成長だ。同時に、我々はAIなどの機械も
発展させていく。もし我々人間自体が、AI
やロボットを使うという神のような力を適
切に用い、それらの機械を管理できるよう
に向上しなければ、最終的に、全てが自分
たちに跳ね返り、人類を滅ぼしてしまうか
らね。**我々の惑星は、映画とは違う。全て
の問題が見事に解決されました、めでたし、
めでたし、なんてことにはならないかもし
れない。現実世界に、"テイク2"はないか
らね。**
AS：全くもってその通りだよ。

AFTERWORD

加速する時代の中でSF作品はどう姿を変えるのか。

——**ブルックス・ペック**（ポップカルチャー博物館学芸員・プロデューサー・脚本家）

未来の未来とはなんだろう？

ポップカルチャー博物館の私たちは、SFのことで頭がいっぱいだ。同館にはSF常設ギャラリーがあり、『スター・ウォーズ』はもとより、『アバター』『スター・トレック』『GALACTICA／ギャラクティカ』など、多くの人気SF作品の展示会を行ってきた。また、ここは〈SFとファンタジーの殿堂〉の本拠地で、同ジャンルで際立って影響力が大きいクリエイターや作品の数々が殿堂入りを果たしている。

現代ポップカルチャーで圧倒的な存在感を示しているジャンルゆえ、SFには私たちも重きを置いている。例えば、過去の興行収入ランキングの上位にある映画の半分はSF作品だ。考えてみてほしい。半分をSFが占め、残り半分を他のジャンルが分け合っているという事実を。映画に限った話ではない。ゲームやテレビにもSF作品はあふれ、大衆文化でも中核を成している。そして、その比喩的用法は、広告にもよく登場するのだ。オビ＝ワン・ケノービがフォースについて「それは我々を包み込み……銀河を結びつけている」と言っていた。当博物館では、**何がこれほどまでにSF作品の人気を促進させたのか**を研究し、そのインパクトを調べている。

それゆえ、歴史的遺物を陳列する従来の博物館とは異なり、私たちの博物館は、『ゴーストバスターズ』（84）のゴースト捕獲装置プロトンパック、『バック・トゥ・ザ・フューチャー PART2』（89）のホバーボード、『スター・トレック』などの宇宙船、『スターシップ・トゥルーパーズ』（97）の昆虫型エイリアンをはじめとする“未来の”遺物が数多く飾られている。これらの品は、もちろん実際に未来からやってきたものではないものの、“考えられ得る”未来からの遺物なのだ。**本書でも言及されているように、未来は決まってはおらず、SFジャンルの最大の役割は、将来を見越すことにある。**SFで描かれていた内容が、起こり得る未来を左右する可能性もあるのだ。SF作品に触れているほんの少しの間、人は未来を試し、未来に存在することができる。そして、その未来を追い求めたいか、避けたいかを決められるのだ。これは、読み手や観客を壮大な世界へ連れていき、楽しませること以外に、SFが担う重要な役目である。映画、小説、コミック、ミュージックビデオは、我々人類の未来を決める上での大切なツールだといっても過言ではないだろう。

昨今、SFはなかなか興味深い課題に直面している。未来がどんどん想像しにくくなっているのだ。1930年代にSFが注目され始めたとき、小説家も映像作家も、自信を持って（描き出す要素が大して正確でなかったとしても）来たる数十年の間に起こる物語を創り出していた。太陽系の探索、拡大する核エネルギーの使途、機械類の小型化、製造業の効率向上など、内容には特定の傾向があった。産業革命がもたらしたものと同様に、未来には、より速い輸送手段、安い商品、生活水準の上昇が見込まれる。こうした変化は“量”で表わすことが

ワシントン州シアトルにあるポップカルチャー博物館 (MoPOP) の"サイエンス・フィクションの無限の世界"ギャラリー

可能だった。

しかしながら、21世紀の初めに起きた画期的な技術革新は生活の"質"に大きく影響した。その影響の度合いを計測して数値化するのは難しい。スマートフォンやインターネットが人間の日常に与えたインパクトがいかほどかを考えればいいのか。節約された時間。コミュニケーションの量。増加、あるいは減少した政治への関与。それらを調べるべきか。もしくは、これらのテクノロジーによって人類が行き着く先を熟考するべきなのか。未来調査団としてのSFの仕事は、どんどん過酷になり、ますます不安定になっているが、重要さに変わりはない。変化する速度は上がる一方で、"未来"はもはや何十年も先のことではない。数年、もしかしたら数ヶ月後なのかもしれないのだ。

これは、SFが重要ではなくなっていることを意味しているのだろうか。いや、SFのクリエイターたちは、多様な方法で急激な世の中の変化に対処し得る。ひとつは、SFというレンズを通し、今日のカルチャーとテクノロジーの間の衝突を探索し

つつ、ごく身近な未来を毎日眺めるという方法だ。あるいは、正確かどうかなんて意味を成さなくなるほど遠い遠い未来を、物語の舞台に設定することもできる。世界滅亡後の物語は、現代科学を完全に突き放している。

未来が私たちに向かって加速度を上げて迫ってきているとしても、今と未来の感覚が数分単位になったとしても、未来が到達して、私たちのコンピュータが自我に目覚め、エイリアンが接触してきたとしても、私たちはいつもSF物語を伝える。なぜなら、そこに何があるんだろうと考えることが人間性だからだ。この場合の「そこに」は、ふたつの意味がある。他の土地、他の惑星、宇宙といった物質界の"そこ"がひとつ。そして、時が経過した先の未来の"そこ"がもうひとつだ。この問いを投げかけて答えたいという衝動は、種としての人間が前進し、学び続ける推進力となり、生き残るための鍵となる。だから私たちは常に疑問を持ち、熟考する。いつだって"そこ"には、探索すべきものが存在し、増えていくからだ。

INDEX

ビ映画化。

ACKNOWLEDGMENTS
謝辞

Insight Editions would like to extend special thanks to James Cameron, Maria Wilhelm, and Kim Butts for their help and guidance in bringing this project to fruition. We would also like to thank Guillermo del Toro, George Lucas, Christopher Nolan, Arnold Schwarzenegger, Ridley Scott, and Steven Spielberg. Special thanks also to Yoel Flohr, Madhu Goel Southworth, Hubert Smith, Andrea Glanz, Eliot Goldberg, Kelly Nash, Theresa Beyer, Kristen Chung, Daniel Ketchell, Connie Wethington, Vera Meyer, Andy Thompson, Lauren Elliott, Terri De Paolo, Kassandra Arko, Michael Coleman, and Nate Jackson.

インサイト・エディションは、本書制作プロジェクトを遂行するあたり、協力と助言をくださったジェームズ・キャメロン、マリア・ウィルヘルム、キム・バッツに心より感謝いたします。そして、ギレルモ・デル・トロ、ジョージ・ルーカス、クリストファー・ノーラン、アーノルド・シュワルツェネッガー、リドリー・スコットとスティーヴン・スピルバーグにも深い謝意を表します。
また、ヨエル・フロア、マデュ・ゴエル・サウスワース、ヒューバート・スミス、アンドレア・グランツ、エリオット・ゴールドバーグ、ケリー・ナッシュ、テレサ・バイアー、クリスティン・チャン、ダニエル・ケッチェル、コニー・ウェシントン、ヴェラ・マイヤー、アンディ・トンプソン、ローレン・エリオット、テリー・デ・パオロ、カサンドラ・アルコ、マイケル・コールマン、そしてネイト・ジャクソンにもお礼を申し上げます。

IMAGE CREDITS

ＳＦ映画術

ジェームズ・キャメロンと6人の巨匠が語る
サイエンス・フィクション創作講座

初版発行	2020年10月2日
2刷発行	2020年10月23日

著	ジェームズ・キャメロン
訳	阿部清美
装丁	永井亜矢子（陽々舎）
本文デザイン	山際 昇太（陽々舎）
日本語版制作	中井真貴子　鶴喰淳也　筒井奈々（DU BOOKS）

発行者	広畑雅彦
発行元	DU BOOKS
発売元	株式会社ディスクユニオン
	東京都千代田区九段南3-9-14
	編集　TEL.03-3511-9970　FAX.03-3511-9938
	営業　TEL.03-3511-2722　FAX.03-3511-9941
	http://diskunion.net/dubooks/

印刷・製本	大日本印刷

ISBN978-4-86647-095-5
Printed in Japan
©2020 Kiyomi Abe / diskunion

JAMES CAMERON'S STORY OF SCIENCE FICTION
James Cameron's personal art courtesy of James Cameron.
© 2018 AMC Network Entertainment LLC. All Rights Reserved.
Avatar Alliance Foundation EARTHSHIP Productions
Published by Insight Editions, San Rafael, California, in 2018.
No part of this book may be reproduced in any form
without written permission from the publisher.
Library of Congress Cataloging-in-Publication Data available.
Japanese translation published by arrangement with Insight Edition
LP through The English Agency (Japan) Ltd.